Emilie Roth

AUS MEINER KÜCHE

ECHTE HAUSMANNSKOST

MIT ÜBER 400 KÖSTLICHEN REZEPTEN

Emilie Roth

AUS MEINER KÜCHE

ECHTE HAUSMANNSKOST

MIT ÜBER 400 KÖSTLICHEN REZEPTEN

Einleitung

Es liegt nahe, dass die Ursprünge der Hausmannskost im ländlichen Raum anzusiedeln sind. In früheren Zeiten, als noch Gutsherren und Tagelöhner das Land bevölkerten, konnte man bei den Mahlzeiten der Tagelöhner, den Ärmsten im Lande, wohl nicht von Hausmannskost sprechen, wie etwa bei den reicheren Bauern oder auch den wohlhabenden Bürgern der Städte.

Essen nach „Gutsherren Art", ein heute gängiger Slogan, wenn fertige Speisen in Dosen angeboten werden, ist dagegen vielerorts bekannt, und das, was heute unter diesem werbeträchtigen Spruch vertrieben wird, zählte wahrscheinlich vor vielen Jahren unter anderem zur echten Hausmannskost. Damals, bei den Bürgern in der Stadt, sah es aber gewiss noch anders aus. Sie waren in der Regel wohlhabender als das Landvolk, ihr Essen sicher besser, vielseitiger und schmackhafter zubereitet, eine sogenannte „gutbürgerliche Küche" also. Angepriesen wird sie heute noch in zahlreichen gutbürgerlichen Gaststätten und Lokalen – vornehmlich auf dem Lande und seltener in der Stadt.

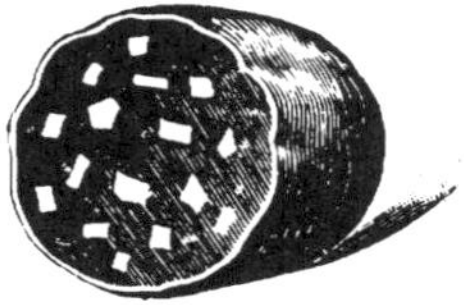

Wie sich die Dinge wandeln können! „Nach Gutsherren Art" und „gut bürgerlich" kann man wohl in dem Begriff „Hausmannskost" zusammenführen, zumal sie den Makel des Anspruchslosen lange überwunden hat, vom opulenten Mahl aber auch ebenso weit entfernt bleibt.

Woher kamen und kommen nun die zahlreichen Produkte für echte Hausmannskost? Im Besonderen sind es die Erzeugnisse des Gartens, des Feldes und des Hofes im bäuerlichen Bereich. Kartoffeln übernehmen wahrscheinlich den Hauptanteil, dann erst kommen Gemüse, Salate, Fleisch, Speck, Milch, Butter, Quark, Eier und Gewürze.

Hieraus lässt sich folgern: Hausmannskost ist vielseitig und gesund - sehr gesund sogar – ist nahrhaft und kann, ein liebevolles Kochen vorausgesetzt, sehr schmackhaft und bekömmlich sein.

Mit diesen eben genannten Grundstoffen lässt sich nämlich eine Fülle von unterschiedlichen Gerichten zubereiten. Frische Nahrungsmittel vom Markt, wie etwa Fisch, bereichern auch die echte Hausmannskost

und sollten immer wieder für deren Zubereitung mit einbezogen werden. In der Welt der kulinarischen Genüsse führt echte Hausmannkost allerdings leider manchmal immer noch ein Schattendasein, zu Unrecht. Viele Menschen verbinden mit ihr zum Beispiel ein riesiges Schinkenbrot,

serviert mit rohen Zwiebeln auf einem rustikalen Holzbrett oder einen von Fett triefenden Schweinebraten mit dicker Kruste und hausgemachten, gewaltigen Knödeln. Allerdings kann eine solche Jause oder Brotzeit, mit einem zünftigen Humpen Bier als Durstlöscher serviert, Herz und Gaumen aufs Höchste beglücken!

Gediegene Hausmannskost kann, muss aber keineswegs immer unbedingt nur deftig sein. Sie gilt zwar als zünftig, ist wahrscheinlich deshalb auch besonders beliebt, aber deswegen braucht sie noch lange nicht ungesund zu sein.

Zusammengefasst:
Hausmannskost ist schmackhaft, gesund, sättigend, von gleichbleibend guter Qualität, einfach und schnell zuzubereiten, würzig und abwechslungsreich. Dazu hat sie immer das Flair des Gemütlichen, Ursprünglichen, Deftigen, und damit auch Bodenständigen.

Überzeugen Sie sich bitte selbst davon, wenn Sie die nachstehenden Rezepte ausprobieren – Guten Appetit!

Ihre *Emilie Roth*

Hähnchenpfanne

• 400 g Hähnchenbrustfilets • Salz • Pfeffer aus der Mühle • 1 EL Kräuter der Provence • 2-3 EL Olivenöl • 2 Knoblauchzehen • 2 Zwiebeln • 2 rote Paprikaschoten • 1-2 EL Tomatenmark • 1 große Dose geschälte Tomaten • 1/4 l Gemüse- oder Geflügelbrühe • 1 Becher saure Sahne • 1 TL Oregano • 1 TL Basilikum • 1 Hand voll Kräuter

- Die Hähnchenbrustfilets in Würfel schneiden, mit Salz, Pfeffer und Kräutern der Provence kräftig würzen. Das Olivenöl in einem Bräter erhitzen und das Fleisch darin unter ständigem Rühren Farbe nehmen lassen.
- Die Knoblauchzehen und die Zwiebeln schälen, fein hacken und zum Fleisch geben. Die Paprikaschoten putzen, in mundgerechte Stücke schneiden, ebenfalls zum Fleisch geben und kurz mitschwitzen.
- Das Tomatenmark einrühren, die geschälten Tomaten und die Gemüse- oder Geflügelbrühe angießen und das Ganze bei mäßiger Hitze 15-20 Minuten köcheln lassen.
- Anschließend die saure Sahne einrühren, das Ganze mit Salz, Pfeffer, Oregano und Basilikum würzen und weitere 4-5 Minuten garen. Die Hähnchenpfanne dekorativ anrichten, mit den verlesenen, gewaschenen und fein gehackten Kräutern bestreuen, ausgarnieren und servieren.

Paprikahähnchen

• 2 küchenfertige Hähnchen • Salz • Pfeffer • 1 EL Paprikapulver • 1 EL geschrotete, schwarze Pfefferkörner • 2-3 EL Butterschmalz • 2 Zwiebeln • 2 Paprikaschoten • 4 Knoblauchzehen • 2-3 EL Tomatenmark • 1 große Dose geschälte Tomaten • 1 Dose grüne Erbsen • 1 Tasse Oliven • 100 g Knoblauchwurst

- Die Hähnchen in je vier Teile teilen, mit Salz, Pfeffer, Paprikapulver und geschrotetem schwarzem Pfeffer würzen. Das Butterschmalz in einem Bräter erhitzen und die Hähnchenteile Farbe nehmen lassen.
- Die Zwiebeln, die Paprikaschoten und die Knoblauchzehen putzen, die Zwiebeln und die Paprika in mundgerechte Stücke schneiden, die Knoblauchzehen in Scheiben schneiden, das Gemüse zum Fleisch geben und kurz mitschwitzen.
- Das Tomatenmark einrühren, mit den geschälten Tomaten auffüllen, die Erbsen und die klein geschnittenen Oliven dazu geben.
- Die Knoblauchwurst in Würfel schneiden, ebenfalls dazugeben, den Topf verschließen und im auf 180-200 °C vorgeheizten Backofen 30-35 Minuten schmoren lassen.
- Nach Ende der Garzeit die Paprikahähnchen nochmals abschmecken, dekorativ anrichten, ausgarnieren und servieren.

Hähnchenkeulen im Reisbett

*• 4 Hähnchenkeulen • Salz • Pfeffer aus der Mühle
• 1 EL Paprikapulver • 1 EL Currypulver • 2-3 EL Butterschmalz
• Gemüsebrühe zum Ablöschen • 2-3 EL Butter oder Margarine
• 1 Zwiebel • 600 g bissfest gegarten Reis • 1 Hand voll Kräuter
• 1 Prise Muskat • 1 Prise Cayennepfeffer*

- Die Hähnchenkeulen mit Salz, Pfeffer, Paprikapulver und Currypulver kräftig würzen. Das Butterschmalz in einem Bräter erhitzen und die Hähnchenkeulen darin Farbe nehmen lassen.
- Im auf 180-200 °C vorgeheizten Backofen 20 Minuten braten. Während der Garzeit öfter mit Gemüsebrühe ablöschen.
- In der Zwischenzeit die Butter oder Margarine in einem Topf erhitzen und die geschälte und fein gehackte Zwiebel darin glasig schwitzen. Den gegarten Reis unterheben, die gehackten Kräuter dazugeben, das Ganze mit Salz, Pfeffer und Muskat, Cayennepfeffer abschmecken.
- Den Reis dekorativ anrichten, die Hähnchenkeulen darauf setzen, das Ganze ausgarnieren und servieren.

Käsekeulchen

*• 4 Hähnchenkeulen • Salz • Pfeffer aus der Mühle
• 2 EL Grillgewürz (Fertigprodukt) • 1 Tasse Mehl • 3-4 Eier
• 1 Tasse Semmelbrösel • 1 Tasse geriebenen Käse
• 2-3 EL Butterschmalz • 2-3 Zwiebeln
• 1 große Dose geschälte Tomaten • 2-3 EL grüne Pfefferkörner*

- Die Hähnchenkeulen mit Salz, Pfeffer und Grillgewürz kräftig würzen. Anschließend die Hähnchenkeulen in Mehl wenden.
- Die Eier verschlagen, die Semmelbrösel mit dem geriebenen Käse in einer Schüssel vermischen. Die Hähnchenkeulen zuerst durch die Eier ziehen und anschließend mit der Semmelbrösel-Käse-Mischung panieren.
- Das Butterschmalz in einem Bräter erhitzen und die Käsekeulen einsetzen. Das Ganze im auf 180-200 °C vorgeheizten Backofen 35-40 Minuten garen.
- In der Zwischenzeit die Zwiebeln schälen und fein hacken. Etwas Butterschmalz in einem Topf erhitzen und die Zwiebeln darin glasig schwitzen.
- Die Tomaten abtropfen lassen, mit einer Gabel zerdrücken, dazugeben und kurz mitschwitzen. Die Pfefferkörner unterziehen, das Ganze nochmals erhitzen, mit Salz und Pfeffer kräftig würzen.
- Die Käsekeulchen dekorativ anrichten, mit der Tomatensauce überziehen, ausgarnieren und servieren.

Hähnchenkeulen mit Kartoffelgemüse

• 4 Hähnchenkeulen • Salz • Pfeffer • 1 EL Majoran • 1 TL Thymian • 2-3 EL Butterschmalz • 2 Zwiebeln • 400 g Kartoffeln • 1/4 l Gemüsebrühe • 400 g bissfest gegarten Blumenkohl • 400 g bissfest gegarte Karotten

- Die Hähnchenkeulen mit Salz, Pfeffer, Majoran und Thymian kräftig würzen.
- Das Butterschmalz in einem Bräter erhitzen, die Hähnchenkeulen darin Farbe nehmen lassen und bereitstellen.
- Die geschälten und fein gehackten Zwiebeln ins verbliebene Bratfett geben und darin glasig schwitzen.
- Die Kartoffeln schälen, in mundgerechte Stücke schneiden, zu den Zwiebeln geben und kurz anschwitzen.
- Die Gemüsebrühe angießen und zum Kochen bringen. Die Hähnchenkeulen darauf setzen und das Ganze im auf 180-200 °C vorgeheizten Backofen 20 Minuten garen.
- Nach Ende der Garzeit die Hähnchenkeulen herausnehmen und warm stellen. Den Blumenkohl und die Karotten unter die Kartoffeln heben, das Ganze einmal kräftig durchkochen, mit Salz, Pfeffer, Majoran und Thymian kräftig abschmecken.
- Das Kartoffelgemüse dekorativ anrichten, die Hähnchenkeulen darauf setzen, ausgarnieren und servieren.

Orangenhähnchen

• 4 Hähnchenbrustfilets • Salz • Pfeffer aus der Mühle • 2-3 EL Butterschmalz • 2 Knoblauchzehen • 2 Bund Frühlingszwiebeln • 1 Orange • 1/4 l Weißwein • 1/4 l Gemüse- oder Geflügelbrühe • 1 EL Estragon

- Die Hähnchenbrustfilets mit Salz und Pfeffer kräftig würzen.
- Das Butterschmalz in einem Bräter erhitzen, die geschälten und fein gehackten Knoblauchzehen anschwitzen. Die Hähnchenbrustfilets dazugeben und rundherum Farbe nehmen lassen.
- Die geputzten, in Stücke geschnittenen Frühlingszwiebeln und die geschälte, filierte Orange dazugeben und mitschwitzen.
- Mit Weißwein ablöschen, die Gemüse- oder Geflügelbrühe angießen und den Estragon darüber streuen.
- Nach Ende der Garzeit die Hähnchenbrustfilets herausnehmen und warm stellen. Die Sauce mit dem restlichen Weißwein und der Gemüse- oder Geflügelbrühe loskochen, je nach Geschmack leicht binden.
- Die Hähnchenbrustfilets anrichten, mit der Sauce überziehen, ausgarnieren und servieren.

Hähnchentopf mit Gnocchi

• 1/2 Glas Olivenöl • 1 Zwiebel • 1 Knoblauchzehe • 1 Tasse gemischte, gehackte Kräuter • 1 bratfertiges Hähnchen (800 g) • 250 g gemischte Pilze • Saft von 1 Zitrone • 1-2 EL Tomatenmark • 1/2 Glas Gemüse- oder Geflügelbrühe • Salz • Pfeffer aus der Mühle • 1 Prise Speisewürze • 600 g bissfest gegarte Gnocchi

- Das Olivenöl in einer Pfanne erhitzen und die geschälte und fein gehackte Zwiebel und die gehackte Knoblauchzehe darin glasig schwitzen.
- Die Kräuter sehr fein wiegen und zur Zwiebel geben.
- Das bratfertige Hähnchen in 6-8 Teile teilen, zu den Zwiebeln geben und unter häufigem Wenden anbraten.
- Die Pilze putzen, in dünne Scheiben schneiden und mit Zitronensaft beträufeln.
- Das Tomatenmark mit der Brühe vermischen und mit den Pilzen zum Hähnchen geben, mit Salz, Pfeffer und Speisewürze kräftig abschmecken, umrühren und bei mäßiger Hitze zugedeckt 40-45 Minuten schmoren lassen.
- Die Hähnchenteile entnehmen, das Fleisch von den Knochen lösen, in dünne Streifen schneiden und in der Sauce nochmals 5-6 Minuten köcheln lassen.
- Die Gnocchi erwärmen, dekorativ anrichten, mit der Hähnchensauce überziehen, ausgarnieren und servieren.

Gebratene Hähnchenschenkel

• 8 Hähnchenschenkel • 1 EL Honig • 1 EL Knoblauchöl • 1 Prise Cayennepfeffer • 2-3 EL Aceto balsamico • 2-3 EL Olivenöl • 4-5 Knoblauchzehen • 600 g bissfest gegarte Wildreismischung

- Die Hähnchenschenkel waschen, trockentupfen und in eine Schüssel legen.
- Aus dem Honig, dem Knoblauchöl, dem Cayennepfeffer, dem Aceto balsamico, dem Olivenöl und den zerdrückten Knoblauchzehen eine Marinade herstellen und über die Hähnchenschenkel gießen.
- Die Hähnchenschenkel darin 24 Stunden marinieren, dabei öfter wenden.
- Das Ganze im auf 250 °C vorgeheizten Backofen 40-50 Minuten garen. Die Hähnchenschenkel herausnehmen, dekorativ anrichten, den Wildreis dazugeben, ausgarnieren und servieren.

Hähnchenschnitzel mit Tomatensauce

• 8 kleine Hähnchenschnitzel • Salz • Pfeffer aus der Mühle • 2 EL geschrotete, bunte Pfefferkörner • 2-3 EL Butterschmalz • 1 Bund Frühlingszwiebeln • 1 große Dose geschälte Tomaten • 1 Bund Basilikum • 1 Bund Oregano • 1 Prise Cayennepfeffer • 1 Prise Zucker

- Die Hähnchenschnitzel mit Salz, Pfeffer und geschrotetem Pfeffer kräftig würzen.
- Das Butterschmalz in einer Pfanne erhitzen und die Hähnchenschnitzel darin braten, herausnehmen und warm stellen.
- Die Frühlingszwiebeln putzen, in mundgerechte Stücke schneiden, ins verbliebene Bratfett geben und glasig schwitzen.
- Die Tomaten abtropfen lassen, mit einer Gabel zerdrücken, mit dem Saft zu den Zwiebeln geben und kurz mitschwitzen.
- Die Kräuter verlesen, waschen, fein hacken und unter die Sauce heben, mit Salz, Pfeffer, Cayennepfeffer und Zucker würzen und die Sauce kurz einreduzieren lassen.
- Die Hähnchenschnitzel anrichten, mit der Tomatensauce überziehen, ausgarnieren und servieren.

Rotweinhähnchen

• 1 Brathähnchen (1-1,5 kg) • Salz • Pfeffer aus der Mühle • 2-3 EL Butter oder Margarine • 1 Zwiebel • 400 g Tomaten • 1/8 l Rotwein • 1/2 l Geflügelbrühe • 250 g frische Champignons • Saft von 1 Zitrone • 1 Becher saure Sahne • 1-2 EL Mehl • 4 Portionen bissfest gegarten Reis

- Das Hähnchen in acht Stücke teilen, waschen, trockentupfen, mit Salz und Pfeffer würzen und in der erhitzten Butter oder Margarine von allen Seiten Farbe nehmen lassen.
- Die Zwiebel schälen und fein würfeln, zum Hähnchen geben und glasig schwitzen. Die Tomaten enthäuten, entkernen, in Würfel schneiden, zur Zwiebel geben und mitschwitzen.
- Den Rotwein und die Brühe angießen, mit Salz und Pfeffer würzen und die Hähnchenteile 30 Minuten garen, herausnehmen und warm stellen.
- Die Champignons waschen, putzen und in Scheiben schneiden, mit Zitronensaft beträufeln, in die Sauce geben und garen. Die saure Sahne mit dem Mehl glatt rühren und die Sauce damit binden.
- Den Reis mit den Hähnchenteilen dekorativ anrichten, mit der Sauce überziehen, ausgarnieren und sofort servieren.

Puten-Sahne-Gulasch

• 600 g Putenbrustfilets • Salz • Pfeffer aus der Mühle • 1 EL Majoran • 1 EL Kümmel • 2 EL geriebene Zitronenschale • 2 Knoblauchzehen • 2-3 EL Butterschmalz • 4 Zwiebeln • 400 g Mischgemüse • 2-3 EL Tomatenmark • 2 EL Mehl • 1 Glas Rotwein • 1/2 l Gemüse- oder Geflügelbrühe • 2 Becher Sahne • 1 Hand voll Kräuter

- Die Putenbrust in mundgerechte Würfel schneiden, mit Salz, Pfeffer und Majoran kräftig würzen. Den Kümmel, die Zitronenschale und die geschälten Knoblauchzehen fein hacken und das Fleisch damit einreiben.
- Das Butterschmalz in einem Bräter erhitzen und das Fleisch darin unter ständigem Rühren braten.
- Die Zwiebeln und das Mischgemüse putzen, in mundgerechte Stücke schneiden, zum Fleisch geben und kurz mitbraten.
- Das Tomatenmark einrühren, mit Mehl bestäuben, das Ganze kurz rösten. Mit Rotwein ablöschen und die Gemüse- oder Geflügelbrühe angießen. Das Gulasch bei mäßiger Hitze 15-20 Minuten garen.
- Anschließend die Sahne angießen, das Gulasch nochmals abschmecken und weitere 8-10 Minuten köcheln lassen.
- Das Putengulasch dekorativ anrichten, mit den verlesenen, gewaschenen und fein gehackten Kräutern bestreuen, ausgarnieren und servieren.

Putentopf mit Wurzelgemüse

• 600 g Putenbrust • 2 EL Butterschmalz • 3 Zwiebeln • 2 Karotten • 300 g Sellerie • 3-4 EL Weizenmehl • 1/4 l Weißwein • 3/4 l Fleisch- oder Gemüsebrühe • Salz • Pfeffer aus der Mühle • 1 Prise Muskat • 1 Prise Pimentpulver • 1 Prise Cayennepfeffer • 1 Bund Petersilie

- Die Putenbrust waschen, trockentupfen und in Würfel schneiden. Das Butterschmalz in einem Topf erhitzen und das Fleisch darin rundherum kräftig anbraten.
- Die Zwiebeln und die Karotten putzen, würfeln, zum Fleisch geben und mitbraten. Den Sellerie putzen, in Würfel schneiden, zum Gemüse geben und mitschwitzen.
- Das Ganze mit Mehl bestäuben, mit dem Weißwein ablöschen und mit der Fleisch- oder Gemüsebrühe auffüllen. Mit Salz, Pfeffer, Muskat, Pimentpulver und Cayennepfeffer abschmecken und bei mäßiger Hitze 30-40 Minuten köcheln lassen.
- Den Putentopf nochmals abschmecken, anrichten, ausgarnieren und mit frisch gehackter Petersilie bestreut servieren.

Zwiebelgulasch mit Paprika

• 600 g Putenkeule • Salz • Pfeffer aus der Mühle • 2-3 EL Butterschmalz • 1/2 TL Paprikapulver rosenscharf • 1 EL Paprikapulver edelsüß • 4 Zwiebeln • 2 Knoblauchzehen • 1 rote Paprikaschote • 1 gelbe Paprikaschote • 500 g Tomaten 1 EL Oregano • 1 EL Basilikum • 1 Hand voll Kräuter

- Die Putenkeule in mundgerechte Würfel schneiden, mit Salz und Pfeffer würzen.
- Das Butterschmalz in einem Bräter erhitzen und das Fleisch darin unter ständigem Rühren braten. Das Fleisch mit Paprikapulver rosenscharf und edelsüß bestäuben und kurz anschwitzen.
- Die Zwiebeln, die Knoblauchzehen und die Paprikaschoten putzen, in mundgerechte Stücke schneiden, zum Fleisch geben und kurz mitbraten.
- Die Tomaten enthäuten, entkernen, in Würfel schneiden, zum Fleisch geben, mit Oregano und Basilikum würzen und das Ganze bei mäßiger Hitze 15-20 Minuten schmoren lassen.
- Nach Ende der Garzeit das Gulasch nochmals abschmecken, dekorativ anrichten, mit den verlesenen, gewaschenen und fein gehackten Kräutern bestreuen, ausgarnieren und servieren.

Lauchhähnchen

• 500 g Hähnchenbrustfilets • 2 EL Pflanzenöl • 1 l Gemüse- oder Fleischbrühe • 1 Glas Weißwein • 1 Zwiebel • 4 Stangen Lauch • Salz • schwarzen Pfeffer aus der Mühle • 150 g Buchweizengrütze • 1 kleinen Becher saure Sahne • 1 Bund Petersilie

- Das Fleisch waschen, trockentupfen und in Würfel schneiden, mit dem Öl unter ständigem Rühren anbraten, mit der Brühe und dem Wein aufgießen und bei mäßiger Hitze 20-25 Minuten köcheln lassen.
- In der Zwischenzeit die Zwiebel schälen und in Würfel schneiden, den Lauch putzen, waschen und in Ringe schneiden.
- Das Gemüse und die Buchweizengrütze zum Fleisch geben, mit Salz und frisch gemahlenem Pfeffer abschmecken. Den Eintopf weitere 20 Minuten leicht köcheln lassen.
- Den Eintopf nochmals abschmecken, anrichten, ausgarnieren und mit einem Klacks saurer Sahne überziehen, mit der Petersilie bestreuen, ausgarnieren und servieren.

HÄHNCHENGULASCH MIT ZUCKERERBSEN

• 600 g Hähnchenbrustfilets • Salz • Pfeffer aus der Mühle • 1 EL Kräuter der Provence • 2-3 EL Butterschmalz • 1 Zwiebel • 400 g Zuckererbsen • 200 g Kirschtomaten • 2 Becher Sahne • 2-3 EL Sojasauce • 2-3 EL Zitronensaft • 1 Prise Cayennepfeffer • 1 Prise Zucker • 2-3 EL Hellen Saucenbinder • 1 Kästchen Kresse

- Die Hähnchenbrustfilets in mundgerechte Stücke schneiden, mit Salz, Pfeffer und Kräutern der Provence kräftig würzen.
- Das Butterschmalz in einem Bräter erhitzen und das Fleisch darin unter ständigem Rühren braten.
- Die Zwiebel schälen, fein hacken, zum Fleisch geben und kurz mitbraten. Die Zuckererbsen und die Kirschtomaten putzen, zum Fleisch geben und zugedeckt bei mäßiger Hitze 10-15 Minuten schmoren.
- Die Sahne, die Sojasauce und den Zitronensaft angießen und das Ganze weitere 10 Minuten köcheln lassen.
- Das Gulasch mit Salz, Pfeffer, Cayennepfeffer und Zucker kräftig abschmecken, mit Hellem Saucenbinder leicht binden. Die Kresse verlesen, unter das Gulasch heben, das Ganze dekorativ anrichten, ausgarnieren und servieren.

ZUCCHINILEBER

• 50 g geräucherten Speck • 500 g Geflügelleber • Salz • weißen Pfeffer aus der Mühle • 1 Prise Thymian • etwas Weinbrand • 1 Zwiebel • 100 g Karotten • 100 g Lauch • 100 g Sellerie • 400 g Zucchini • 1 Glas Weißwein • 1/4 l Fleisch- oder Gemüsebrühe • 1/4 l Sahne • 1 EL Speisestärke • 2 EL Schnittlauchröllchen

- Den Speck in feine Würfel schneiden und in einem Topf auslassen. Die Geflügelleber unter fließendem Wasser abwaschen, trockentupfen, in Würfel schneiden und mitbraten. Mit Salz, weißem Pfeffer und Thymian bestreuen und mit Weinbrand beträufeln, herausnehmen und bereitstellen.
- Das Gemüse putzen in feine Streifen schneiden. Ins verbliebene Bratfett geben und 8-10 Minuten garen. Die Zucchini putzen, in Scheiben schneiden, zum Gemüse geben und fünf Minuten mitschwitzen. Mit Weißwein ablöschen und die Brühe angießen. Die Sahne mit der Speisestärke verrühren, dazugeben und 8-10 Minuten garen.
- Anschließend die Leber in den Eintopf geben, erhitzen, aber nicht mehr kochen lassen. Die Zucchinileber nochmals abschmecken, anrichten und mit Schnittlauch bestreut servieren.

Hühnerbrüstchen mit Gemüsereis

• 250 g Reis • Gemüsebrühe zum Garen • 1 rote Paprikaschote • 1 grüne Paprikaschote • 1 Karotten • 100 g grüne Erbsen (TK-Produkt) • 2-3 EL Butter oder Margarine • 2 Tomaten • Salz • Pfeffer • 4 Hähnchenbrustfilets • Butterschmalz zum Braten • 1 Zwiebel • 250 g frische Champignons • Saft von 1 Zitrone • 1 Bund Petersilie • 1/4 l Gemüse- oder Geflügelbrühe • 1/2 Becher Sahne • 1 Glas Weißwein • Speisestärke zum Binden • 250 g geriebenen Gouda • Kräuterzweige zum Garnieren

- Den Reis in der Gemüsebrühe bissfest garen, abgießen, abschrecken, gut abtropfen lassen und bereitstellen. Die Paprikaschoten putzen, in feine Würfel schneiden.
- Die Karotten schälen und ebenfalls fein würfeln. Die grünen Erbsen kurz antauen lassen, die Butter oder Margarine in einer Pfanne erhitzen und das Gemüse darin bissfest garen.
- Die Tomaten enthäuten, entkernen, in Würfel schneiden, unter das Gemüse heben, den Reis dazugeben, kurz durchschwenken, mit Salz und Pfeffer kräftig würzen und warm stellen.
- Die gewaschenen Hähnchenbrustfilets mit Salz und Pfeffer würzen, im Butterschmalz braten, herausnehmen und warm stellen. Die Zwiebel fein hacken, ins Bratfett geben und glasig schwitzen.
- Die Champignons putzen, vierteln, mit Zitronensaft beträufeln, zur Zwiebel geben und kurz mitschwitzen.
- Die Petersilie hacken und über die Champignons streuen. Mit Brühe und der Sahne auffüllen. Den Weißwein angießen, die Sauce einreduzieren lassen und mit angerührter Speisestärke binden.
- Den geriebenen Gouda in Scheiben schneiden, auf die Hähnchenbrustfilets legen und unter dem Grill kurz überbacken.
- Die Champignonsauce auf heiße Teller geben, den Gemüsereis dazugeben, die Hähnchenbrustfilets einsetzen, mit Kräuterzweigen ausgarnieren und servieren.

Kartoffelpüree

• 1 kg mehlig kochende Kartoffeln • Salzwasser • 1/4 l heiße Milch • 1-2 EL Butter • Muskatnuss

- Die Kartoffeln unter fließendem Wasser gründlich abbürsten, schälen und in kleine Stücke schneiden. In Salzwasser in etwa 20 Minuten garen und abgießen. Das Wasser auffangen.
- Die Kartoffeln durch die Kartoffelpresse drücken, die heiße Milch, die Butter, und wenn nötig, noch etwas Kochwasser unterrühren. Mit dem Schneebesen locker aufschlagen und mit frisch geriebener Muskatnuss abschmecken.

Hühnerfrikassee

• 1 küchenfertiges Suppenhuhn • Saft von 1 Zitrone • 1 Bund Suppengemüse • 1 Bund Petersilie • 5-6 weiße Pfefferkörner • 1 Lorbeerblatt • Saft von 1 Zitrone • 1 Prise Zucker • Salz • Pfeffer aus der Mühle • 2 EL Butter oder Margarine • 2 EL Mehl • 1/2 l Hühnerbrühe • 1 Eigelb • 1 Schuss Sahne • 1-2 EL Kapern • 1 Glas Champignons • 1/2 Glas Spargelstücke • 4 Portionen Salzkartoffeln • 2 EL gemischte, gehackte Kräuter

- Das Suppenhuhn waschen, in acht Teile teilen, mit Zitronensaft einreiben, in kochendes Wasser geben, aufkochen und abschäumen.
- Das Suppengemüse putzen, die Petersilie verlesen und waschen und zusammen mit den Pfefferkörnern, dem Lorbeerblatt, dem Zitronensaft, dem Zucker, dem Salz und dem Pfeffer in die Hühnerbrühe geben und zwei Stunden köcheln lassen.
- Nach Ende der Garzeit die Hähnchenteile herausnehmen, vom Knochen lösen und klein schneiden.
- Die Brühe durchsieben und 1/2 l bereit stellen. Die Butter oder Margarine erhitzen, das Mehl einrühren und mit der Hühnerbrühe ablöschen.
- Die Sauce 5-6 Minuten köcheln lassen und mit Salz, Pfeffer und Zucker nochmals kräftig abschmecken und das Fleisch dazugeben.
- Das Eigelb und die Sahne verquirlen und unter die Sauce ziehen, zum Schluß die Kapern, die Champignons und die Spargelstücke zugeben und erhitzen.
- Das Hühnerfrikassee mit den Kartoffeln anrichten, mit gehackten Kräutern bestreuen, ausgarnieren und servieren.

Kartoffel-Zwiebel-Püree

• 1 kg mehlig kochende Kartoffeln • Salzwasser • 1/4 l heiße Milch • 1-2 EL Butter • Muskatnuss • 20 g Butter • 200 g Zwiebeln • Pfeffer aus der Mühle

- Zubereitung wie Kartoffelpüree. Die Butter in einer Pfanne erhitzen und die fein gehackten Zwiebeln darin glasig braten. Mit Pfeffer würzen und unter das fertige Kartoffelpüree mischen.

Gefüllte Paprikaschoten

• 400 g gemischtes Hackfleisch • Salz • Pfeffer aus der Mühle • 2-3 EL Butterschmalz • 2 Zwiebeln • 1 Bund Schnittlauch • 200 g Camembert • 4 Paprikaschoten • Butter für die Form • 1/2 l Tomatensauce (Fertigprodukt) • 1 Prise Cayennepfeffer • 1 EL Paprikapulver

- Das Hackfleisch in eine Schüssel geben und mit Salz und Pfeffer würzen. Etwas Butterschmalz in einer Pfanne erhitzen und das Hackfleisch darin rundherum Farbe nehmen lassen.
- Die fein gehackten Zwiebeln dazugeben und kurz mitbraten. Den verlesenen, gewaschenen und fein gehackten Schnittlauch untermischen, vom Feuer nehmen und erkalten lassen.
- Den Camembert in Würfel schneiden und untermischen. Die Paprikaschoten putzen, eine Haube abschneiden, das Kerngehäuse herauslösen und die Paprikaschoten mit der Hackfleischmasse füllen.
- Die Paprikaschoten in eine ausgefettete Form setzen, die Tomatensauce angießen, die Sauce mit Cayennepfeffer und Paprikapulver würzen und das Ganze im auf 180-200 °C vorgeheizten Backofen 20-25 Minuten garen, anrichten, ausgarnieren und servieren.

Gefüllte Zwiebeln

• 8 Gemüsezwiebeln • Gemüsebrühe zum Garen • 2-3 EL Butter oder Margarine • 1 Bund Suppengemüse • 1 rote Paprikaschote • 1 grüne Paprikaschote • 150 g gemischtes Hackfleisch • 100 g bissfest gegarten Reis • Salz • Pfeffer aus der Mühle • 1 Prise Cayennepfeffer • 1 Prise Muskat • 2 Eier • 150 g Mozzarella • Butter für die Form • Kräuterzweige zum Garnieren

- Die Zwiebeln schälen und in der Gemüsebrühe bissfest garen, herausnehmen, gut abtropfen lassen, eine Haube abschneiden und die Zwiebeln aushöhlen.
- Das ausgehöhlte Zwiebelfleisch in feine Würfel schneiden und in der erhitzten Butter oder Margarine glasig schwitzen.
- Das Suppengemüse und die Paprikaschoten putzen und in Würfel schneiden, zur Zwiebel geben und kurz mitschwitzen.
- Das Hackfleisch mit dem Reis dazugeben, kurz mitbraten, mit Salz, Pfeffer, Cayennepfeffer und Muskat kräftig abschmecken, vom Herd nehmen, erkalten lassen und die Eier sowie den in Würfel geschnittenen Mozzarella untermischen.
- Die Masse gleichmäßig in die ausgehöhlten Zwiebeln füllen und in eine ausgefettete Auflaufform setzen. Etwas Gemüsebrühe angießen und das Ganze im auf 180-200 °C vorgeheizten Backofen 15-20 Minuten backen, herausnehmen, dekorativ anrichten, ausgarnieren und servieren.

Gemüsepfannkuchen mit Hackfleisch

• 250 g Mehl • 1 Prise Salz • 3 Eier • 1/2 l Milch • Butter zum Ausbacken • 1-2 EL Butterschmalz • 400 g Rinderhack • 2 Zwiebeln • 1 rote Paprikaschote • 1 grüne Paprikaschote • 1 gelbe Paprikaschote • 1/2 Tasse Gemüsebrühe • Salz • Pfeffer aus der Mühle • 1 Prise Cayennepfeffer • 1 TL Pizzagewürz • 100 g geriebenen Edamer • Butter für die Form

- Das Mehl mit dem Salz, den Eiern und der Milch zu einem Teig verrühren. Etwas Butter erhitzen und 6-8 Pfannkuchen ausbacken. Das Butterschmalz erhitzen und das Hackfleisch darin unter Rühren braten. Die gehackten Zwiebeln zum Fleisch geben und mitbraten.
- Die Paprikaschoten in Würfel schneiden, zum Fleisch geben und mitbraten. Mit Brühe ablöschen, mit Salz, Pfeffer, Cayennepfeffer und Pizzagewürz abschmecken.
- Die Füllung gleichmäßig auf die Pfannkuchen verteilen, mit etwas geriebenem Edamer bestreuen, zusammenrollen und die Rollen in eine ausgefettete Auflaufform schichten.
- Das Ganze mit dem restlichen Käse bestreuen und den restlichen Teig angießen. Die Pfannkuchen im auf 180-200 °C vorgeheizten Ofen in 40-45 Minuten backen. Anschließend die Gemüsepfannkuchen mit Hackfleisch anrichten, ausgarnieren und servieren.

Haferflockenpfannkuchen

• 150 g Mehl • 2 EL Kernige Haferflocken • 3 Eier • 1/4 l Mineralwasser • 1 Prise Salz • 50 g geriebenen Emmentaler • 1 Hand voll Kräuter (Petersilie, Schnittlauch, Dill) • 1 Zwiebel • 3-4 EL Olivenöl • 50 g Sahnequark • 1 EL Sahnemeerrettich • 3 EL Instant-Haferflocken • 1/2 Bund Schnittlauch • Salz • weißen Pfeffer aus der Mühle • 1 Prise Cayennepfeffer • Kräuterzweige zum Garnieren

- Das Mehl mit den Haferflocken verrühren, die Eier und das Mineralwasser dazugeben und zu einem glatten Teig verarbeiten.
- Den Teig salzen, den geriebenen Emmentaler und die gehackten Kräuter unterziehen. Zum Schluss die geschälte und fein gehackte Zwiebel unter den Teig heben.
- Etwas Olivenöl erhitzen und Pfannkuchen ausbacken. Herausnehmen und warm stellen. Den Sahnequark mit dem Sahnemeerrettich in eine Schüssel geben und glatt rühren.
- Die Haferflocken unterziehen, den fein geschnittenen Schnittlauch ebenfalls dazugeben. Die Quarkcreme mit Salz, Pfeffer und Cayennepfeffer abschmecken, die Pfannkuchen damit füllen, zusammenrollen, mit Kräuterzweigen ausgarnieren und servieren.

Hackfleischpfanne mit Nudeln

• 4-5 EL Butter oder Margarine • 300 g gemischtes Hackfleisch • 100 g rohe, grobe Bratwurst • 1/2 Glas Weinbrand • Salz • Pfeffer • 1 Prise Cayennepfeffer • 300 g passierte Tomaten • 300 g Bandnudeln • Salzwasser • 1 EL Öl • 2 EL geriebenen Parmeseankäse • Kräuterzweige zum Garnieren

- Die Butter oder Margarine in einer Pfanne erhitzen und das Hackfleisch darin krümelig braten.
- Die Bratwurst dazugeben, mit anbraten, mit dem Weinbrand ablöschen und mit Salz, Pfeffer und Cayennepfeffer würzen.
- Die Tomaten dazugeben und bei mäßiger Hitze eine Stunde schmoren lassen.
- Die Bandnudeln im Salzwasser mit dem Öl bissfest garen, zum Hackfleisch geben, gut durchmischen, dekorativ anrichten, mit Parmesankäse bestreuen, mit Kräuterzweigen ausgarnieren und servieren.

Spiralnudeln mit Hackfleischsauce

• 1 Zwiebel • 1 Karotte • 1 Stück Sellerie • 75 g durchwachsenen, geräucherten Speck • 100 g Butter oder Margarine • 300 g gemischtes Hackfleisch • 4 Tomaten • 1 Glas Rotwein • 1/8 l Fleischbrühe • Salz • Pfeffer aus der Mühle • 1/2 Becher Sahne • 300 g bissfest gegarte Spiralnudeln • geriebenen Parmesankäse zum Bestreuen

- Die Zwiebel, die Karotte und den Sellerie putzen und in kleine Würfel schneiden.
- Den Speck ebenfalls in Würfel schneiden und in einer trockenen Pfanne auslassen.
- Die Butter oder Margarine in einer Pfanne erhitzen, die Zwiebel-, die Karotten- und die Selleriewürfel dazugeben und glasig schwitzen.
- Das Hackfleisch dazugeben und unter ständigem Rühren krümelig braten.
- Die Tomaten enthäuten, entkernen, klein würfeln, zum Hackfleisch geben und 5-6 Minuten dünsten.
- Das Ganze mit Rotwein und Fleischbrühe aufgießen, mit Salz und Pfeffer kräftig würzen und bei mäßiger Hitze 15-20 Minuten köcheln lassen.
- Mit Sahne aufgießen und bei kleinster Hitze zugedeckt drei Stunden ziehen lassen, öfter mal umrühren.
- Die Spiralnudeln erhitzen, dekorativ anrichten, mit der Hackfleischsauce überziehen, mit geriebenem Parmesankäse bestreuen, ausgarnieren und servieren.

Deftiger Hackfleischtopf

• 2 EL Butterschmalz • 2 große Zwiebeln • 500 g gemischtes Hackfleisch • 1/2 Stange Lauch • 1 EL passierte Tomaten • 1/4 l Fleischbrühe • 1 EL mittelscharfen Senf • 1 TL Paprikapulver • Salz • Pfeffer • 1 Becher saure Sahne • 4 Portionen bissfest gegarten Bandnudeln

- Das Butterschmalz in einem Topf erhitzen und die geschälten und fein gehackten Zwiebeln darin glasig schwitzen.
- Das Hackfleisch dazugeben und braten. Den Lauch putzen und in Streifen schneiden, mit den passierten Tomaten, der Brühe und dem Senf abschmecken, mit Paprikapulver, Salz und Pfeffer würzen.
- Das Ganze bei mäßiger Hitze 10-15 Minuten köcheln lassen, dabei öfter umrühren.
- Kurz vor Garende die saure Sahne einrühren und kurz einreduzieren lassen.
- Die bissfest gegarten Bandnudeln dekorativ auf vier Tellern anrichten, den Hackfleischtopf dazugeben, ausgarnieren und servieren.

Paprika mit Reisfüllung

• 2 rote Paprikaschoten • 2 grüne Paprikaschoten • Butter zum Ausfetten • 1-2 EL Butterschmalz • 1 Zwiebel • 500 g gemischtes Hackfleisch • 100 g Erbsen (TK-Produkt) • 2 Tomaten • 400 g gekochten Reis • 2 EL Curry • 1 Schuß Weißwein • Salz • Pfeffer • 1 Prise Cayennepfeffer • 3/8 l gebundene Helle Sauce • 1 Becher Crème fraîche • 1 Msp. Safran • einige Tropfen Zitronensaft • einige Tropfen Worcestersauce • 1 Tasse gehackte Petersilie

- Die Paprikaschoten halbieren, entkernen, waschen und gut abtropfen lassen. Eine Auflaufform mit Butter ausfetten und die Paprikahälften einsetzen.
- Das Butterschmalz in einer Pfanne erhitzen, das in Hackfleisch darin braten. Die Zwiebel hacken, zum Fleisch geben und mitbraten, die Erbsen dazugeben und 3-4 Minuten dünsten.
- Die Tomaten enthäuten, entkernen, in Würfel schneiden, mit dem Reis unterheben, das Ganze kurz durchschwenken, mit Curry bestäuben. Mit Weißwein ablöschen, mit Salz, Pfeffer und Cayennepfeffer würzen.
- Die Reismischung in die Paprikaschoten füllen. Die Sauce erhitzen, die Crème fraîche einrühren, mit Safran, Zitronensaft, Worcestersauce, Salz und Pfeffer abschmecken, zu den Paprikaschoten geben und im auf 180-200 °C vorgeheizten Backofen 15-20 Minuten garen, herausnehmen, anrichten, mit der Sauce überziehen, mit gehackter Petersilie bestreuen, ausgarnieren und servieren.

Hackfleisch-Tomaten-Topf

• 2-3 EL Butter oder Margarine • 500 g gemischtes Hackfleisch • Salz • Pfeffer aus der Mühle • 2-3 Zwiebeln • 1 Bund Suppengemüse • 250 g Langkornreis • 600 g Fleischtomaten • 2 EL Tomatenmark • 1-2 EL Tomatenketchup • 1/4 l Fleischbrühe • 1 Bund Petersilie • Kräuterzweige zum Garnieren

- Die Butter oder Margarine in einem Topf erhitzen und das Hackfleisch darin scharf anbraten.
- Mit Salz und Pfeffer würzen, die fein gewürfelten Zwiebeln dazugeben und mitbraten. Das Suppengemüse ganz fein schneiden, zum Hackfleisch geben und ebenfalls mitbraten.
- Den Reis und die enthäuteten, entkernten und in Würfel geschnittenen Tomaten mit dem Tomatenmark und dem Ketchup unter das Hackfleisch rühren, die Fleischbrühe angießen und das Ganze 20 Minuten garen lassen.
- Den Hackfleisch-Tomaten-Topf nochmals abschmecken, mit der fein gehackten Petersilie bestreuen, mit Kräuterzweigen ausgarnieren und sofort servieren.

Scharfer Hackfleischtopf

• 2 große Zwiebeln • 2 EL Olivenöl • 500 g Hackfleisch • 1 Bund Frühlingszwiebeln • 1 EL Tomatenmark • 1/4 l Fleischbrühe • Salz • Pfeffer aus der Mühle • 1 TL Cayennepfeffer • 1 TL Paprika rosenscharf • 1 EL Senf • 1 Becher saure Sahne • 4 EL fein gehackte Kräuter • 4 Portionen bissfest gegarten Reis

- Die Zwiebeln fein hacken und im erhitzten Olivenöl glasig schwitzen. Das Hackfleisch dazugeben und anbraten. Die Frühlingszwiebeln klein schneiden, zum Hackfleisch geben und kurz mitdünsten.
- Das Tomatenmark einrühren, kurz rösten, die Fleischbrühe angießen, den Hackfleischtopf mit Salz, Pfeffer, Cayennepfeffer, scharfem Paprika und Senf kräftig abschmecken und 15-20 Minuten bei schwacher Hitze köcheln lassen. Dabei mehrmals umrühren und zum Schluss die saure Sahne unterziehen.
- Den scharfen Hackfleischtopf anrichten, mit den gehackten Kräutern bestreuen, ausgarnieren und mit dem Reis servieren.

Hackfleisch-Reistopf

• 2 Zwiebeln • 2 Knoblauchzehen • 2 Karotten • 2-3 EL Olivenöl • 750 g gemischtes Hackfleisch • Salz • Pfeffer • 1 Prise Muskat • 1 Prise Curry • 1/8 l Rotwein • 150 g Salami • 1 EL Olivenöl • 2 Tassen Langkornreis • 4 Tassen Gemüsebrühe • Kräuterzweige zum Garnieren

- Die Zwiebeln und die Knoblauchzehen schälen und fein hacken, die Karotten schälen und in feine Streifen schneiden.
- Das Olivenöl in einer Pfanne erhitzen, die Zwiebeln und die Knoblauchzehen darin glasig schwitzen, die Karotten dazugeben und ebenfalls kurz mitschwitzen.
- Das Hackfleisch dazugeben, mit Salz, Pfeffer, Muskat und Currypulver kräftig abschmecken und unter ständigem Rühren braten.
- Den Rotwein angießen, einmal aufkochen lassen und das Hackfleisch in eine feuerfeste Form füllen.
- Die in Würfel geschnittene Salami darauf verteilen und das Ganze im auf 220 °C vorgeheizten Backofen 20 Minuten backen.
- In der Zwischenzeit das Öl in einem Topf erhitzen, den gewaschenen Reis darin anschwitzen, die Gemüsebrühe angießen und den Reis in 15-20 Minuten ausquellen lassen.
- Den Hackfleisch-Reistopf anrichten, mit Kräuterzweigen ausgarnieren und servieren.

Fleischküchle mit Käse

• 500 g gemischtes Hackfleisch • 1 in Milch eingeweichtes, altbackenes Brötchen • 1-2 Eier • Semmelbrösel zum Binden • Salz • Pfeffer aus der Mühle • 100 g Fetakäse • 2-3 EL Butter oder Margarine • 1 Zwiebel • 1 Becher süße Sahne • 3 EL saure Sahne • einige Spritzer Tabasco • einige Tropfen Cognac

- Das Hackfleisch in eine Schüssel geben und mit dem eingeweichten Brötchen und den Eiern zu einem Teig verarbeiten. Je nach Geschmack mit Semmelbröseln binden, mit Salz und Pfeffer würzen, den in kleine Würfel geschnittenen Fetakäse untermengen und acht kleine Fleischküchle formen.
- Die Butter oder Margarine in der Pfanne erhitzen, die Fleischküchle darin von beiden Seiten braten, herausnehmen und warm stellen.
- Die Zwiebel schälen und fein hacken, ins verbliebene Bratfett geben und glasig schwitzen.
- Die süße Sahne zugeben, unter Rühren etwas einkochen und die saure Sahne einrühren. Mit Salz, Pfeffer, Tabasco und Cognac abschmecken. Die Fleischküchle mit Käse dekorativ anrichten, mit der Sauce überziehen, ausgarnieren und sofort servieren.

Putengulasch mit Orange

• 600 g Putenkeule • Salz • Pfeffer aus der Mühle • 1 EL Basilikum • 1 Oregano • 2-3 EL Olivenöl • 2 Knoblauchzehen • 1 rote Paprikaschote • 1 grüne Paprikaschote • 250 g Stangensellerie • 2 Orangen • 4 Tomaten • 1/2 l Gemüse- oder Geflügelbrühe • 2-3 EL Hellen Saucenbinder • 1 Becher Crème fraîche • 2-3 EL geriebenen Parmesankäse

- Die Putenkeule in mundgerechte Stücke schneiden, mit Salz, Pfeffer, Basilikum und Oregano würzen.
- Das Olivenöl in einem Bräter erhitzen und das Fleisch darin unter ständigem Rühren braten.
- Die Knoblauchzehen, die Paprikaschoten und den Stangensellerie putzen, in mundgerechte Stücke schneiden, zum Fleisch geben und kurz mitbraten.
- Die Orangen schälen, das Fruchtfleisch in Würfel schneiden, mit den enthäuteten, entkernten und in Würfel geschnittenen Tomaten zum Fleisch geben.
- Die Gemüse- oder Geflügelbrühe angießen und bei mäßiger Hitze 20-25 Minuten garen. Nach Ende der Garzeit die Sauce mit Hellem Saucenbinder leicht binden und mit Crème fraîche verfeinern.
- Den geriebenen Parmesankäse einrühren, das Gulasch nochmals abschmecken, dekorativ anrichten, ausgarnieren und servieren.

Putentopf mit Gemüsejulienne

• 25 g getrocknete chinesische Pilze (Mu-err) • 2 Tassen Gemüsebrühe • 600 g Putenbrust • 4 EL Sojaöl • 1 Zwiebel • 1 rote Paprikaschote • 1 grüne Paprikaschote • 1 Stange Lauch • 1/4 l Hühnerbrühe • 1/2 Tasse Sojasauce, pikant • 1 EL Chinagewürz • 300 g Wurzelgemüse • Salz • Pfeffer • 1 Prise Cayennepfeffer • 1 Prise Zucker • 1 Hand voll Kräuter.

- Die Pilze mit der erhitzten Brühe übergießen und quellen lassen. Die Putenbrust waschen, trockentupfen und in Streifen schneiden.
- Das Sojaöl erhitzen und das Fleisch braten. Die Zwiebel und das Gemüse in Streifen schneiden, zum Fleisch geben und mitbraten. Die Pilze in Streifen schneiden, dazugeben und mitbraten.
- Die Brühe mit der Sojasauce angießen, das Chinagewürz dazugeben und den Eintopf 8-10 Minuten köcheln lassen.
- Den Eintopf abschmecken und 4-5 Minuten garen, anrichten, mit gehackten Kräutern bestreuen, ausgarnieren und servieren.

Makkaroni mit Putengeschnetzeltem

• 300 g Makkaroni • Salzwasser • 1 EL Olivenöl • 600 g Putenbrustfilet • Salz • Pfeffer aus der Mühle • 2-3 EL Olivenöl • 2 Knoblauchzehen • 1 Zwiebel • 1 Schuss Weißwein • 1 große Dose geschälte Tomaten • 1 Becher Sahne • 4 EL geriebenen Parmesankäse • 1 Prise Cayennepfeffer • 1 Hand voll Kräuter

- Die Makkaroni im Salzwasser mit dem Olivenöl bissfest garen, abgießen, abschrecken, gut abtropfen lassen und bereitstellen.
- Das Putenbrustfilet in feine Würfel oder Streifen schneiden, mit Salz und Pfeffer würzen.
- Das Olivenöl erhitzen und das Fleisch darin anbraten. Die Knoblauchzehen und die Zwiebel fein hacken, zum Fleisch geben und mitbraten.
- Mit Weißwein ablöschen, die geschälten Tomaten dazugeben und das Ganze bei mäßiger Hitze 10-15 Minuten köcheln lassen.
- Anschließend die Sahne unterheben und erhitzen, den geriebenen Parmesankäse mit den Makkaroni unter das Geschnetzelte heben, das Ganze mit Salz, Pfeffer und Cayennepfeffer abschmecken.
- Die Makkaroni mit Putengeschnetzeltem dekorativ anrichten, mit den verlesenen, gewaschenen und fein gehackten Kräutern bestreuen, ausgarnieren und servieren.

Reisfleisch

• 600 g Putenbrust • Salz • Pfeffer • 1 EL Majoran • 1 TL Rosmarin • 1 TL Thymian • 1 TL Pimentpulver • 1 TL Kümmelpulver • 1 EL Curry • 1 EL geriebene Zitronenschale • 1/2 Tasse Olivenöl • 2 Zwiebeln • 2 Knoblauchzehen • 1 rote Peperoni • 1/2 l Gemüse- oder Fleischbrühe • 2 Karotten • 1 Stange Lauch • 300 g Reis • 1/4 l Weißwein • 3-4 Tomaten • 1 Hand voll Kräuter (Oregano, Basilikum, Thymian, Melisse)

- Die Putenbrust in Würfel schneiden, kräftig würzen, das Olivenöl erhitzen und das Fleisch darin unter ständigem Rühren braten.
- Die Zwiebeln und die Knoblauchzehen fein hacken, die Peperoni putzen, halbieren, entkernen und klein schneiden. Zwiebeln, Knoblauch und Peperoni zum Fleisch geben. Die Brühe angießen und im auf 180-200 °C vorgeheizten Backofen 15 Minuten schmoren lassen. Die Karotten und den Lauch in Würfel schneiden, zum Fleisch geben, weitere 10 Minuten garen.
- Den Reis und den Weißwein dazugeben und 30 Minuten garen. Die in Würfel geschnittenen Tomaten unterheben und das Reisfleisch kräftig abschmecken, anrichten, mit den fein gehackten Kräutern bestreuen, ausgarnieren und sofort servieren.

Wildgeschnetzeltes mit Curryreis

• 800 g gemischte Wildfilets • 1 Tasse Olivenöl • 2 Knoblauchzehen • 1 EL geschrotete Pfefferkörner • 1 TL Majoran • 1 TL Thymian • 1 TL Rosmarin • 2 Karotten • Gemüsebrühe • 1-2 EL Butterschmalz • 1 Zwiebel • 200 g frische Pfifferlinge • 3/8 l gebundene Wildsauce • 1 Becher Crème fraîche mit Kräutern • einige Tropfen Aceto balsamico • 1 Prise Zucker • Salz • Pfeffer • 1 Bund Petersilie • 1 EL Mandelblättchen • 4 Portionen Curryreis mit Kräutern

- Das Wildfilet waschen, trockentupfen und in feine Streifen schneiden. Das Olivenöl mit den mit Salz zerriebenen Knoblauchzehen, den geschroteten Pfefferkörnern, dem Majoran, dem Thymian und dem Rosmarin verrühren, das Wildgeschnetzelte damit einreiben und im Kühlschrank mindestens 2-3 Stunden ziehen lassen.
- Die Karotten schälen, in feine Streifen schneiden. Die Gemüsebrühe erhitzen und die Karotten darin bissfest garen.
- Das Butterschmalz erhitzen und das Wildfilet darin braten, herausnehmen und warm stellen. Die Zwiebel schälen, fein hacken, ins verbliebene Bratfett geben und glasig schwitzen. Die Pfifferlinge putzen, zu den Zwiebeln geben und kurz mitschwitzen.
- Die Wildsauce und die Crème fraîche dazugeben und kurz einreduzieren lassen. Die Karotten unterheben, mit Aceto balsamico, Zucker, Salz und Pfeffer abschmecken. Zum Schluss das Wildfilet unterheben und erhitzen.
- Das Wildgeschnetzelte dekorativ anrichten, mit der fein gehackten Petersilie und den Mandelblättchen bestreuen, ausgarnieren und mit dem Curryreis servieren.

Kartoffelkuchen mit Gemüse

• 1 kg gekochte Kartoffeln • 2 Zwiebeln • 250 g Schinken • 2-3 EL Butter oder Margarine • 1 Dose Mischgemüse • 4 Eier • 1 Becher Sahne • Salz • Pfeffer • 1 Prise Muskat • 1 Prise Cayennepfeffer • Butter oder Margarine zum Ausfetten

- Die Kartoffeln pellen und grob raspeln. Die Zwiebeln schälen und in feine Würfel schneiden. Den Schinken in Würfel schneiden. Die Butter oder Margarine in einer Pfanne erhitzen und den Schinken darin anbraten, die Zwiebeln dazugeben und glasig schwitzen.
- Die Schinkenzwiebeln und die Kartoffeln mit dem Mischgemüse vermischen. Die Eier mit der Sahne verschlagen und würzen, unter die Kartoffeln ziehen, nochmals abschmecken.
- Eine Auflaufform ausfetten, die Kartoffelmasse einfüllen und im auf 180-200 °C vorgeheizten Ofen 30-40 Minuten backen. Nach Ende der Garzeit anrichten, ausgarnieren und servieren.

Putenpfanne mit Früchten

• 600 g Putenbrustfilet • Salz • Pfeffer aus der Mühle • 1 EL Fünfgewürzpulver • 2-3 EL Sesamöl • 1 Bund Frühlingszwiebeln • 150 g grüne Erbsen (TK-Produkt) • 1 kleine Dose Mandarinenfilets • 4 Scheiben Ananas • 1 Tasse Sojasauce • 1/4 l Gemüse- oder Geflügelbrühe • 100 g Cashewkerne • 4 Portionen bissfest gegarte Nudeln

- Das Putenbrustfilet in feine Streifen schneiden, mit Salz, Pfeffer und Fünfgewürzpulver würzen. Das Sesamöl in einem Bräter erhitzen und das Fleisch darin unter ständigem Rühren braten.
- Die Frühlingszwiebeln putzen und in mundgerechte Stücke schneiden, zum Fleisch geben und glasig dünsten. Die Erbsen dazugeben, bei mäßiger Hitze weitere 4-5 Minuten garen.
- Die gut abgetropften Mandarinenfilets mit den in Würfel geschnittenen Ananasscheiben unter das Fleisch heben und erhitzen.
- Die Sojasauce und die Gemüse- oder Geflügelbrühe angießen und bei mäßiger Hitze weitere 6-8 Minuten garen.
- Die Cashewkerne und die Nudeln unterheben, kurz durchschwenken, erhitzen, nochmals abschmecken, dekorativ anrichten, ausgarnieren und servieren.

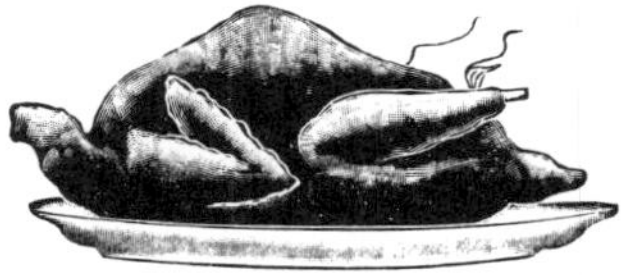

Bohnentopf mit Kartoffeln

• 750 g Putenbrust • 2 EL Sonnenblumenöl • Salz • Pfeffer • 1 EL Kräuter der Provence • 1 l Fleischbrühe • 500 g Kartoffeln • 2 Dosen weiße Bohnen • 1 Becher Sahne • einige Tropfen Zitronensaft • einige Tropfen Worcestersauce • Kartoffelpüreepulver zum Binden • 1 Bund Petersilie

- Die Putenbrust in Würfel schneiden und im erhitzten Öl anbraten. Mit Salz, Pfeffer und Kräutern der Provence würzen, mit der Fleischbrühe auffüllen.
- Die Kartoffeln nicht zu klein würfeln, zum Fleisch geben und 20-25 Minuten mitgaren. Die Bohnen mit der Sahne in den Eintopf geben, kurz erhitzen, mit Zitronensaft und Worcestersauce abrunden, mit Kartoffelpüreepulver binden, anrichten, mit fein gehackter Petersilie bestreuen, ausgarnieren und servieren.

Schnitzel mit Senfkruste

• 4 Kalbsschnitzel • Salz • Pfeffer • Butterschmalz zum Braten • 1/2 Tasse mittelscharfen Senf • 1/2 Tasse Dijon-Senf • 1 Tasse Semmelbrösel • 2-3 EL Tomatenmark • 1 Hand voll Kräuter

- Die Kalbsschnitzel mit Salz und Pfeffer kräftig würzen. Das Butterschmalz in einer Pfanne erhitzen und die Kalbsschnitzel darin kurz braten. Anschließend in eine feuerfeste Form setzen.
- Den mittelscharfen Senf mit dem Dijon-Senf und den Semmelbröseln sowie dem Tomatenmark und den gehackten Kräutern verrühren, mit Salz und Pfeffer würzen und die Kalbsschnitzel damit bestreichen.
- Das Ganze unter dem Grill oder im auf 200-220 °C vorgeheizten Backofen überbacken. Die Kalbsschnitzel mit Senfkruste herausnehmen, dekorativ anrichten, ausgarnieren und servieren.

Kalbsschnitzel mit Gemüse

• 4 Kalbsschnitzel • Salz • Pfeffer aus der Mühle • 1 EL Majoran • 1/2 Tasse Sojasauce • 2-3 EL Honig • 2-3 EL Apfelessig • 1 EL Fünfgewürzpulver • 2-3 EL Butterschmalz • 1 Zwiebel • 1-2 Zucchini • 1 Tasse helle Sojasauce • 1 Tasse Gemüsebrühe • 1 Prise Cayennepfeffer • 1 Prise Zucker • 1 Hand voll Kräuter

- Die Kalbsschnitzel mit Salz, Pfeffer und Majoran kräftig würzen, die Sojasauce mit dem Honig und dem Essig verrühren und die Kalbsschnitzel damit einstreichen, im Kühlschrank eine Stunde ziehen lassen.
- Das Butterschmalz in einer Pfanne erhitzen und die Kalbsschnitzel darin braten. Während der Garzeit mit der restlichen Marinade bestreichen, herausnehmen und warm stellen.
- Die Zwiebel schälen, fein hacken, ins verbliebene Bratfett geben und glasig schwitzen. Die Zucchini putzen, waschen, in Würfel schneiden, zu den Zwiebeln geben und mitschwitzen.
- Die Sojasauce mit der Gemüsebrühe angießen und kurz einreduzieren lassen. Mit Salz, Pfeffer, Cayennepfeffer und Zucker abschmecken und die gehackten Kräuter unterziehen.
- Die Kalbsschnitzel mit dem Gemüse dekorativ anrichten, ausgarnieren und servieren.

Kalbfleischtopf mit Pilzen

• 600 g Kalbsbraten • Salz • Pfeffer aus der Mühle • Sojaöl zum Braten • 1 Zwiebel • 2 Karotten • 250 g Mischgemüse (TK-Produkt) • 200 g frische Pilze • Saft von 1 Zitrone • 1 Tasse Sojasauce • 3/4 l Gemüsebrühe • 1 EL Honig • 2-3 EL Obstessig • 1 Prise Zucker • 1 Prise Cayennepfeffer • 1 Bund Schnittlauch

- Das Kalbfleisch waschen, trockentupfen, in mundgerechte Würfel schneiden und mit Salz und Pfeffer würzen. Das Sojaöl in einem Topf erhitzen und die Fleischwürfel darin braten.
- Die Fleischwürfel herausnehmen, die Zwiebel schälen, fein hacken, ins verbliebene Bratfett geben und glasig schwitzen.
- Die Karotten schälen, in feine Scheiben schneiden, zu den Zwiebeln geben und kurz mitbraten.
- Das Mischgemüse leicht antauen lassen, zum restlichen Gemüse geben und kurz mitschwitzen.
- Die Pilze putzen, klein schneiden, zum Gemüse geben, mit Zitronensaft und Sojasauce beträufeln und kurz dünsten.
- Die Gemüsebrühe angießen und zum Kochen bringen, mit Honig, Obstessig, Zucker, Cayennepfeffer, Zitronensaft, Sojasauce sowie Salz und Pfeffer kräftig abschmecken und 8-10 Minuten garen.
- Nach Ende der Garzeit die Fleischwürfel unter die Suppe heben, nochmals erhitzen, abschmecken, dekorativ anrichten, ausgarnieren und mit Schnittlauchröllchen bestreut servieren.

Kartoffelkuchen mit Käsekruste

• 2 altbackene Brötchen • 1/4 l Milch • 1 kg Kartoffeln • 1-2 EL Butterschmalz • 250 g gekochten Schinken • 2 Zwiebeln • 2 Eier • Salz • Pfeffer aus der Mühle • 1 Prise Muskat • 1 Tasse gemischte, gehackte Kräuter • 200 g geriebenen Butterkäse

- Die Brötchen in Würfel schneiden, in eine Schüssel geben, mit der heißen Milch übergießen und kurz ziehen lassen. Die Kartoffeln schälen, grob raspeln und bereitstellen.
- Das Butterschmalz in einer Auflaufform erhitzen und den in feine Würfel geschnittenen Schinken darin anbraten. Die Zwiebeln schälen, fein hacken, zum Schinken geben und kurz mitschwitzen.
- Die geriebenen Kartoffeln dazugeben, kurz anschwitzen. Die Eier unter die Brötchen mischen, gut verrühren, das Ganze mit Salz, Pfeffer und Muskat kräftig abschmecken, die gehackten Kräuter unterheben und gleichmäßig mit den Kartoffeln vermischen.
- Das Ganze mit dem Butterkäse bestreuen und im auf 180-200 °C vorgeheizten Backofen in 40-50 Minuten backen. Den Kartoffelkuchen herausnehmen, dekorativ anrichten, ausgarnieren und sofort servieren.

Rollbraten mit Mischpilzen

• 1,2 kg Kalbsrollbraten • Salz • Pfeffer • 1 EL Paprikapulver • 2-3 EL Butterschmalz • 2 Zwiebeln • 1 Bund Suppengemüse • 1 große Dose Mischpilze • 1/2 l Bratensauce • 1 Becher Crème fraîche mit Kräutern • 1 Tasse gemischte, gehackte Kräuter • 2-3 EL Preiselbeerkompott • 2-3 EL Obstessig

- Den Kalbsrollbraten mit Salz, Pfeffer und Paprikapulver würzen. Das Butterschmalz erhitzen und den Rollbraten darin anbraten.
- Die Zwiebeln und die Suppengemüse schälen, in mundgerechte Stücke schneiden, zum Fleisch geben, kurz mitschwitzen und im auf 180-200 °C vorgeheizten Backofen 60-70 Minuten garen. Den Kalbsrollbraten aus der Sauce nehmen und warm stellen.
- Die Mischpilze dazugeben, die Bratensauce angießen und das Ganze einmal aufkochen lassen.
- Die Crème fraîche mit Kräutern und die frischen, gehackten Kräuter sowie die Preiselbeeren und den Obstessig unter die Sauce ziehen, das Ganze nochmals abschmecken.
- Den Kalbsrollbraten dekorativ anrichten, mit der Sauce überziehen, ausgarnieren und servieren.

Kartoffel-Schinken-Gratin

• 1,2 kg Kartoffeln • Salzwasser • 1 EL Kümmel • 1 El Majoran • 1-2 El Olivenöl • 150 g gekochten Schinken • 2 Zwiebeln • 1 Stange Lauch • 1 Becher Sahne • 1 Becher Schmelzkäse • 2-3 Eier • 1 EL Kräuter der Provence • Salz • Pfeffer aus der Mühle • 1 Prise Cayennepfeffer • 1 Prise Muskat • Butter oder Margarine zum Ausfetten und für die Flöckchen

- Die Kartoffeln waschen und in einen Topf geben. Das Salzwasser angießen, den Kümmel und den Majoran dazugeben und die Kartoffeln zugedeckt in 20 Minuten garen. Anschließend herausnehmen, abgießen, pellen und in Würfel oder Scheiben schneiden.
- Das Olivenöl erhitzen und den in Würfel geschnittenen Schinken darin auslassen. Die Zwiebeln schälen und fein hacken. Den Lauch putzen, in Streifen schneiden, zum Schinken geben und mitschwitzen.
- Die Kartoffeln mit dem Schinkengemüse vermischen und in eine ausgefettete Auflaufform geben.
- Die Sahne mit dem Schmelzkäse glatt rühren. Die Eier darunter schlagen und mit Kräutern der Provence, Salz, Pfeffer, Cayennepfeffer und Muskat abschmecken, gleichmäßig auf dem Auflauf verteilen. Einige Butterflöckchen darauf setzen und im auf 180-200 °C vorgeheizten Backofen in 15-20 Minuten backen. Herausnehmen, anrichten, ausgarnieren und servieren.

Gefüllte Kalbsrolle

• 1,2 kg Kalbsrollbraten • Salz • Pfeffer aus der Mühle • 1 EL Majoran • 1 EL Oregano • 1 Zwiebel • 1 Bund Suppengemüse • 100 g durchwachsenen, geräucherten Speck • 1 Tasse gemischte, gehackte Kräuter • 3-4 EL Tomatenmark • 2-3 EL Butterschmalz • 1/2 l Gemüse- oder Geflügelbrühe • 1/4 l Weißwein • Saft von 2 Zitronen • 1 Prise Zucker • Kräuterzweige zum Garnieren

- Den Kalbsrollbraten auseinanderrollen und mit Salz, Pfeffer, Majoran und Oregano würzen. Die Zwiebel schälen, hacken, das Suppengemüse putzen, klein schneiden, beides in eine Schüssel geben. Den Speck in Würfel schneiden, mit den Kräutern dazugeben, das Tomatenmark unterrühren. Das Ganze auf das Fleisch streichen, das Fleisch zusammenrollen und zubinden.
- Das Butterschmalz erhitzen und die Kalbsrolle Farbe nehmen lassen. Im auf 180-200 °C vorgeheizten Backofen 50-60 Minuten garen. Während der Garzeit öfter mit der Brühe und dem Weißwein ablöschen. Anschließend herausnehmen und warm stellen.
- Den Bratenfond mit der restlichen Brühe und dem Weißwein sowie dem Zitronensaft ablöschen und die Sauce aufkochen lassen. Die Sauce mit Salz, Pfeffer und Zucker abschmecken. Die Kalbsrolle in Scheiben schneiden, mit der Sauce überziehen und servieren.

Kartoffelkuchen mit Pilzen

• 1 Packung Kartoffelpuffer • Salz • Pfeffer aus der Mühle • 1 Prise Muskat • 500 g Mischpilze aus dem Glas • Saft von 1 Zitrone • 100 g gekochten Schinken • 2–3 EL Butter oder Margarine • 1 Knoblauchzehe • 1 TL Salz • 2 Zwiebeln • 1 Prise Cayennepfeffer • 1 EL Paprikapulver • 1 Bund Petersilie • Butterflöckchen • 200 geriebenen Butterkäse

- Das Kartoffelpuffermehl nach Packungsanleitung zubereiten. Mit Salz, Pfeffer und Muskat würzen und die Hälfte des Teiges in eine ausgefettete Springform füllen. Die Pilze in Scheiben schneiden und mit Zitronensaft beträufeln.
- Den Schinken in Würfel schneiden und im Fett anbraten, die mit Salz zerriebene Knoblauchzehe dazugeben und glasig schwitzen.
- Die gehackte Zwiebel mit den Pilzen dazugeben und mitschwitzen, mit Salz, Pfeffer, Muskat, Cayennepfeffer und Paprika abschmecken, die gehackte Petersilie unterheben und auf dem Teig verteilen. Den restlichen Kartoffelpufferteig darauf geben, mit einigen Butterflöckchen belegen, mit dem Käse bestreuen und im auf 180-200 °C vorgeheizten Backofen ca. 25-30 Minuten backen. Den Pilzkuchen herausnehmen, anrichten, ausgarnieren und servieren.

Kalbsgeschnetzeltes

• 4 Kalbsschnitzel • Salz • Pfeffer • 40 g Speisestärke
• 1 Glas Weißwein • 1 EL Honig • 4 Aprikosen
• 2-3 EL Butterschmalz • 2 Knoblauchzehen
• 1/8 l Gemüse- oder Geflügelbrühe • 1 Prise Cayennepfeffer

- Die Kalbsschnitzel in Streifen schneiden, mit Salz und Pfeffer kräftig würzen.
- Die Speisestärke mit dem Weißwein und dem flüssigen Honig verrühren, über das Fleisch gießen und zugedeckt im Kühlschrank mindestens 30 Minuten ziehen lassen.
- Die Aprikosen waschen, entkernen und in Schnitze schneiden. Das Butterschmalz in einer Pfanne erhitzen und das Fleisch darin portionsweise braten, herausnehmen und auf einen Teller legen.
- Die geschälten und fein gehackten Knoblauchzehen mit den Aprikosenschnitzen unter ständigem Rühren 2-3 Minuten braten, mit der Gemüse- oder Geflügelbrühe auffüllen und einmal aufkochen lassen.
- Das Fleisch zu den Aprikosen geben, nochmals erhitzen, mit Salz, Pfeffer und Cayennepfeffer kräftig abschmecken, anrichten, ausgarnieren und servieren.

Schweinefleischtopf mit Gemüse

• 600 g Schweinenacken • 2-3 EL Sesamöl • 1 Bund Suppengrün
• 1 Tasse Sojasauce • 1 l Gemüsebrühe • 500 g Kartoffeln
• 1 kleinen Kopf Weißkraut • 2 Karotten • 1 Stück Sellerie
• 2 Zwiebeln • 1 EL Majoran • 1 EL Thymian • Salz • Pfeffer

- Den Schweinenacken waschen, trockentupfen und würfeln. Das Sesamöl in einem Topf erhitzen, das Fleisch dazugeben und unter ständigem Rühren kurz anbraten.
- Das geputzte Suppengrün dazugeben, mit der Sojasauce und der Gemüsebrühe aufgießen und das Ganze zugedeckt bei mäßiger Hitze 40-50 Minuten garen.
- Die Kartoffeln schälen und in Würfel schneiden, das Weißkraut halbieren, den Strunk herausschneiden, die äußeren Blätter entfernen und das Kraut in mundgerechte Stücke schneiden.
- Die Karotten, den Sellerie und die Zwiebeln putzen, ebenfalls würfeln, mit den Kartoffeln und dem Weißkraut zum Fleisch geben, mit Majoran, Thymian, Salz und Pfeffer abschmecken und weiter 30-40 Minuten garen.
- Den Schweinefleischtopf nochmals abschmecken, anrichten, ausgarnieren und servieren.

Putenwürfel mit Linsen

• 600 g Putenbrustfilet • Salz • Pfeffer aus der Mühle • 2-3 EL Olivenöl • 2 Knoblauchzehen • 1 Zwiebel • 2 Stangen Lauch • 2 EL Obstessig • 1 Dose Linsengemüse • 1 Glas Weißwein • 1/2 l Gemüse- und Geflügelbrühe • 1 Becher Sahne • 2-3 EL hellen Saucenbinder • 1 Hand voll Kräuter

- Das Putenbrustfilet in mundgerechte Würfel schneiden, mit Salz und Pfeffer kräftig würzen.
- Das Olivenöl in einem Bräter erhitzen und das Fleisch darin unter ständigem Rühren braten.
- Die Knoblauchzehen, die Zwiebel und den Lauch putzen, in mundgerechte Stücke schneiden oder würfeln, zum Fleisch geben und 6-8 Minuten mitbraten.
- Das Ganze mit Obstessig würzen, die Linsen unterheben, mit Weißwein ablöschen und mit der Gemüse- oder Geflügelbrühe angießen.
- Das Putencurry bei mäßiger Hitze 6-8 Minuten garen. Anschließend die Sahne und den geriebenen Butterkäse einrühren und den Käse schmelzen lassen.
- Die Putenwürfel mit dem Saucenbinder leicht binden, nochmals abschmecken, dekorativ anrichten, mit gehackten Kräutern bestreuen, ausgarnieren und servieren.

Erbsentopf

• 250 g eingeweichte Kichererbsen • 1 Zwiebel • 1 l Gemüsebrühe • 2 EL Butter oder Margarine • 600 g Putenbrust • 1 Gemüsezwiebel • 1 rote und 1 grüne Paprikaschote • 2 EL Mehl • 1 Glas Weißwein • 1/2 l Fleischbrühe • Salz • Pfeffer • 1 Bund Petersilie

- Die Kichererbsen abgießen und mit der in Spalten geschnittenen Zwiebel in der Gemüsebrühe 1 1/2 Stunden kochen.
- Die Butter oder Margarine in einem Topf erhitzen, die in feine Würfel geschnittene Putenbrust darin anbraten, die fein geschnittene Gemüsezwiebel und die gewürfelten Paprikaschoten zum Fleisch geben und 10 Minuten mitschwitzen.
- Die Kichererbsen dazugeben, das Ganze mit Mehl bestäuben, mit dem Weißwein ablöschen und mit der Fleischbrühe auffüllen. Mit Salz und Pfeffer kräftig abschmecken, leicht köcheln lassen, bis das Fleisch weich ist. Den Erbsentopf dekorativ anrichten, mit fein gehackter Petersilie bestreuen und sofort servieren.

Schnitzel mit Kräutersauce

• 4 Schweineschnitzel • Salz • Pfeffer aus der Mühle
• Mehl zum Wenden • 2-3 EL Butterschmalz • 1 Zwiebel
• 1 Tasse gemischte, gehackte Kräuter • 1 Schuss Weißwein
• 1/2 l gebundene Helle Sauce • 1 Becher Crème fraîche
• 100 g Sahneschmelzkäse • einige Tropfen Zitronensaft
• einige Tropfen Worcestersauce

- Die Schnitzel mit Salz und Pfeffer würzen und in Mehl wenden.
- Das Butterschmalz in einer Pfanne erhitzen, die Schnitzel darin braten, herausnehmen und warm stellen.
- Die Zwiebel schälen, fein hacken, ins verbliebene Bratfett geben und glasig schwitzen. Die gehackten Kräuter dazugeben, das Ganze mit Weißwein ablöschen und die Helle Sauce sowie die Crème fraîche dazugeben und zum Kochen bringen.
- Den Schmelzkäse in die Sauce geben und vollständig schmelzen lassen. Anschließend die Sauce mit Salz, Pfeffer, Zitronensaft und Worcestersauce kräftig abschmecken.
- Die Schnitzel dekorativ anrichten, mit der Kräutersauce überziehen, ausgarnieren und servieren.

Gulasch im Nudelnest

• 300 g Schweinefleisch • 300 g Rindfleisch • 600 g Zwiebeln
• 2-3 EL Butterschmalz • Salz, Pfeffer aus der Mühle
• 1 EL Paprikapulver • 3/4 l Gemüse- oder Fleischbrühe
• 1-2 EL Sauerrahm • 300 g Makkaroni • Salzwasser
• 1-2 EL Olivenöl • Kräuterzweige zum Garnieren

- Das Fleisch in gleich große Würfel schneiden, die Zwiebeln schälen und in halbe Ringe schneiden und beides im erhitzten Butterschmalz so lange braten, bis der anfangs stehende Saft eingezogen ist.
- Das Gulasch mit Salz, Pfeffer und Paprikapulver kräftig würzen und mit der heißen Brühe auffüllen.
- Nach einer Stunde den Sauerrahm unterheben und bei kleiner Hitze nochmals 10-15 Minuten schmoren lassen.
- In der Zwischenzeit die Makkaroni in Salzwasser mit dem Olivenöl bissfest garen, abgießen, gut abtropfen lassen
- Die Nudeln auf den Tellern zu Nestern zusammendrehen, das Gulasch darüber verteilen, mit Kräuterzweigen ausgarnieren und servieren.

Schweinebraten mit Karotten

• 1,2 kg mageren Schweinebraten • Salz • Pfeffer aus der Mühle • 1 EL Oregano • 1 EL Basilikum • 2-3 EL Tomatenmark • 2-3 EL mittelscharfen Senf • 2-3 EL Butterschmalz • 2 Zwiebeln • 1/4 l Weißwein • 1/2 l Gemüse- oder Geflügelbrühe • 600 g Karotten • 3-4 Tomaten • 1 Becher Sahne • 2-3 EL hellen Saucenbinder • 1 Tasse geriebenen Parmesankäse • 1 Hand voll Kräuter

- Den Schweinebraten mit Salz und Pfeffer würzen, den Oregano, das Basilikum, das Tomatenmark und den Senf miteinander verrühren und das Fleisch damit einstreichen.
- Das Butterschmalz erhitzen und das Fleisch rundherum Farbe nehmen lassen. Die gehackten Zwiebeln dazugeben und in dem auf 180-200 °C vorgeheizten Backofen 60-75 Minuten garen, während der Garzeit öfter mit Weißwein und Gemüsebrühe ablöschen.
- Nach Ende der Garzeit den Schweinebraten herausnehmen und warm stellen. Den Bratenfond mit dem restlichen Weißwein und der Brühe ablöschen und loskochen, die geschälten, klein geschnittenen Karotten dazugeben und 6-8 Minuten schmoren.
- Anschließend die enthäuteten, entkernten und in Würfel geschnittenen Tomaten und die Sahne angießen und erhitzen. Das Ganze mit Hellem Saucenbinder leicht binden, den geriebenen Parmesankäse und die gehackten Kräuter untermischen, die Sauce nochmals abschmecken.
- Den Schweinebraten anrichten, mit dem Karottengemüse überziehen, ausgarnieren und servieren.

Kartoffeln in Bierteig

• 1,5 kg Kartoffeln • Salzwasser • 1-2 EL Kümmel • 150 g Mehl • 30 g flüssige Butter oder Margarine • 150 ml helles Bier • 2 Eigelb • Salz • Pfeffer aus der Mühle • 1 Prise Muskatpulver • 1 Prise Cayennepfeffer • 2 Eiweiß • 1,5 l Öl oder Pflanzenfett • verschiedene Fonduesaucen und Dips

- Die Kartoffeln waschen und in Salzwasser mit dem Kümmel bissfest garen, abgießen, leicht erkalten lassen und pellen.
- Das Mehl mit der flüssigen Butter oder Margarine, dem Bier und dem Eigelb in einer Schüssel glatt rühren.
- Mit Salz, Pfeffer, Muskat und Cayennepfeffer würzen und das steif geschlagene Eiweiß unterheben.
- Das Pflanzenfett in einem Fritiertopf erhitzen, die Kartoffeln durch den Bierteig ziehen und im schwimmenden Fett goldgelb ausbacken.
- Die Kartoffeln anrichten, ausgarnieren und mit den verschiedenen Fonduesaucen und Dips servieren.

Bohnengulasch

• 2-3 EL Butterschmalz • 500 g Schweinegulasch • 3-4 Zwiebeln • Salz, Pfeffer aus der Mühle • 1 TL Paprikapulver • 1/2 l Fleischbrühe • 1 große Dose grüne Bohnen • 1-2 EL Dunklen Saucenbinder • 1/2 Becher Schmant • 600 g bissfest gegarte Spiralnudeln • 1 Tasse gemischte, gehackte Kräuter

- Das Butterschmalz in einer Pfanne erhitzen und das Fleisch darin kräftig anbraten.
- Die Zwiebeln schälen, in halbe Ringe schneiden und zum Fleisch geben, das Ganze mit Salz, Pfeffer und Paprikapulver würzen.
- Die Fleischbrühe angießen und das Ganze 40-45 Minuten gar ziehen lassen.
- Fünf Minuten vor Garende die grünen Bohnen dazugeben und erwärmen, das Ganze mit Dunklem Saucenbinder leicht binden und den Schmant dazugeben.
- Das Bohnengulasch dekorativ auf den Nudeln anrichten, mit den gehackten Kräutern bestreuen, ausgarnieren und servieren.

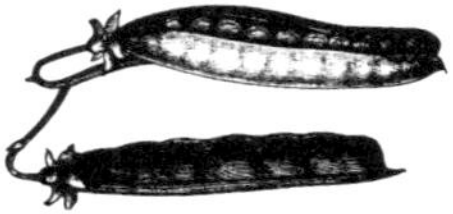

Überbackene Schweinemedaillons

• 100 g Mehl • Salz • Pfeffer • 4 Scheiben Schweinemedaillons • 1 Dose Pfifferlinge • 1/2 Kopf Chinakohl • 2 Tomaten • 1 EL Butter• 1 EL Butterschmalz • 4 EL geriebenen Butterkäse • Gemüsebrühe zum Blanchieren • 1 Bund Petersilie

- Das Mehl mit Salz und Pfeffer vermischen und das in Scheiben geschnittene Schweinefilet darin wenden.
- Die Pfifferlinge gut abtropfen lassen und halbieren, den Chinakohl verlesen, waschen, und in Streifen schneiden, die Tomaten waschen, enthäuten und in Spalten schneiden.
- Die Butter in einer Pfanne erhitzen und die Pfifferlinge darin fünf Minuten schmoren. Den Chinakohl und die Tomaten dazugeben und kurz mitschmoren.
- Das Butterschmalz in einer Pfanne erhitzen, die Medailllons darin von beiden Seiten anbraten, herausnehmen, auf eine vorgewärmte Platte legen und mit dem Butterkäse bestreuen.
- Die Schweinemedaillons mit dem Gemüse dekorativ anrichten, ausgarnieren und servieren.

Schweinebraten mit Steinpilzspätzle

• 800 g Schweinebraten • 1 Knoblauchzehe • 2 Salbeiblättchen • einige Zweige Rosmarin • 60 g durchwachsenen, geräucherten Speck • 2-3 EL Butter oder Margarine • 1 Glas trockenen Weißwein • 1 Tasse Fleischbrühe • 1 EL Tomatenmark • Salz • Pfeffer • 300 g frische Steinpilze • Saft von 1 Zitrone • 3-4 EL Butter • 800 g bissfest gegarte Spätzle • 4 EL geriebenen Käse • Kräuterzweige zum Garnieren

- Das Schweinefleisch abwaschen, trockentupfen und bereitstellen. Die gehackte Knoblauchzehe mit den gehackten Kräutern und dem klein gewürfelten Speck vermischen und bereitstellen.
- Die Butter oder Margarine erhitzen, den Braten von allen Seiten anbraten, hineingeben und die Knoblauchkräuter dazugeben.
- Den Weißwein angießen, verkochen lassen, das Fleisch herausnehmen und warm stellen. Die Fleischbrühe mit dem Tomatenmark vermischen und zum Fett geben, mit Salz und Pfeffer würzen.
- Das Fleisch wieder einlegen und zwei Stunden garen, öfter wenden, herausnehmen und in Scheiben schneiden. Die Steinpilze in Scheiben schneiden, mit Zitronensaft beträufeln und in der Butter andünsten.
- Die bissfest gegarten Spätzle dazugeben, durchschwenken, alles gut vermischen, dekorativ anrichten, die Schweinebratenscheiben darauf legen, mit der Sauce überziehen, ausgarnieren und servieren.

Schweineschulter mit Zwiebelkartoffeln

• 1 kg Schweineschulter • Meersalz • Pfeffer aus der Mühle • 2 Knoblauchzehen • 1 EL Majoran • 1 EL geriebene Zitronenschale • 1 EL Kümmel • 2-3 EL Butterschmalz • 1 kg Kartoffeln • 500 g Zwiebeln • 1/2 l klare Bratensauce • 1 Bund Schnittlauch

- Die Schweineschulter mit Salz und Pfeffer würzen. Die Knoblauchzehen zu einer Paste zerreiben. Die Knoblauchpaste mit dem Majoran, der geriebenen Zitronenschale und dem Kümmel vermischen und das Fleisch damit einreiben.
- Das Schmalz in einem Schmortopf erhitzen und das Fleisch darin rundherum anbraten, herausnehmen und bereitstellen.
  Die Kartoffeln schälen, halbieren oder vierteln, mit den geschälten und geviertelten Zwiebeln im verbliebenen Bratfett anschwitzen.
- Die Kartoffeln mit Salz, Pfeffer und Majoran würzen und das Fleischstück darauf legen. Die Bratensauce angießen und den Braten im auf 180-200 °C vorgeheizten Backofen ca. 50-60 Minuten schmoren lassen. Das Fleischstück in Scheiben schneiden, mit den Kartoffeln anrichten, ausgarnieren und mit Schnittlauch bestreut servieren.

Champignonschnitzel

*• 4 Putenschnitzel • Salz • Pfeffer aus der Mühle
• 1 EL Kräuter der Provence • 2-3 EL Butterschmalz
• 500 g frische Champignons • 1/2 Tasse Sojasauce
• 1/2 Tasse Sherry medium • 100 g gekochten Bierschinken
• 1/2 l Bratensauce • 1 Becher Crème fraîche mit Kräutern
• 1 Hand voll Kräuter*

- Die Putenschnitzel mit Salz, Pfeffer und Kräutern der Provence würzen. Das Butterschmalz in einer Pfanne erhitzen, die Schnitzel darin braten, herausnehmen und warm stellen.
- Die Champignons putzen, in Scheiben schneiden und im verbliebenen Bratfett anschwitzen. Mit der Sojasauce und dem Sherry ablöschen, den in feine Würfel geschnittenen Bierschinken dazugeben, das Ganze bei mäßiger Hitze 4-5 Minuten köcheln lassen und zum Schluss die gebundene Bratensauce und die Crème fraîche einrühren. Die Sauce nochmals kurz durchkochen lassen.
- Die Putenschnitzel anrichten, mit der Sauce überziehen, mit gehackten Kräutern bestreuen, ausgarnieren und servieren.

Putencurry

*• 4 Putenschnitzel • Salz • Pfeffer aus der Mühle
• 2-3 EL Butterschmalz • 1 Zwiebel • 2 Knoblauchzehen
• 400 g gemischtes Gemüse nach Wahl • 4 Scheiben Ananas
• 1-2 EL Currypulver • 2-3 EL Tomatenmark • 1/4 l Gemüsebrühe
• 1/4 l Kefir • 1 Msp. Koriander • 1 Msp. Ingwerpulver
• 1 Prise Nelkenpulver • 1 TL gemahlenen Kümmel*

- Die Putenschnitzel in Würfel schneiden, mit Salz und Pfeffer würzen. Das Butterschmalz in einem Topf erhitzen und das Fleisch darin unter ständigem Rühren anbraten.
- Die Zwiebel und die Knoblauchzehen schälen, fein hacken, zum Fleisch geben und kurz mitbraten.
- Das Gemüse putzen, in mundgerechte Stücke schneiden, zum Fleisch geben und ebenfalls kurz mitbraten.
- Die Ananasscheiben in Würfel schneiden und zum Gemüse geben. Das Ganze mit Currypulver bestäuben, das Tomatenmark einrühren. Die Gemüsebrühe und den Kefir angießen, mit Koriander, Ingwer, Nelken und Kümmel sowie Salz und Pfeffer kräftig würzen.
- Das Putencurry zugedeckt 10-15 Minuten schmoren lassen, anschließend nochmals abschmecken, dekorativ anrichten und servieren.

Putenbraten mit Zwiebelgemüse

• 1,2 kg Putenbraten • Salz • Pfeffer aus der Mühle
• 2-3 EL mittelscharfen Senf • 2-3 EL Butterschmalz
• 1/4 l Weißwein • 400 g Zwiebeln • 300 g Kartoffeln
• 300 g Karotten • Saft von 2 Zitronen
• 1/2 l Gemüse- oder Geflügelbrühe • 1 Becher Crème fraîche
• 2-3 EL dunklen Saucenbinder
• 1 Tasse gemischte, gehackte Kräuter

Den Putenbraten mit Salz und Pfeffer kräftig würzen und mit Senf bestreichen. Das Butterschmalz in einem Bräter erhitzen und das Fleisch darin rundherum Farbe nehmen lassen.
Den Putenbraten in den auf 180-200 °C vorgeheizten Backofen schieben und 40-50 Minuten braten, während der Garzeit öfter mit Weißwein ablöschen.
Die Zwiebeln, die Kartoffeln und die Karotten schälen, in mundgerechte Stücke schneiden, 20 Minuten vor Garende das Gemüse zum Fleisch geben.
Das Ganze mit Zitronensaft beträufeln und mit der Gemüse- oder Geflügelbrühe auffüllen. Weitere 20-25 Minuten garen.
Nach Ende der Garzeit den Putenbraten herausnehmen und warm stellen. Die Sauce mit Crème fraîche verfeinern und mit dunklem Saucenbinder leicht binden. Die gehackten Kräuter unter die Sauce ziehen. Den Putenbraten dekorativ anrichten, mit der Sauce überziehen, ausgarnieren und servieren.

Grüne Bohnen mit Hähnchen

• 600 g Hähnchenbrustfilets • 2 EL Öl • 2 Zwiebeln
• 400 g Kartoffeln • 2 Dosen grüne Bohnen • Salz
• Pfeffer aus der Mühle • 1 Prise Muskat • 1 Prise Cayennepfeffer
• 1 Becher Sahne • 1 Tasse gemischte, gehackte Kräuter
• 100 g geröstete Speckwürfel

Die Hähnchenbrustfilets würfeln und im Öl anbraten, die gehackten Zwiebeln dazugeben und kurz mitschwitzen.
Die geschälten und klein geschnittenen Kartoffeln zu den Zwiebeln geben und kurz mitschwitzen. Mit der Brühe auffüllen und 10 Minuten köcheln lassen.
Die grünen Bohnen zugeben und weitere 10-15 Minuten garen. Den Eintopf mit Salz, Pfeffer, Muskat und Cayennepfeffer kräftig abschmecken, mit der Sahne und den gehackten Kräutern verfeinern, dekorativ anrichten, mit den Speckwürfeln bestreuen und servieren.

Putenbrust in Blätterteig

• 1,2 kg Putenbrust • Salz • Pfeffer aus der Mühle • 1 EL Kräuter der Provence • 2-3 EL Butterschmalz • 1 Packung Blätterteig (TK-Produkt) • 1-2 EL Butter oder Margarine • 1 Zwiebe • 250 g frische Pilze • 100 g gekochten Schinken • 1 TL Majoran • 1 TL Thymian • 1 Bund Petersilie • 3-4 EL Crème fraîche • Semmelbrösel zum Binden • Eigelb zum Bestreichen

- Die Putenbrust mit Salz, Pfeffer und Kräutern der Provence kräfti würzen. Das Butterschmalz erhitzen und die Putenbrust darin Fa be nehmen lassen. Im auf 180-200 °C vorgeheizten Backofe 20-30 Minuten braten, herausnehmen und erkalten lassen.
- Den leicht aufgetauten Blätterteig auf einer bemehlten Arbeitsfläch ausrollen und die Putenbrust darauf setzen.
- Die Butter oder Margarine in einer Pfanne erhitzen, die geschält und fein gehackte Zwiebel darin glasig schwitzen, die geputzte und klein gehackten Pilze sowie den fein gewürfelten Schinken da zugeben und kurz mitschwitzen. Mit Majoran und Thymian würze
- Die gehackte Petersilie und die Crème fraîche einrühren, vom Feu er nehmen und das Ganze mit Semmelbröseln binden, leicht erka ten lassen, auf die Putenbrust verteilen und diese in den Blätterte einschlagen.
- Das Eigelb mit etwas Wasser verrühren und den Blätterteig dam bestreichen. Auf ein mit Wasser benetztes Backblech setzen und i auf 180-200 °C vorgeheizten Backofen 20-25 Minuten backen.
- Nach Ende der Garzeit herausnehmen, in Scheiben schneiden, ar richten, ausgarnieren und servieren.

Zwiebelfleisch

• 500 g Rinderfilet • 3-4 EL Sesamöl • 4-5 EL Öl • je 1 Prise Salz un Pfeffer • 3-4 EL Sesamöl • 3 Knoblauchzehen • 3-4 Zwiebeln • 1 Bund Frühlingszwiebeln • 2 EL Majoran • 2 Bund Schnittlauch

- Das Rindfleisch waschen und trockentupfen, in Würfel oder fein Streifen schneiden, Das Öl erhitzen und das Filet darin je nach Ge schmack medium oder durch braten, salzen, pfeffern, herausneh men und bereitstellen.
- Das Öl in einer Pfanne erhitzen und die fein gehackten Knoblauch zehen darin kurz anbraten. Die Zwiebeln schälen, die Frühling zwiebeln putzen, beides in Ringe schneiden, ins Knoblauchfett ge ben und braten, das Fleisch mit dem Majoran zugeben und erhitze
- Den Schnittlauch verlesen, waschen, in feine Ringe schneiden, u terheben, nochmals erhitzen, abschmecken, das Zwiebelfleisch a Bratkartoffeln anrichten, ausgarnieren und servieren.

Putenkeulen im Tomaten-Reis-Bett

• 2 Putenoberkeulen • 1 Zwiebel • 1 Karotte • 1 Stange Sellerie • 5 Pimentkörner • Salz • 3-4 EL Mehl • 6 El Olivenöl • 2 Zwiebeln • 1 Knoblauchzehe • 1 große Dose geschälte Tomaten • 10 gefüllte Oliven • 1/8 l Geflügelbrühe • 1/8 l trockenen Weißwein • Salz • Pfeffer aus der Mühle • 600 g bissfest gegarten Vollkornreis

- Die Putenoberkeulen waschen, trockentupfen und bereitstellen. Die Zwiebel, die Karotte und den Sellerie in Würfel schneiden.
- Reichlich Wasser in einem großen Topf erhitzen, die Putenkeulen hineinlegen, das Gemüse, die Pimentkörner und das Salz zugeben, einmal aufkochen lassen und anschließend abschäumen.
- Die Putenkeulen bei mittlerer Hitze 60-70 Minuten garen, herausnehmen gut abtropfen lassen und die Brühe durchsieben.
- Die Keulen in Mehl wenden und im erhitzten Olivenöl von beiden Seiten goldbraun braten, herausnehmen und warm stellen.
- Die geschälten und fein gehackten Zwiebeln und die gehackte Knoblauchzehe ins verbliebene Bratfett geben und glasig schwitzen.
- Die Tomaten durch ein Sieb passieren, zu den Zwiebeln geben und fünf Minuten erhitzen.
- Die in feine Streifen geschnittenen Oliven, die Putenkeulen und die Brühe dazugeben und weitere 10 Minuten köcheln lassen.
- Kurz vor Ende der Garzeit mit Weißwein abrunden, mit Salz und Pfeffer würzen. Den Vollkornreis anrichten, die Putenkeulen darauf legen, mit der Tomatensauce überziehen, ausgarnieren und servieren.

Bauzen aus Kartoffeln

• 800 g Kartoffeln • Salzwasser • 1-2 EL Kümmel • 2 Lorbeerblätter • 150 g Weizenvollkornmehl • 2 Eier • Salz • weißen Pfeffer aus der Mühle • 1 Prise Muskat • Butterschmalz zum Braten

- Die Kartoffeln mit dem Salzwasser, dem Kümmel und den Lorbeerblättern in einen Topf geben und in 20-25 Minuten garen, abgießen, pellen und noch warm durch die Kartoffelpresse treiben.
- Die Kartoffelmasse in eine Schüssel geben, das Weizenvollkornmehl darüber sieben, die Eier dazugeben und das Ganze zu einem glatten Teig verarbeiten.
- Den Teig mit Salz, Pfeffer und Muskat würzen, auf eine bemehlte Arbeitsfläche geben, durchkneten, zu einer Rolle von 5-6 cm Durchmesser formen.
- Mit einem Messer 1-2 cm dicke Scheiben abschneiden und diese zu Würsten abdrehen. Das Butterschmalz erhitzen, die Kartoffelwürste (Bauzen) im goldgelb braten, herausnehmen, anrichten, ausgarnieren und mit süßen oder deftigen Beilagen servieren.

Puten-Pilz-Pfanne

• 2-3 EL Butterschmalz • 2 Zwiebeln • 1 Glas gemischte Pilze • 1 kleine Dose geschälte Tomaten • 3-4 Putenschnitzel • Salz • Pfeffer aus der Mühle • 1 Prise Cayennepfeffer • 1-2 EL Hellen Saucenbinder • 1 Becher Sahne • 600 g bissfest gegarten Vollkornreis

- Das Butterschmalz in einer Pfanne erhitzen und die geschälten und fein gehackten Zwiebeln darin glasig schwitzen.
- Die Pilze und die Tomaten gut abtropfen lassen, klein schneiden und bereitstellen.
- Die Putenschnitzel in Streifen schneiden, zu den Zwiebeln geben, von allen Seiten anbraten, mit Salz, Pfeffer und Cayennepfeffer kräftig würzen, herausnehmen und warm stellen.
- Die Pilze und die Tomaten ins verbliebene Bratfett geben, kurz durchschwenken, den Hellen Saucenbinder mit der Sahne verrühren und dazugeben, einmal aufkochen, nochmals abschmecken.
- Den Reis dekorativ anrichten, mit der Puten-Pilz-Pfanne überziehen, ausgarnieren und servieren.

Schinkenrisotto

• 1 Zwiebel • 1 rote Paprikaschote • 1-2 EL Margarine • 200 g Reis • 1/2 l Fleischbrühe • 1 große Dose Champignons • 1 Zucchini • 250 g gekochten Schinken • 1/2 Tasse gemischte, gehackte Kräuter

- Die Zwiebel und die Paprikaschote würfeln und in der erhitzten Margarine anschwitzen. Den Reis dazugeben und kurz mitbraten.
- Mit der Fleischbrühe auffüllen und den Reis bei geringer Wärmezufuhr 20 Minuten quellen lassen.
- Die Champignons abtropfen lassen, die Zucchini in dünne Scheiben schneiden, den Schinken würfeln, alles zum Reis geben und mitgaren.
- Das Schinkenrisotto anrichten, mit den gehackten Kräutern bestreuen und servieren.

Putenkeule mit Champignon-Käse-Füllung

• 1 Putenkeule (1,2 kg) • Salz • Pfeffer • 1 EL Kräuter der Provence • 1 EL Butterschmalz • 75 g durchwachsenen, geräucherten Speck • 100 g frische Champignons • Saft von 1/2 Zitrone • 2 Eier • 50 g geriebenen Gorgonzola • Semmelbrösel zum Binden • 2-3 EL Butterschmalz • 2 Zwiebeln • 2 Bund Suppengemüse • 1/2 l Gemüse- oder Geflügelbrühe • 1 Becher Sahne • Stärkemehl zum Binden • 1/2 Tasse geröstete Mandelblättchen

- Die Putenoberkeule zum Füllen vorbereiten lassen. Anschließend mit Salz, Pfeffer und Kräutern der Provence würzen.
- Das Butterschmalz in einer Pfanne erhitzen, den fein gewürfelten Speck auslassen, die Zwiebel schälen, fein hacken und im Speckfett glasig schwitzen.
- Die Champignons putzen, klein schneiden, mit Zitronensaft beträufeln, zum Speck geben und ebenfalls kurz mitschwitzen. Vom Feuer nehmen und auskühlen lassen.
- Die Eier und den geriebenen Gorgonzola dazugeben, mit Semmelbröseln binden und die Putenkeule damit füllen. Die Keule zunähen. Das Butterschmalz erhitzen und das Fleisch Farbe nehmen lassen.
- Die Zwiebeln und das Gemüse putzen, zum Fleisch geben und kurz mitbraten. Im auf 180-200 °C vorgeheizten Backofen 40-50 Minuten garen, während der Garzeit öfter mit der Gemüse- oder Geflügelbrühe übergießen.
- Nach Ende der Garzeit die restliche Brühe angießen, die Sahne dazugeben, einmal aufkochen lassen und die Sauce nach Geschmack mit angerührter Speisestärke binden.
- Die Putenkeule anrichten, die Sauce dazugeben, mit gerösteten Mandelblättchen bestreuen, ausgarnieren und servieren.

Gekochte Kartoffelklösse

• 500 g Kartoffeln • 150 g Weizenmehl • 2 Eier • Salz • weißen Pfeffer aus der Mühle • 1 Prise Muskat • Salzwasser

- Die Kartoffeln kochen, pellen und durch die Kartoffelpresse treiben. Das Kartoffelpüree mit einer Folie abdecken und über Nacht ruhen lassen.
- Das Weizenmehl sieben, mit den Eiern zum Püree geben. Zu einer kompakten Kartoffelmasse verkneten, den Teig mit Salz, weißem Pfeffer und Muskat abschmecken.
- Mit bemehlten Händen Klöße formen. Salzwasser in einem Topf zum Kochen bringen und die Klöße in das kochende Wasser geben. Die Klöße je nach Größe 10-15 Minuten gar ziehen, aber nicht kochen lassen, herausnehmen, gut abtropfen lassen und servieren.

Kalbsgeschnetzeltes mit Pilzen

*• 600 g Kalbsfilet • Salz • Pfeffer aus der Mühle
• 1 EL Majoran • 1 TL Thymian • 2-3 EL Butterschmalz
• 75 g durchwachsenen, geräucherten Speck
• 75 g gekochten Schinken • 1 große Dose Mischpilze
• 1 Glas Weißwein • 1/2 l gebundene Helle Sauce
• 1 Becher Sahne • 1 Hand voll Kräuter*

- Das Kalbsfilet in mundgerechte Streifen schneiden, mit Salz, Pfeffer, Majoran und Thymian kräftig würzen.
- Das Butterschmalz in einem Bräter erhitzen und das Kalbsfilet darin braten, herausnehmen und bereitstellen.
- Den in feine Würfel geschnittenen Speck ins verbliebene Bratfett geben und auslassen, den Schinken in feine Würfel oder Streifen schneiden, mit den gut abgetropften Mischpilzen zum Speck geben und kurz mitschwitzen.
- Das Ganze mit Weißwein ablöschen und die gebundene Helle Sauce angießen. Die Sahne unterrühren und zum Kochen bringen.
- Das Kalbsfilet in die Sauce rühren und nochmals erhitzen, mit Salz und Pfeffer kräftig würzen, dekorativ anrichten, mit gehackten Kräutern bestreuen, ausgarnieren und servieren.

Wirsing mit Hähnchenbrust

*• 800 g Hähnchenbrust • 1-2 EL Butterschmalz
• 1 1/2 l Gemüse- oder Fleischbrühe • 800 g Wirsing
• 1 Bund Frühlingszwiebeln • 1 EL Thymian • 2 EL Bohnenkraut
• Salz • schwarzen Pfeffer aus der Mühle • 400 g durchwachsenen, geräucherten Speck • 1 Bund Zitronenmelisse*

- Die Hähnchenbrust waschen, trockentupfen und in Würfel schneiden. Das Butterschmalz in einem Topf erhitzen und das Fleisch darin unter ständigem Rühren braten, mit der Gemüse- oder Fleischbrühe aufgießen und 25-30 Minuten kochen lassen.
- Den Wirsing putzen, waschen und in feine Streifen schneiden. Die Frühlingszwiebeln putzen, waschen und in Ringe schneiden.
- Das Gemüse zum Fleisch geben, den Thymian und das Bohnenkraut dazugeben, mit Salz und Pfeffer abschmecken und 50-60 Minuten köcheln lassen.
- Den Eintopf nochmals abschmecken, anrichten, ausgarnieren und mit Zitronenmelisse bestreut servieren.

Putengeschnetzeltes mit Rahmkirschen

• 600 g Putenbrustfilet • Salz • Pfeffer aus der Mühle • 1 EL Fünfgewürzpulver • 2-3 EL Sesamöl • 1 Bund Frühlingszwiebeln • 2 Knoblauchzehen • 1 EL Currypulver • 1 TL Ingwerpulver • 1 Glas Weißwein • 2 Becher Sahne • Speisestärke zum Binden • 1 Tasse Kaiserkirschen

- Das Putenbrustfilet in Streifen schneiden, mit Salz, Pfeffer und Fünfgewürzpulver kräftig würzen.
- Das Sesamöl in einer Pfanne erhitzen und das Fleisch darin unter ständigem Rühren braten, herausnehmen und bereitstellen.
- Die Frühlingszwiebeln und die Knoblauchzehen putzen, fein schneiden, ins verbliebene Bratfett geben und glasig schwitzen.
- Das Ganze mit Currypulver und Ingwerpulver bestäuben, mit Weißwein ablöschen und die Sahne angießen.
- Bei mäßiger Hitze 4-5 Minuten köcheln lassen und mit etwas angerührter Speisestärke binden.
- Das Fleisch in die Sauce geben, die Kaiserkirschen halbieren und ebenfalls in die Sauce geben.
- Das Geschnetzelte bei mäßiger Hitze 4-5 Minuten köcheln lassen, abschmecken, dekorativ anrichten, ausgarnieren und servieren.

Linsentopf mit Schweinebauch

• 2 EL Margarine • 250 g Schweinebauch • 1 Zwiebel • 1 Knoblauchzehe • 1 TL Salz • 2 Bund Suppengrün • 1 Schuss Weißwein • 1 kleine Dose Tomatenmark • 1/2 l Gemüsebrühe • 1 große Dose Linsen • Salz • schwarzen Pfeffer aus der Mühle • 1 TL Majoran • 1 Prise Zucker • 2-3 EL Essig • 2 EL saure Sahne • 2-3 EL Schnittlauchröllchen

- Die Margarine erhitzen und den in Würfel geschnittenen Schweinebauch darin anbraten. Die gehackte Zwiebel und die mit Salz zerriebene Knoblauchzehe dazugeben und mitschwitzen.
- Das Suppengrün putzen und klein würfeln, zum Fleisch geben und ebenfalls mitschwitzen. Mit Weißwein ablöschen, das Tomatenmark einrühren, kurz rösten und mit der Gemüsebrühe auffüllen. Das Ganze bei mäßiger Hitze 15-20 Minuten garen.
- Die Linsen abtropfen lassen, in die Brühe geben und erhitzen. Mit Salz, Pfeffer, Majoran, Zucker und Essig süßsauer abschmecken und die saure Sahne einrühren.
- Den Linsentopf anrichten, ausgarnieren und mit Schnittlauchröllchen bestreut servieren.

Entenbrustfilets mit feiner Pilzsauce

• 4 Entenbrustfilets • Salz • Pfeffer • 1 EL Kräuter der Provence • 1 EL Oregano • 2-3 EL Butterschmalz • 1 Zwiebel • 400 g frische, gemischte Waldpilze • Saft von 1 Zitrone • 1/4 l gebundene Helle Sauce • 2 Becher Crème fraîche • 2 Tassen gemischte, gehackte Kräuter

- Die Entenbrustfilets mit Salz, Pfeffer, Kräutern der Provence und Oregano würzen. Das Butterschmalz erhitzen, die Entenbrustfilets darin anbraten und im auf 180-200 °C vorgeheizten Backofen 15-20 Minuten braten, herausnehmen und warm stellen.
- Die geschälte und fein gehackte Zwiebel ins verbliebene Bratfett geben und glasig schwitzen. Die geputzten und in Scheiben geschnittenen Waldpilze mit Zitronensaft beträufeln, zu den Zwiebeln geben und kurz mitbraten.
- Die gebundene Helle Sauce mit der Crème fraîche angießen und zur Sauce verkochen, mit Salz und Pfeffer abschmecken. Die Kräuter unterheben, die Entenbrustfilets dekorativ anrichten, mit der Sauce überziehen, ausgarnieren und servieren.

Entenbrust mit Rotweinbirnen

• 4 Entenbrustfilets • Salz • Pfeffer aus der Mühle • 1 EL Oregano • 1 EL Basilikum • 1 TL Rosmarin • 2 Knoblauchzehen • 1 TL Salz • 1 Tasse Olivenöl • 2 EL Butter oder Margarine • 1 Bund Frühlingszwiebeln • 4 Birnen • Saft von 2 Zitronen • 1-2 Tassen Rotwein • 2 TL Birnengelee • 1 Hand voll Kräuter

- Die Entenbrustfilets mit Salz und Pfeffer würzen und in eine Schüssel legen. Den Oregano, das Basilikum, den Rosmarin sowie die geschälten und mit Salz zerriebenen Knoblauchzehen mit dem Olivenöl verrühren, die Entenbrust damit einstreichen und über Nacht im Kühlschrank marinieren.
- Für die Zubereitung die Entenbrustfilets in einem Bräter anbraten und im auf 180-200 °C vorgeheizten Backofen 15-20 Minuten braten, herausnehmen und warm stellen.
- Die Butter oder Margarine ins verbliebene Bratfett geben und erhitzen, die geputzten und klein geschnittenen Frühlingszwiebeln dazugeben und glasig schwitzen.
- Die Birnen schälen, entkernen, klein schneiden, mit Zitronensaft beträufeln, zu den Zwiebeln geben und kurz dünsten.
- Den Rotwein und das Birnengelee dazugeben und kurz verkochen, mit Salz und Pfeffer würzen. Die Entenbrustfilets anrichten, mit den Rotweinbirnen überziehen, mit gehackten Kräutern bestreuen, ausgarnieren und servieren.

Entenkeulen mit Speckkarotten

• 4 Entenkeulen • Salz • Pfeffer aus der Mühle
• 2-3 EL Butterschmalz • 1/4 l Gemüse- oder Geflügelbrühe
• 400 g Kartoffeln • 500 g Karotten
• 1/2 l gebundene Geflügelsauce
• 100 g durchwachsenen, geräucherten Speck
• 1 Tasse gemischte, gehackte Kräuter

Die Entenkeulen mit Salz und Pfeffer kräftig würzen. Das Butterschmalz erhitzen und die Entenkeulen Farbe nehmen lassen, im auf 180-200 °C vorgeheizten Backofen 30-40 Minuten braten. Während der Garzeit öfter mit Brühe ablöschen.
Die Kartoffeln schälen, in mundgerechte Stücke schneiden, 20 Minuten vor Garende zu den Keulen geben. Die Entenkeulen herausnehmen und warm stellen
Die Karotten schälen, in Scheiben schneiden, zu den Kartoffeln geben, die gebundene Geflügelsauce angießen und das Ganze weitere 10-15 Minuten köcheln lassen.
Den in feine Würfel geschnittenen Speck in einer Pfanne auslassen und unter das Gemüse heben. Das Karottengemüse mit Salz und Pfeffer abschmecken, die gehackten Kräuter unterziehen, anrichten, die Entenkeulen darauf setzen, ausgarnieren und servieren.

Entenkeulen auf Apfelrotkohl

• 4 Entenkeulen • Salz • Pfeffer aus der Mühle • 1 EL Majoran
• 1 EL Beifuß • 2-3 EL Butterschmalz • 1/4 l Gemüsebrühe
• 1 Tasse Bier • 2 EL Honig • 1-2 EL Butterschmalz • 1 Zwiebel
• 1 Kopf Rotkohl • 2-3 EL Obstessig • 1 Tasse Gemüsebrühe
• 2 Äpfel • 1 Prise Zucker • 1 Prise Zimtpulver

Die Entenkeulen mit Salz, Pfeffer, Majoran und Beifuß kräftig würzen. Das Butterschmalz erhitzen und die Entenkeulen anbraten. Die Entenkeulen im auf 180-200 °C vorgeheizten Backofen 70-80 Minuten braten, dabei öfter mit der Brühe ablöschen.
Das Bier mit dem Honig glatt rühren und 2-3 Minuten vor Garende die Keulen damit bestreichen.
Für den Apfelrotkohl das Butterschmalz in einem Topf erhitzen und die geschälte und fein gehackte Zwiebel darin glasig schwitzen.
Den Rotkohl putzen, den Strunk herausschneiden, den Rotkohl hobeln, zu den Zwiebeln geben und anschwitzen. Mit Essig beträufeln, die Brühe angießen und den Rotkohl 15-20 Minuten dünsten.
Die Äpfel schälen, entkernen, in Würfel schneiden und 10 Minuten vor Garende unter den Rotkohl ziehen, mit Salz, Pfeffer, Zucker und Zimtpulver würzen, die Entenkeulen anrichten, den Apfelrotkohl dazugeben, ausgarnieren und servieren.

Hähnchenflügel mit Süsskartoffeln

• 12-16 Hähnchenflügel • Salz • Pfeffer aus der Mühle • 1 EL Paprikapulver • 1 EL Currypulver • 2-3 EL Butterschmalz • 1 Zwiebel • 1 Bund Frühlingszwiebeln • 1 rote Paprikaschote • 1 grüne Paprikaschote • 600 g Süßkartoffeln • 3-4 EL Tomatenketchup • 1-2 EL Obstessig • 1-2 EL Honig • 1/2 l Gemüse- oder Geflügelbrühe • 1 Becher Crème fraîche • Speisestärke zum Binden

- Die Hähnchenflügel mit Salz, Pfeffer, Paprikapulver und Curry krä tig würzen.
- Das Butterschmalz in einem Bräter erhitzen und die Hähnchenflü gel darin braten, herausnehmen und bereitstellen.
- Die Zwiebeln, die Frühlingszwiebeln und die Paprikaschoten putzer in mundgerechte Stücke schneiden, die Süßkartoffeln schäler ebenfalls würfeln, mit dem restlichen Gemüse ebenfalls ins verblie bene Bratfett geben und anschwitzen.
- Den Tomatenketchup, den Obstessig und den Honig einrühren, da Ganze mit der Gemüse- oder Geflügelbrühe auffüllen und bei mäß ger Hitze 10-15 Minuten garen.
- Die Crème fraîche einrühren, die Hähnchenflügel darauf setzen un im auf 180-200 °C vorgeheizten Backofen weitere 20 Minute schmoren.
- Nach Ende der Garzeit das Ganze mit etwas angerührter Speise stärke leicht binden, nochmals abschmecken, dekorativ anrichte ausgarnieren und servieren.

Gemüseallerlei

• 1-2 EL Butter oder Margarine • 250 g Putenbrust • 1 Zwiebel • 2 Karotten • 1 l Gemüse- oder Fleischbrühe • 600 g Mischgemüs (TK-Produkt) • Salz • Pfeffer aus der Mühle • 1 Prise Muskat • 1 Prise Kümmelpulver • 1 Bund Schnittlauch

- Die Butter oder Margarine in einem Topf erhitzen, die in Streife geschnittene Putenbrust anbraten und die fein gehackte Zwieb darin glasig schwitzen.
- Die Karotten in feine Würfel schneiden, zu den Zwiebeln gebe kurz mitschwitzen, mit der Gemüse- oder Fleischbrühe auffüllen, b mäßiger Hitze 25 Minuten köcheln lassen. Zum Schluss das Misc gemüse dazugeben und bissfest garen.
- Den Eintopf mit Salz, Pfeffer, Muskat und Kümmel kräftig a schmecken, anrichten, ausgarnieren und mit frisch geschnittene Schnittlauch bestreut servieren.

Gefüllte Putentacos

• 500 g Putenbrustfilet • Salz • Pfeffer aus der Mühle • 1 EL Majoran • 1 TL Thymian • 2-3 EL Olivenöl • 1 Zwiebel • 1 rote Paprikaschote • 1 grüne Paprikaschote • 1 Peperoni • 1 Dose Mais • 1 Tasse Curryketchup • 1 Hand voll Kräuter • 12 Tacoschalen

- Das Putenbrustfilet in feine Streifen schneiden, mit Salz, Pfeffer, Majoran und Thymian kräftig würzen.
- Das Olivenöl in einer Pfanne erhitzen und das Fleisch darin unter ständigem Rühren braten.
- Die Zwiebel, die Paprikaschoten und die Peperoni putzen, in feine Würfel oder Streifen schneiden, zum Fleisch geben und kurz mitbraten. Bei mäßiger Hitze 6-8 Minuten dünsten.
- Den Mais und den Curryketchup einrühren, das Ganze mit Salz und Pfeffer kräftig würzen und die gehackten Kräuter unterziehen.
- Die vorbereiteten Tacoschalen mit dem Putengeschnetzelten füllen, dekorativ anrichten, ausgarnieren und servieren.

Hähnchenpaella

• 2-3 EL Olivenöl • 400 g gekochtes oder gebratenes Hähnchenbrustfilet • 1 Zwiebel • 2 Knoblauchzehen • 100 g Austernpilze • 100 g grüne Erbsen (TK-Produkt) • 4 Portionen bissfest gegarten Reis • 1 Schuss Weißwein • 1-2 Tassen Gemüsebrühe • 1 Msp. Safran • 1 Prise Cayennepfeffer • Salz • Pfeffer • 100 g gekochte Miesmuscheln • 4-8 gekochte Krebse • 100 g Kirschtomaten

- Das Olivenöl in einer Paellapfanne erhitzen und das in feine Würfel oder Streifen geschnittene Hähnchenbrustfilet darin braten.
- Die Zwiebel und die Knoblauchzehen schälen und fein hacken, die Austernpilze je nach Bedarf klein schneiden, mit den grünen Erbsen zum Fleisch geben und 4-5 Minuten dünsten. Den Reis unter das Gemüse heben, mit Weißwein und Gemüsebrühe ablöschen. Mit Safran, Cayennepfeffer, Salz und Pfeffer kräftig abschmecken.
- Die Miesmuscheln, die gekochten Krebse und die halbierten Kirschtomaten dekorativ auf der Paella anrichten und in dem auf 180-200 °C vorgeheizten Backofen 10-15 Minuten erhitzen.
- Die Paella herausnehmen, ausgarnieren und servieren.

Gefüllte Rouladen

• 4 Rinderrouladen • Salz • Pfeffer aus der Mühle • 2-3 EL Senf • 4 Scheiben durchwachsenen, geräucherten Speck • 1 Zwiebel • 4 Essiggurken • Mehl zum Wenden • 2-3 EL Butterschmalz • 2 Becher Sahne • 2-3 EL Preiselbeerkompott • 2-3 EL Obstessig • Johannisbrotkernmehl zum Binden • 1 Prise Cayennepfeffer • 1 Prise Zucker

- Die Rouladen mit Salz und Pfeffer würzen, mit Senf bestreichen und mit dem Speck belegen.
- Die Zwiebel schälen, fein hacken, mit den Essiggurken gleichmäßig auf den Rouladen verteilen. Die Rouladen aufrollen und mit Küchenschnur binden oder mit Rouladenklammern zusammenstecken. Die Rouladen in Mehl wenden.
- Das Butterschmalz in einem Bräter erhitzen und die Rouladen darin Farbe nehmen lassen. Die Sahne angießen, das Preiselbeerkompott und den Obstessig dazugeben, nach Geschmack mit Johannisbrotkernmehl binden, mit Salz, Pfeffer, Cayennepfeffer und Zucker würzen.
- Die Rouladen im auf 180-200 °C vorgeheizten Backofen 25-30 Minuten garen. Nach Ende der Garzeit die Rouladen herausnehmen, anrichten, die Sauce nochmals abschmecken, über die Rouladen geben, ausgarnieren und servieren.

Schupfnudeln

• 1 kg Kartoffeln • Salzwasser • 60 g Mehl • 40 g Speisestärke • 1 EL Salz • weißen Pfeffer aus der Mühle • 1 Prise Muskatpulver • Mehl zum Bestäuben • Salzwasser • 100 g Butterschmalz • Salz • Pfeffer aus der Mühle

- Die Kartoffeln in Salzwasser 20 Minuten garen. Abgießen, kurz erkalten lassen, pellen und durch die Kartoffelpresse treiben.
- Mit dem Mehl, der Speisestärke, dem Salz, dem weißen Pfeffer und dem Muskat zu einem glatten Teig verarbeiten.
- Den Teig auf einer bemehlten Arbeitsfläche zu einer ca. 2 cm dicken Rolle formen und in 1 cm dicke Scheiben schneiden.
- Die Scheiben zu etwa fingerdicken Nudeln rollen und diese portionsweise in kochendes Salzwasser geben. Die Nudeln garen, mit einem Schaumlöffel herausnehmen, mit kaltem Wasser abbrausen und abtropfen lassen, zwei Stunden auf ein Küchentuch zum Abtrocknen legen.
- Das Butterschmalz erhitzen und die Schupfnudeln darin goldbraun braten, mit Salz und Pfeffer würzen, anrichten, ausgarnieren und servieren.

Gefüllter Rinderbraten

• 750 g mageres Rindfleisch (Rouladenfleisch am Stück) • Salz • Pfeffer aus der Mühle • 1 Dose gemischte Pilze • 1-2 Zwiebeln • 2-3 EL Butter oder Margarine • 150-200 g geriebenen Butterkäse • 1 Bund Petersilie • 4 EL Butterschmalz • 3/8 l Fleisch- oder Gemüsebrühe • 1 Becher saure Sahne

- Das Fleisch unter fließendem Wasser abwaschen, trockentupfen und von beiden Seiten mit Salz und Pfeffer einreiben.
- Die gemischten Pilze gut abtropfen lassen und in Scheiben schneiden, die Zwiebeln schälen und fein hacken.
- Die Butter oder Margarine in einer Pfanne erhitzen, die Zwiebeln darin glasig schwitzen, die Pilze dazugeben und kurz mitschwitzen.
- Den Butterkäse, die verlesene, gewaschene und fein gehackte Petersilie unterheben, mit Salz und Pfeffer kräftig würzen und die Füllung auf dem Fleisch verteilen.
- Das Fleisch zu einer Rolle formen und mit Küchengarn zusammenbinden.
- Das Butterschmalz in einem Bräter erhitzen und den Rinderbraten darin von allen Seiten anbraten. In den auf 175 °C vorgeheizten Backofen schieben und 80-90 Minuten braten.
- Zwischendurch immer wieder mit der Fleischbrühe begießen.
- Nach Ende der Garzeit den Braten herausnehmen und warm stellen.
- Den Bratensatz loskochen, die saure Sahne einrühren, erhitzen und mit Salz und Pfeffer kräftig abschmecken.
- Den gefüllten Rinderbraten dekorativ anrichten, mit der Sauce überziehen, ausgarnieren und servieren.

Anna-Kartoffeln

• 1 kg mehligkochende Kartoffeln • 100 g Butterschmalz • Salz • Paprikapulver

- Die geschälten Kartoffeln waschen, gut abtropfen lassen und in 1-2 cm dicke Scheiben schneiden.
- Einen runden, dickwandigen Bratentopf mit Butterschmalz einstreichen. Die Kartoffelscheiben auf den Topfboden legen, dabei einen Kranz von sich dachziegelartig überlappenden Scheiben legen.
- Den nächsten Kranz so legen, daß er auch die Scheiben des ersten etwas überlappt. Die Kartoffeln dünn mit Salz und Paprika bestreuen und mit etwas geschmolzenem Butterschmalz beträufeln.
- Die Kartoffeln im gut verschlossenen Topf auf dem Herd kurz erhitzen und anschließend im auf 250 °C vorgeheizten Backofen 30-35 Minuten backen. Die Kartoffeln nach Ende der Garzeit auf eine Platte stürzen, ausgarnieren und servieren.

Rinderrouladen mit Semmelknödeln

• 4 dünne, große Rinderrouladen • Salz • Pfeffer aus der Mühle • 2-3 EL mittelscharfen Senf • 4 Scheiben fetten Speck • 1 Zwiebel • 1 rote Paprikaschote • 1 grüne Paprikaschote • 1 gelbe Paprikaschote • Mehl zum Wenden • Butterschmalz zum Braten • 2-3 Knoblauchzehen • 1 Zwiebel • 1/4 l Rotwein • 1/2 l gebundene Bratensauce • 1 Becher Crème fraîche • 4 Tomaten • 4 Portionen Semmelknödel

- Die Rouladen waschen, trockentupfen, mit Salz und Pfeffer würzen, mit dem Senf einstreichen und mit je einer Scheibe Speck belegen.
- Die Zwiebel schälen und in Würfel schneiden, die Paprikaschoten putzen, halbieren und in Streifen schneiden.
- Die Zwiebelwürfel und die Paprikastreifen auf den Rouladen anrichten und diese zusammenrollen. Mit Küchenschnur binden.
- Die Rouladen im Mehl wenden, im erhitzten Butterschmalz Farbe nehmen lassen. Die gehackten Knoblauchzehen und Zwiebel zu den Rouladen geben, mitbraten, mit Rotwein ablöschen und mit der Bratensauce auffüllen.
- Die Rouladen im auf 200 °C vorgeheizten Backofen 75 Minuten schmoren lassen, herausnehmen und warm stellen. Die Sauce mit der Crème fraîche verfeinern und aufkochen lassen.
- Die grob zerkleinerten Tomaten unterziehen, die Sauce mit Salz und Pfeffer würzen und auf Teller geben. Die Rouladen in Scheiben schneiden, auf die Sauce setzen, ausgarnieren und mit Semmelknödeln servieren.

Kartoffelrösti

• 1 kg mehligkochende Kartoffeln • Salzwasser • 1-2 EL Kümmel • 2 Lorbeerblätter • Salz • weißen Pfeffer aus der Mühle • 1 Prise Muskat • 2-3 EL flüssige Butter oder Margarine • 1 Tasse Pflanzenfett

- Die Kartoffeln waschen, mit dem Salzwasser, dem Kümmel und den Lorbeerblättern in einen Topf geben und in 20-25 Minuten garen. Die Kartoffeln abgießen, leicht abkühlen lassen, pellen und über Nacht auskühlen lassen.
- Die Kartoffeln auf einer Röstireibe raffeln. Die Masse mit Salz, Pfeffer und Muskat abrunden und die zerlassene Butter oder Margarine einrühren. Das Pflanzenfett erhitzen, portionsweise Kartoffeln in die Pfanne geben, mit einem Spatel verteilen und andrücken.
- Sobald die Unterseite goldbraun gebraten ist, weiteres Pflanzenfett dazugeben, die Kartoffelmasse wenden und die zweite Seite goldgelb braten. Die Röstis herausnehmen, anrichten und servieren.

Schnelle Paprikaschoten

• 4 Paprikaschoten • 1/4 l Gemüsebrühe • Butter oder Margarine für die Form • 1 Zwiebel • 1-2 EL Butter oder Margarine • 400 g gekochte Kartoffeln • 2 Essiggurken • 100-150 g gebratenes Rindfleisch • Salz • Pfeffer aus der Mühle • 1 Prise Paprikapulver • 1 Prise Kümmelpulver • 200 g Gouda • 1 Bund Petersilie

- Die Paprikaschoten halbieren, entkernen, waschen, gut abtropfen lassen und in der Gemüsebrühe bissfest garen. Herausnehmen und in eine ausgefettete Auflaufform setzen.
- Die geschälte und fein gehackte Zwiebel in der erhitzten Butter oder Margarine glasig schwitzen.
- Die gekochten Kartoffeln pellen, grob raspeln, mit den fein gewürfelten Essiggurken zur Zwiebel geben und kurz braten. Das Rindfleisch ebenfalls klein schneiden, zuletzt dazugeben und kurz mitbraten. Mit Salz, Pfeffer, Paprika und Kümmel kräftig würzen und die Masse in die Paprikahälften füllen.
- Das Ganze mit dem in kleine Würfel geschnittenen Gouda bestreuen und im auf 180-200 °C vorgeheizten Backofen in 15-20 Minuten backen.
- Die Paprikaschoten dekorativ anrichten, mit der verlesenen, gewaschenen und fein gehackten Petersilie bestreuen, ausgarnieren und sofort servieren.

Thüringer Klösse

• 1 kg Kartoffeln • 65 g Grieß • 1/4 l Milch • Salz • weißen Pfeffer aus der Mühle • 1 Prise Muskat • 2 Scheiben Toastbrot • 20 g Butter oder Margarine • Salzwasser

- Die Kartoffeln schälen, gut waschen und bereitstellen.
- Den Grieß unter Rühren langsam in die kochende Milch einrieseln und bei ganz schwacher Hitze ausquellen lassen.
- Inzwischen die Kartoffeln reiben und in ein großes Küchentuch geben, ausdrücken.
- Die Kartoffeln und den heißen Grieß miteinander vermischen, mit Salz, Pfeffer und Muskat kräftig würzen. Die Toastbrotscheiben würfeln und in der heißen Butter goldgelb rösten.
- Aus dem Teig mit angefeuchteten Händen Klöße von etwa 6-7 cm Durchmesser formen und in die Mitte 2-3 Brotwürfel drücken.
- Zu Klößen rollen, bis eine glatte Außenschicht entsteht. Salzwasser aufkochen lassen, alle Klöße einlegen und bei milder Hitze gar ziehen lassen, bis alle Klöße an der Oberfläche schwimmen. Die Klöße herausnehmen und als Beilage servieren.

Rindfleisch-Reis-Pfanne

• 2-3 EL Olivenöl • 2 Zwiebeln • 2 Karotten • 1 Stück Sellerieknolle • je 1 rote und grüne Paprikaschote • 250 g Langkornreis • 1 Glas Weißwein • 3/4 l Gemüsebrühe • 1 EL Curry • 1 EL Kurkuma • Salz • Pfeffer aus der Mühle • 1 Prise Cayennepfeffer • 500 g gebratenes Rindfleisch • 100 g grüne Erbsen • 1 Dose Maiskörner • 1 kleine Dose geschälte Tomaten • einige Tropfen Zitronensaft • einige Tropfen Worcestersauce • 1 Hand voll Kräuter

- Das Olivenöl in einer großen Pfanne erhitzen und die geschälten und fein gehackten Zwiebeln darin glasig schwitzen.
- Die Karotten und die Sellerieknolle schälen, in mundgerechte Würfel schneiden, zu den Zwiebeln geben und kurz mitschwitzen.
- Die Paprikaschoten halbieren, entkernen, waschen, gut abtropfen lassen, in Würfel schneiden, zum Gemüse geben und kurz mitschwitzen.
- Den Reis waschen, gut abtropfen lassen, zum Gemüse geben und ebenfalls kurz mitschwitzen.
- Den Weißwein angießen, mit der Gemüsebrühe auffüllen, mit Curry, Kurkuma, Salz, Pfeffer und Cayennepfeffer kräftig abschmecken und das Ganze im auf 180-200 °C vorgeheizten Backofen 20-25 Minuten garen.
- Das Rindfleisch in Würfel oder Streifen schneiden, unter den Reis heben, die Erbsen und die abgetropften Maiskörner sowie die abgetropften, grob zerkleinerten Tomaten unterheben und weitere 10-15 Minuten garen.
- Die Rindfleisch-Reis-Pfanne nach Ende der Garzeit kräftig abschmecken, mit Zitronensaft und Worcestersauce abrunden, die verlesenen, gewaschenen und fein gehackten Kräuter darüber streuen, ausgarnieren und servieren.

Sahne-Paprika-Dip

• 1/2 Becher Sahne • 1 Glas leichte Mayonnaise • 2 EL Paprikamark • je 1/2 rote und grüne Paprikaschote • 1 Zwiebel • 1 Bund Petersilie • 1 EL Paprikapulver • Salz • Pfeffer • einige Tropfen Zitronensaft • einige Tropfen Worcestersauce • einige Tropfen Tabasco

- Die Sahne mit der Mayonnaise und dem Paprikamark glatt rühren.
- Die Paprikaschoten putzen, halbieren, entkernen, waschen und in sehr feine Würfel schneiden, die Zwiebel schälen und fein hacken.
- Die Petersilie hacken, mit dem Gemüse und dem Paprikapulver unter die Sauce rühren, mit Salz, Pfeffer, Zitronensaft, Worcestersauce und Tabasco abschmecken.

Tafelspitz mit Käseklösschen

• 750 g Tafelspitz • 1 1/2 l Gemüse- oder Fleischbrühe • 1 gespickte Zwiebel • 1 Bund Suppengrün • 4 Karotten • 1 Kohlrabi • 1 Stange Lauch • 250 g Broccoliröschen • 250 g grüne Bohnen (TK–Produkt) • Salz • Pfeffer aus der Mühle • 1 Prise Muskat • 1 Prise Cayennepfeffer • 1/4 l Milch • 40 g Butter • 160 g Mehl • 100 g geriebenen Butterkäse • 1 Ei • 1 Bund Schnittlauch

- Den Tafelspitz unter fließendem Wasser waschen, trockentupfen und in kochendem Salzwasser fünf Minuten blanchieren, herausnehmen und erneut waschen.
- Das Fleisch mit der Gemüse- oder Fleischbrühe, der gespickten Zwiebel und dem Suppengrün in einen Topf geben und zum Kochen bringen.
- Das Fleisch in der Brühe bei mäßiger Hitze 80-90 Minuten garen.
- Das Fleisch aus dem Sud nehmen, den Sud durch ein feines Sieb passieren und erneut erhitzen.
- Das Fleisch in mundgerechte Würfel schneiden. Die Karotten, den Kohlrabi, den Lauch und die Broccoliröschen verlesen, waschen, je nach Bedarf in mundgerechte Stücke schneiden. Mit dem Fleisch in die Brühe legen und erneut 10-15 Minuten garen.
- Die grünen Bohnen dazugeben und ebenfalls fertig garen. Das Ganze mit Salz, Pfeffer, Muskat und Cayennepfeffer kräftig abschmecken.
- Für die Käseklößchen die Milch mit der Butter in einen Topf geben und zum Kochen bringen.
  Das Mehl mit dazugeben und so lange rühren, bis sich der Teigkloß vom Topfboden löst.
- Das Ganze vom Feuer nehmen, den geriebenen Butterkäse und das Ei darunter schlagen.
- Portionsweise Klößchen formen und diese in dem Rindfleischsud gar ziehen lassen.
- Den Tafelspitz herausnehmen, in Scheiben schneiden, nochmals abschmecken, mit den Käseklößchen und der Brühe dekorativ anrichten und mit frisch geschnittenem Schnittlauch bestreut servieren.

Dillkartoffeln

• 1 kg Kartoffeln • 1/2 TL Salz • 1/4-3/8 l Wasser • 1-2 EL Dill

Die Kartoffeln unter fließendem Wasser gründlich abbürsten, schälen, in einen Topf geben, salzen und das Wasser dazugeben, mit dem Dill verfeinern.
Die Kartoffeln in 20-25 Minuten gar kochen, abgießen und kurz ausdampfen lassen.

Linsentopf mit Speck und Würstchen

• 250 g Linsen • 1 l Gemüsebrühe • 1-2 EL Schweineschmalz • 100 g durchwachsenen, geräucherten Speck • 1 Zwiebel • 2 Karotten • 1 Stück Sellerie • 1 Lorbeerblatt • einige Nelken • einige Pfefferkörner • Salz • Pfeffer aus der Mühle • 1 Prise Cayennepfeffer • 1 Tasse Obstessig • 1 TL Zucker • 4 Paar Wiener Würstchen • 4 Portionen hausgemachte, bissfest gegarte Spätzle • 1 Bund Schnittlauch

- Die gut gewaschenen Linsen abtropfen lassen, in eine Schüssel ode einen Topf geben, die Gemüsebrühe angießen und über Nacht aus quellen lassen. Schweineschmalz erhitzen und den in kleine Würfe geschnittenen Speck darin anbraten.
- Die Zwiebel schälen, fein hacken, zum Speck geben und glasi schwitzen. Die Karotten und den Sellerie putzen, klein schneiden zum Speck geben und ebenfalls kurz mitbraten.
- Das Lorbeerblatt, die Nelken und die Pfefferkörner in einen Ge würzbeutel geben, zum Gemüse geben und mit den Linsen und de Brühe auffüllen. Die Linsensuppe mit Salz, Pfeffer, Cayennepfeffe Obstessig und Zucker abschmecken und in 40-45 Minuten garen.
- Kurz vor Garende die Würstchen dazugeben, abschmecken, di Würstchen erhitzen, anschließend auf den in Butter oder Margari ne angeschwenkten Spätzle anrichten, ausgarnieren und mit frisc geschnittenem Schnittlauch bestreut servieren.

Pfälzer Kartoffelklösse

• 4-5 altbackene Brötchen • 1/2 l Milch • 1 kg Kartoffeln • Salz • Pfeffer aus der Mühle • 1 Prise Muskat • 1 Ei • 1/2 Bund Petersili • Salzwasser • 40 g Butter oder Margarine • 20 g Semmelbrösel

- Die Brötchenrinde mit der Küchenreibe entfernen und die Brötche in dünne Scheiben schneiden. Die Milch zum Kochen bringen un über die Scheiben gießen.
- Die Kartoffeln schälen und fein reiben. In einem Küchentuch aus pressen. Die Kartoffeln zu den Brötchen geben, mit Salz, Pfeffer un Muskat würzen. Das Ei und die gehackte Petersilie dazugeben un zu einem glatten Teig verkneten.
- Aus dem Teig mit feuchten Händen Klöße von 5-6 cm Durchmesse formen und in kochendes Salzwasser legen.
- Die Klöße gar ziehen lassen, bis sie an der Oberfläche schwimmer Die Klöße herausnehmen, abtropfen lassen und anrichten. Die Bu ter oder Margarine erhitzen und die Semmelbrösel darin goldgel rösten. Die gerösteten Brösel auf die Klöße verteilen. Die Klöße aus garnieren und als Beilage servieren.

Leberpfanne mit Pilzen und Champignons

• 1-2 EL Schweineschmalz • 500 g Rinder- oder Kalbsleber • 1-2 EL Butter oder Margarine • 2 Zwiebeln • 1 Bund Frühlingszwiebeln • 3-4 EL Mehl • 1 Glas Weißwein • 1/2 Gemüse- oder Fleischbrühe • 1 große Dose Champignonköpfe • 400 g Kirschtomaten • Saft von 1 Zitrone • Salz • Pfeffer aus der Mühle • 1 EL Majoran • 1 EL Rosmarin • 1 Becher Sahne • 1 Tasse gemischte, gehackte Kräuter

- Das Butterschmalz in einer Pfanne erhitzen und die gewaschene, gut abgetropfte und klein geschnittene Leber darin unter ständigem Rühren braten, herausnehmen und warm stellen.
- Die Butter oder Margarine ins verbliebene Bratfett geben und die geschälten und fein gehackten Zwiebeln darin glasig schwitzen.
- Die Frühlingzwiebeln putzen, in feine Stücke schneiden, zu den Zwiebeln geben und kurz mitbraten. Das Gemüse mit Mehl bestäuben, mit dem Weißwein ablöschen und mit der Gemüsebrühe auffüllen, bei mäßiger Hitze 10 Minuten auskochen lassen.
- Die Champignonköpfe abtropfen lassen, die Kirschtomaten waschen, den Strunk herausschneiden, halbieren, in die Sauce geben und kurz mitgaren. Mit Salz, Pfeffer, Majoran und Rosmarin kräftig würzen und die Sahne angießen.
- Das Ganze bei starker Hitze kurz einreduzieren lassen, die Leber unterheben, nochmals erhitzen, abschmecken, anrichten, mit den Kräutern bestreuen, ausgarnieren und sofort servieren.

Schinkenpfanne

• 250 g gekochten Schinken • 1-2 EL Butter oder Margarine • 2 Zwiebeln • 500 g frische Champignons • Saft von 1 Zitrone • 1/8 l Rotwein • 2 Becher Sahne • Salz • Pfeffer

- Den Schinken in feine Würfel schneiden, die Butter oder Margarine in einer Pfanne erhitzen und den Schinken darin auslassen.
- Die Zwiebeln schälen, in feine Würfel schneiden, zum Schinken geben und glasig schwitzen.
- Die Champignons putzen, waschen, gut abtropfen lassen, in Scheiben schneiden, mit Zitronensaft beträufeln, zum Schinken geben und kurz mitschwitzen.
- Das Ganze mit Rotwein ablöschen und mit der Sahne auffüllen, einmal aufkochen lassen, mit Salz, Pfeffer, Cayennepfeffer und Muskat kräftig abschmecken.
- Das Ganze mit dem geriebenen Emmentaler bestreuen und im auf 200-220 °C vorgeheizten Backofen oder unter dem Grill überbacken. Die Schinkenpfanne dekorativ anrichten, ausgarnieren, mit den Kräutern bestreuen und sofort servieren.

Kartoffelauflauf mit Butterkäse

• 800 g Kartoffeln • 2 Lorbeerblätter • einige Wacholderbeeren • einige Nelken • 1 Becher Sahne • Salz • Pfeffer aus der Mühle • 1 Prise Muskat • Butter für die Form • 250 g geriebenen Butterkäse • 1-2 EL Butter oder Margarine • 150 g durchwachsenen Speck • 2 Zwiebeln • 1 Stange Lauch • 400 g Mischpilze • Saft von 1 Zitrone • 1/8 l Gemüse- oder Fleischbrühe • 1 Prise Zucker • 2 Becher Sahne • 4 Eier

- Die Kartoffeln garen, erkalten lassen, pellen und durch die Kartoffelpresse treiben. Das Kartoffelpüree mit der Sahne abschlagen, mit Salz, Pfeffer und Muskat würzen und die Hälfte des Käses unterziehen. Die Butter oder Margarine erhitzen und den in feine Würfel geschnittenen Speck auslassen.
- Die Zwiebeln schälen, fein hacken, den Lauch putzen, waschen, in Ringe schneiden, beides zum Speck geben und mitbraten.
- Die Mischpilze putzen, klein schneiden, mit Zitronensaft beträufeln, zu den Gemüsezwiebeln geben und kurz mitschwitzen.
- Die Pilze mit der Brühe ablöschen, mit Salz, Pfeffer und Muskat abschmecken und bei mäßiger Hitze fünf Minuten garen. Eine Auflaufform ausfetten und Kartoffelpüree und Pilzgemüse einfüllen.
- Die Sahne mit den Eiern und dem Käse verrühren, mit Salz, Pfeffer, Muskat und Zucker abschmecken und auf dem Auflauf verteilen. Den Auflauf im auf 180-200 °C vorgeheizten Backofen in 25 Minuten garen, anrichten, ausgarnieren und servieren.

Gemüseauflauf mit Käse

• 200 g Broccoliröschen • 200 g Blumenkohlröschen • 200 g Sellerie • 200 g Karotten • 200 g Kartoffeln • 2-3 EL Butter oder Margarine • 100 g durchwachsenen, geräucherten Speck • 2 Zwiebeln • 1/4 l Gemüsebrühe • 1 Lorbeerblatt • 1 TL Kümmel • 1 EL Majoran • Salz • Pfeffer • 1 Becher Crème fraîche • 2 Eier • 200 g geriebenen Butterkäse • 1 Bund Schnittlauch

- Das Gemüse putzen, in Stücke schneiden und bereitstellen. Die Butter oder Margarine erhitzen und den in Würfel geschnittenen Speck darin auslassen. Die Zwiebeln schälen, fein hacken, zum Speck geben und kurz mitschwitzen. Das Gemüse dazugeben und ebenfalls kurz mitschwitzen. Die Gemüsebrühe angießen, das Lorbeerblatt, den Kümmel und den Majoran dazugeben, das Ganze mit Salz und Pfeffer abschmecken. Bei mäßiger Hitze 8-10 Minuten dünsten.
- Die Crème fraîche mit den Eiern und dem Käse verrühren, mit Salz und Pfeffer würzen, auf das Gemüse verteilen und in dem auf 180-200 °C vorgeheizten Backofen 20-25 Minuten garen, anrichten, ausgarnieren und mit Schnittlauchröllchen bestreut servieren.

Überbackener Rahmspinat

• 750 g frischen Blattspinat • 2 Zwiebeln • 2 Knoblauchzehen • 2-3 EL Butter oder Margarine • 1/8 l Gemüse- oder Fleischbrühe • 2 Becher Sahne • Salz • Pfeffer aus der Mühle • 1 Prise Muskat • 1 Prise Cayennepfeffer • 1 Msp. Safran • einige Tropfen Zitronensaft • einige Tropfen Worcestersauce • 250 ml Les Sauces Bèchamel • 100 g geriebenen Emmentaler • 4 Eier

- Den Spinat verlesen, waschen, gut abtropfen lassen und je nach Bedarf klein schneiden. Die Zwiebeln und die Knoblauchzehen schälen und fein hacken. Die Butter oder Margarine in einem Topf erhitzen und die Zwiebelwürfel sowie den Knoblauch anschwitzen.
- Den Spinat dazugeben und so lange dünsten, bis er zusammenfällt, die Gemüsebrühe und die Sahne angießen und bei starker Hitze kurz einreduzieren lassen. Den Spinat mit Salz, Pfeffer, Muskat, Cayennepfeffer, Safran, Zitronensaft und Worcestersauce kräftig würzen.
- Die Les Sauces Bèchamel zum Spinat geben, die Hälfte des Käses untermischen und gut verrühren.
- Eine ausgefettete Auflaufform mit der Masse füllen, vier Mulden in den Spinat drücken und je ein Ei hineingleiten lassen.
- Mit dem restlichen Käse bestreuen und im auf 180-200 °C vorgeheizten Backofen 12-15 Minuten garen. Herausnehmen, mit Salz und gemahlenem Pfeffer bestreuen, ausgarnieren und servieren.

Spinatauflauf mit Kasseler

• 400 g gekochtes Kasseler • 1-2 EL Butter oder Margarine • 2 Zwiebeln • 600 g Blattspinat • 1/4 l Gemüsebrühe • Salz • Pfeffer • 2 Lorbeerblätter • einige Nelken • einige Pimentkörner • 1 Prise Muskat • 1 Prise Cayennepfeffer • Butter oder Margarine • 1 Becher Sahne • 1 Schuss Weißwein • 250 g ger. Butterkäse

- Das Kasseler in Würfel schneiden, die Butter oder Margarine in einer Auflaufform erhitzen und das Kasseler darin kurz anschwitzen.
- Die Zwiebeln schälen, fein hacken, zum Kasseler geben und kurz mitschwitzen.
- Den geputzten und in mundgerechte Stücke geschnittenen Spinat dazugeben und ebenfalls kurz mitschwitzen.
- Die Gemüsebrühe angießen und mit Salz und Pfeffer würzen, die Lorbeerblätter, die Nelken und die Pimentkörner dazugeben, mit Muskat und Cayennepfeffer abrunden.
- Die Sahne mit dem Weißwein und dem geriebenen Käse verrühren, gleichmäßig auf dem Auflauf verteilen und im auf 180-200 °C vorgeheizten Backofen 15-20 Minuten überbacken. Den Auflauf herausnehmen, dekorativ anrichten, ausgarnieren und servieren.

Reistopf mit Lamm

• 600 g Lammfleisch • 2-3 EL Olivenöl • 1 Knoblauchzehe • 1 Lorbeerblatt • 1 Zweig Rosmarin • 1/4 l Gemüsebrühe • 1 TL Zitronenschale • 1 TL gerebelte Pfefferminze • Salz • Pfeffer aus der Mühle • 1 Prise Cayennepfeffer • 1 große Dose geschälte Tomaten • 3/4 l Gemüsebrühe • 250 g Reis • 1 Zucchini • 2 Tomaten • 1/2 Bund Petersilie • 1/2 Bund Zitronenmelisse • 2-3 EL gehackte Haselnüsse

- Das Lammfleisch waschen, trockentupfen und in mundgerechte Würfel schneiden. Das Olivenöl in einem Bräter erhitzen und die geschälte und fein gehackte Knoblauchzehe darin glasig schwitzen.
- Das Lorbeerblatt zerreiben, den Rosmarin verlesen und das Lammfleisch mit Lorbeer und Rosmarin einreiben.
- Das Fleisch ins Bratfett geben und Farbe nehmen lassen. Mit Brühe auffüllen, die Zitronenschale und die Pfefferminze untermischen.
- Das Ganze mit Salz, Pfeffer und Cayennepfeffer würzen und zugedeckt im auf 180-200 °C vorgeheizten Backofen 70-75 Minuten schmoren lassen.
- Die geschälten Tomaten dazugeben, die Brühe angießen, zum Kochen bringen, den Reis unterheben und bei 200 °C weitere 30 Minuten garen.
- Die Zucchini putzen, in Scheiben schneiden, die Tomaten enthäuten, entkernen und in Würfel schneiden und 10 Minuten vor Garende unter das Fleisch heben.
- Nach Ende der Garzeit abschmecken, die verlesenen, gewaschenen und gehackten Kräuter unterheben, anrichten und mit gehackten Nüssen bestreut servieren.

Kartoffelbaches

• 100 g durchwachsenen, geräucherten Speck • 800 g gekochte Kartoffeln • 1 1/2 Becher Sahnedickmilch • 2 Eier • 1 Becher Sahne • Salz • Pfeffer aus der Mühle • 1 Prise Muskat • 1 Prise Cayennepfeffer • 1 Prise Kümmelpulver • 1 Tasse gemischte, gehackte Kräuter • 250 g geriebenen Emmentaler

- Den in Würfel geschnittenen Speck in einer Auflaufform erhitzen und auslassen.
- Die Kartoffeln pellen, in Scheiben schneiden, zum Speck geben und kurz mitbraten.
- Die Sahnedickmilch mit den Eiern und der Sahne verrühren, mit Salz, Pfeffer, Muskat, Cayennepfeffer und Kümmelpulver kräftig abschmecken und die gehackten Kräuter untermischen.
- Den geriebenen Emmentaler dazugeben, über die Kartoffeln gießen und im auf 180-200 °C vorgeheizten Backofen 15-20 Minuten

Kartoffelpfanne mit Ziegenkäse

• 2-3 EL Butterschmalz • 2 Zwiebeln • 1 Stange Lauch • 1 rote Paprikaschote • 1 grüne Paprikaschote • 1 Dose Kidneybohnen • 1 Dose Zuckermais • 1/4 l Gemüse- oder Fleischbrühe • 1 Dose geschälte Tomaten • 1 Bund Oregano • 1 Bund Basilikum • Salz • Pfeffer aus der Mühle • 1 Prise Cayennepfeffer • 1 Prise Zucker • 800 g gekochte Kartoffeln • Schweineschmalz zum Braten • 300 g Ziegenkäse

- Das Butterschmalz in einer Pfanne erhitzen und die geschälten und fein gehackten Zwiebeln darin glasig schwitzen.
- Den Lauch putzen, in Streifen schneiden, zu den Zwiebeln geben und kurz mitbraten.
- Die Paprikaschoten halbieren, entkernen, in Würfel oder Streifen schneiden, zum Gemüse geben und mitgaren.
- Die Kidneybohnen und den Mais dazugeben und unter ständigem Rühren braten.
- Mit der Gemüsebrühe auffüllen und die geschälten Tomaten dazugeben, kurz durchschwenken, den fein gehackten Oregano sowie das Basilikum untermischen.
- Das Ganze mit Salz, Pfeffer, Cayennepfeffer und Zucker abschmecken.
- Die Kartoffeln pellen, in Würfel schneiden, im Schweineschmalz kross braten, abschmecken und unter das Gemüse ziehen.
- Den Käse würfeln, die Kartoffelpfanne anrichten, den Käse darüber streuen, ausgarnieren und servieren.

Nudelpfanne mit Ziegenkäse

- Zubereitung wie Kartoffelpfanne mit Ziegenkäse. Anstelle der gekochten Kartoffeln 600 g bissfest gegarte Eiernudeln verwenden.

Hackfleisch-Kartoffel-Pfanne

- Zubereitung wie Kartoffelpfanne mit Ziegenkäse. Zusätzlich werden im Butterschmalz 500 g Rinderhack kross gebraten, anschließend die geschälten und fein gehackten Zwiebeln darin glasig schwitzen. Weiter verarbeiten wie oben beschrieben, verwenden Sie anstelle der 800 g nur 400 g gekochte Kartoffeln.

Gefüllte Tomaten

• 300 g Bandnudeln • Salzwasser • 1 EL Öl • Fett für die Form • 6 feste Fleischtomaten • Salz • 1 kleine Dose Champignons • 250 g gemischtes Hackfleisch • 6 EL Sahne • 1 EL Tomatenketchup • Salz • Pfeffer aus der Mühle • 1 Tasse Gemüsebrühe • 150 g Mozzarellakäse

- Die Bandnudeln im Salzwasser mit dem Öl bissfest garen, abgießen, abtropfen lassen und in eine gefettete Auflaufform geben.
- Die Tomaten waschen, einen Deckel abschneiden, mit Hilfe eines Löffels das Kerngehäuse herausnehmen und von innen leicht salzen.
- Die Champignons gut abtropfen lassen und im Mixer oder mit dem Pürierstab pürieren, das Hackfleisch, die Sahne und den Tomatenketchup dazugeben und alles gut vermengen, mit Salz und Pfeffer würzen.
- Die Tomaten mit der Masse füllen, auf die Bandnudeln setzen, mit der Brühe aufgießen und im auf 225 °C vorgeheizten Backofen 10-15 Minuten backen.
- Den in Scheiben geschnittenen Mozzarellakäse darüber legen und nochmals fünf Minuten überbacken.
- Die gefüllten Tomaten herausnehmen, dekorativ anrichten, ausgarnieren und servieren.

Spinat-Bandnudeln

• 3-4 EL Butter oder Margarine • 1 Zwiebel • 450 g Blattspinat (TK-Produkt) • 1 1/2 Becher Sahne • Salz • Pfeffer aus der Mühle • 250 g Bandnudeln • Salzwasser • 1 EL Öl • 100 g Salami • 100 g Mozzarellakäse

- Die Butter oder Margarine in einem Topf erhitzen und die geschälte und fein gehackte Zwiebel darin glasig schwitzen.
- Den Blattspinat kurz antauen lassen, dazugeben, bei mäßiger Hitze auftauen lassen und anschließend 5-6 Minuten köcheln lassen.
- Mit der Sahne aufgießen und mit Salz und Pfeffer abschmecken.
- Die Bandnudeln im Salzwasser mit dem Öl bissfest garen, abgießen, abtropfen lassen und zum Spinat geben.
- Die Spinat-Bandnudeln dekorativ anrichten, mit der gewürfelten Salami und dem in Scheiben geschnittenen Mozzarellakäse belegen, ausgarnieren und servieren.

Überbackene Spargelnudeln

• 300 g Bandnudeln • Salzwasser • 1-2 EL Olivenöl • 1/2 l Béchamelsauce • 1-2 EL Butter oder Margarine • 100 g durchwachsenen, geräucherten Speck • 100 g gekochten Schinken • 1 Schuss Weißwein • 1 große Dose geschälte Tomaten • Salz • Pfeffer aus der Mühle • 1 Prise Muskat • 1 Bund Basilikum • 100 g ger. Edelpilzkäse • Butter oder Margarine zum Ausfetten • 1 Dose Stangenspargel • 75 g geriebenen Käse

Die Bandnudeln im Salzwasser mit dem Olivenöl bissfest garen, abgießen, abschrecken, gut abtropfen lassen und mit der Béchamelsauce bereitstellen.
Die Butter oder Margarine in einer Pfanne erhitzen und den in feine Würfel geschnittenen Speck darin auslassen.
Den Schinken würfeln oder in Streifen schneiden, zum Speck geben und mitschwitzen. Mit Weißwein ablöschen und kurz dünsten.
Die Tomaten gut abtropfen lassen, in Würfel schneiden und zum Speck geben. Mit Salz, Pfeffer, Muskat und dem verlesenen, gewaschenen und fein gehackten Basilikum würzen. Die Bandnudeln unterheben, den geriebenen Edelpilzkäse ebenfalls dazugeben.
Eine Auflaufform mit Butter oder Margarine ausfetten, die Nudeln einschichten, den gut abgetropften Stangenspargel darauf anrichten. Mit geriebenem Käse bestreuen und im auf 200-220 °C vorgeheizten Backofen in 20 Minuten garen, anrichten, ausgarnieren und sofort servieren.

Käsespätzle

• 300 g Schwäbische Eierspätzle • Salzwasser • 1-2 EL Olivenöl • 2-3 EL Butter oder Margarine • 400 g Zwiebeln • 1 Schuss Weißwein • Salz • Pfeffer aus der Mühle • 1 Prise Cayennepfeffer • 1 Prise Muskat • Butter oder Margarine zum Ausfetten • 1/2 Becher Sahne • 200 g Romadur

Die Eierspätzle im Salzwasser mit dem Olivenöl bissfest garen, abgießen, abschrecken, gut abtropfen lassen und bereitstellen.
Die Butter oder Margarine erhitzen und die gehackten Zwiebeln darin glasig schwitzen. Mit Weißwein ablöschen, 6-8 Minuten dünsten, mit Salz, Pfeffer, Cayennepfeffer und Muskat kräftig würzen.
Die Spätzle mit den Zwiebeln vermischen und in eine ausgefettete Auflaufform schichten. Die Sahne mit dem in Würfel geschnittenen Romadur verrühren und auf dem Auflauf verteilen.
Die Käsespätzle im auf 180-200 °C vorgeheizten Backofen 20 Minuten garen, anrichten, ausgarnieren und servieren.

Vollkornnudeln mit Mozzarella

• 300 g Vollkornnudeln • Salzwasser • 1-2 EL Olivenöl • 1 rote Paprikaschote • 1 grüne Paprikaschote • 2 Zucchini • 1 Aubergine • 1 Zwiebel • 1-2 Knoblauchzehen • 500 g Tomaten • 3 EL Olivenöl • 1/8 l Gemüsebrühe • Salz • weißen Pfeffer aus der Mühle • 2 EL gemischte, gehackte Kräuter (Petersilie, Thymian, Oregano) • Butter oder Margarine für die Form • 250 g Mozzarellakäse • 1 EL gehackte Petersilie

- Die Nudeln im Salzwasser mit dem Olivenöl bissfest garen, abgießen, abschrecken und gut abtropfen lassen. Die Paprikaschoten halbieren, entkernen, waschen und in Streifen schneiden.
- Die Zucchini und die Aubergine waschen, putzen und in Scheiben schneiden, die Zwiebel und die Knoblauchzehen schälen und fein hacken. Die Tomaten enthäuten, vierteln und entkernen.
- Das Olivenöl erhitzen, die Zwiebel und die Knoblauchzehen darin glasig schwitzen, den Paprika, die Zucchini und die Aubergine dazugeben, das Ganze kurz anschwitzen, mit der Gemüsebrühe auffüllen, mit Salz und Pfeffer würzen und zugedeckt fünf Minuten dünsten. Die Tomaten dazugeben, nochmals abschmecken und mit den Kräutern bestreuen.
- In eine gebutterte Auflaufform füllen, den in Würfel geschnittenen Mozzarellakäse darauf verteilen und das Ganze im auf 190-200 °C vorgeheizten Backofen 15-20 Minuten überbacken, herausnehmen, anrichten, mit der gehackten Petersilie bestreuen und servieren.

Gabelspaghetti mit Salami-Gemüse-Sauce

• 1 Knoblauchzehe • 1-2 EL Olivenöl • 100 g feine Salami • 600 g gemischtes Gemüse • einige Tropfen Weinbrand • Saft von 1/2 Zitrone • 1/2 l gebundene Helle Sauce • Salz • Pfeffer aus der Mühle • 1 Prise Cayennepfeffer • 1 Prise Curry • 1 Prise Muskat • 2-3 EL saure Sahne • 75 g geriebenen Gouda • 4 Portionen bissfest gegarte Gabelspaghetti • 1 Bund Schnittlauch

- Die gehackte Knoblauchzehe im Olivenöl glasig schwitzen. Die gewürfelte Salami dazugeben und kurz mitschwitzen. Das Gemüse entsprechend vorbereiten, klein schneiden, zum Knoblauch geben und unter ständigem Rühren garen.
- Mit Weinbrand und Zitronensaft ablöschen, mit der Hellen Sauce auffüllen und zum Kochen bringen, mit Salz, Pfeffer, Cayennepfeffer, Curry und Muskat würzen und mit der sauren Sahne verfeinern.
- Den Gouda und die Gabelspaghetti unter die Sauce geben, durchschwenken, erhitzen, nochmals abschmecken, anrichten, ausgarnieren und mit geschnittenem Schnittlauch bestreut servieren.

Käsehörnchen mit Mandeln

• 400 g Hörnchennudeln • Salzwasser • 1-2 EL Olivenöl • 4 Karotten • 2-3 Zucchini • 2-3 EL Butter oder Margarine • 1 1/2 Tassen Gemüsebrühe • 50 g gemahlene Mandeln • 250 g Sahneschmelzkäse • Saft von 1/2 Orange • Speisestärke zum Binden • Salz • Pfeffer • Kräuterzweige zum Garnieren

Die Nudeln in Salzwasser mit dem Olivenöl bissfest garen, herausnehmen, abschrecken, gut abtropfen lassen und bereitstellen.
Die Karotten putzen und in Würfel schneiden. Die Zucchini ebenfalls putzen und würfeln.
Die Butter oder Margarine in einer Pfanne erhitzen, die Karottenwürfel darin anschwitzen. Die Zucchinistreifen dazugeben und kurz mitschwitzen, mit der Brühe auffüllen und aufkochen lassen.
Das Gemüse aus dem Sud nehmen, gut abtropfen lassen und mit den Hörnchennudeln vermischen.
Die Mandeln, den Sahneschmelzkäse und den Orangensaft in den Sud geben und zur Sauce verkochen. Je nach Geschmack mit Speisestärke binden und mit Salz und Pfeffer abschmecken.
Die Hörnchennudeln erhitzen, anrichten, mit der Mandelsauce überziehen, mit Kräuterzweigen ausgarnieren und sofort servieren.

Blumenkohlnudeln

• 300 g Spiralnudeln • Salzwasser • 1-2 EL Olivenöl • 1-2 EL Butter oder Margarine • 200 g gekochten Schinken • 400 g Blumenkohlröschen • 3/8 l gebundene Helle Sauce • Salz • Pfeffer aus der Mühle • 1 Prise Muskat • 1 Prise Cayennepfeffer • einige Tropfen Zitronensaft • einige Tropfen Worcestersauce • 75 g geriebenen Gouda • 200 g Mozzarella

Die Spiralnudeln im Salzwasser mit dem Olivenöl bissfest garen, abgießen, abschrecken, gut abtropfen lassen und bereitstellen.
Die Butter oder Margarine erhitzen und den in Streifen geschnittenen Schinken darin anschwitzen. Die Blumenkohlröschen nach Bedarf klein schneiden, zum Schinken geben und anschwitzen.
Die gebundene Helle Sauce erhitzen, mit Salz, Pfeffer, Muskat, Cayennepfeffer, Zitronensaft und Worcestersauce kräftig abschmecken und den geriebenen Gouda darin auflösen lassen.
Die Spiralnudeln mit den Blumenkohlröschen und der Hellen Sauce vermischen und in eine ausgefettete Auflaufform geben.
Den Mozzarella in Würfel schneiden, gleichmäßig darüber verteilen und im auf 180-200 °C vorgeheizten Backofen 20-25 Minuten garen. Die Blumenkohlnudeln herausnehmen, dekorativ anrichten, ausgarnieren und sofort servieren.

Karottennudeln

• 300 g Spiralnudeln • Salzwasser • 1-2 EL Olivenöl • 1-2 EL Butter oder Margarine • 200 g Kasseler ohne Knochen • 400 g Karotten • 3/8 l gebundene Helle Sauce • Salz • Pfeffer aus der Mühle • 1 Prise Muskat • 1 Prise Cayennepfeffer • einige Tropfen Zitronensaft • einige Tropfen Worcestersauce • 75 g geriebenen Butterkäse • 200 g geriebenen Gouda

- Die Spiralnudeln im Salzwasser mit dem Olivenöl bissfest garen, abgießen, abschrecken, gut abtropfen lassen und bereitstellen.
- Die Butter oder Margarine in einer Pfanne erhitzen und das in feine Streifen oder Würfel geschnittene Kasseler darin kurz anschwitzen.
- Die Karotten klein schneiden, zum Kasseler geben und kurz anschwitzen. Die Helle Sauce erhitzen, mit Salz, Pfeffer, Muskat, Cayennepfeffer, Zitronensaft und Worcestersauce kräftig abschmecken und den geriebenen Butterkäse darin auflösen lassen.
- Die Spiralnudeln mit den Karotten und der Hellen Sauce vermischen und in eine ausgefettete Auflaufform füllen.
- Den Gouda darüber verteilen. Das Ganze im auf 180-200 °C vorgeheizten Backofen 20-25 Minuten garen, herausnehmen, anrichten, ausgarnieren und servieren.

Vollkorn-Käsespätzle

• 350 g Weizenvollkornmehl • 1 Prise Salz • 200 ml lauwarmes Wasser • 3 Eier • 200 g Emmentaler • Butter für die Form • 100 g Butter • 400 g Zwiebeln • Pfeffer aus der Mühle

- Das Mehl mit dem Salz und dem Wasser in eine Schüssel geben und verrühren. Die Eier einzeln dazugeben und das Ganze kräftig schlagen, bis der Teig Blasen wirft, anschließend den Teig 20-30 Minuten ruhen lassen.
- Den Käse grob raspeln und bereitstellen. Die Zwiebeln in dünne Ringe schneiden. In einem Topf Salzwasser zum Kochen bringen und den Spätzleteig mit Hilfe eines Spätzlehobels in das Wasser schaben. Kurz aufkochen lassen, bis die Spätzle oben schwimmen.
- Die Spätzle mit einem Schaumlöffel herausnehmen, gut abtropfen lassen und abwechselnd mit dem Käse in eine ausgefettete, feuerfeste Schüssel oder Auflaufform schichten. Jede Lage mit Pfeffer bestreuen. Die Spätzle in den auf 180 °C vorgeheizten Backofen schieben und den Käse schmelzen lassen.
- In der Zwischenzeit die Butter erhitzen und die Zwiebelringe knusprig braten. Die Vollkorn-Käsespätzle anrichten, die Zwiebelringe mit der Butter darüber geben, ausgarnieren und servieren.

Bunte Nudeln mit Paprika

• 1-2 EL Butter oder Margarine • 1 Zwiebel • 1 rote Paprikaschote • 1 grüne Paprikaschote • 1 gelbe Paprikaschote • 1 Stange Lauch • 1 Schuss Weißwein • 1/2 l Gemüsebrühe • 250 g Zuckerschoten • 2 Zucchini • 1 kleine Dose geschälte Tomaten • 500 g bissfest gegarte Spiralnudeln • Salz • Pfeffer aus der Mühle • 1 Prise Cayennepfeffer • 1 Prise Zucker • 4 EL geröstete Sonnenblumenkerne • Kräuterzweige zum Garnieren

Die Butter oder Margarine in einem Topf erhitzen und die geschälte, fein gehackte Zwiebel darin glasig schwitzen.
Die Paprikaschoten putzen, halbieren, entkernen, waschen und in Streifen schneiden, zur Zwiebel geben und unter Rühren anschwitzen.
Den Lauch putzen und in Ringe schneiden, zum Gemüse geben und kurz mitschwitzen.
Mit Weißwein ablöschen, die Gemüsebrühe angießen, das Ganze zum Kochen bringen und 8-10 Minuten köcheln lassen.
Die Zuckerschoten mit den geputzten und in Würfel geschnittenen Zucchini zum Gemüse geben und bei mäßiger Hitze weitere 10 Minuten garen. Die Tomaten abtropfen lassen, in Würfel schneiden und mit den Nudeln unter den Eintopf heben.
Einmal aufkochen lassen, mit Salz, Pfeffer, Cayennepfeffer und Zucker abschmecken. Die bunten Nudeln mit Paprika dekorativ anrichten, mit den Sonnenblumenkernen bestreuen, mit Kräuterzweigen ausgarnieren und servieren.

Béchamelkartoffeln

• 1 kg Kartoffeln • 1 l Gemüsebrühe • 30 g Butter oder Margarine • 2 Zwiebeln • 30 g Mehl • 1/4 l Milch • 1 Tasse Gemüse- oder Fleischbrühe • 1 Becher Sahne • Salz • Pfeffer • 1 Prise Muskat

Die Kartoffeln waschen, schälen und in Würfel schneiden. Die Kartoffeln mit der Gemüsebrühe aufsetzen und 20 Minuten garen.
Die Butter oder Margarine in einem Topf erhitzen und die geschälten und fein gehackten Zwiebeln darin glasig schwitzen.
Mit Mehl bestäuben, kurz durchschwenken, das Ganze mit der Milch, der Gemüse- oder Fleischbrühe und der Sahne aufgießen und zum Kochen bringen.
Die Sauce mit Salz, Pfeffer und Muskat kräftig abschmecken und 10-15 Minuten auskochen lassen.
Die Kartoffelwürfel abgießen, unter die Sauce ziehen und einmal aufkochen lassen. Die Béchamelkartoffeln nochmals abschmecken, dekorativ anrichten, ausgarnieren und sofort servieren.

Bandnudeln mit Schinken

• 150 g Bandnudeln • Salzwasser • einige Tropfen Olivenöl • 2-3 EL Butter oder Margarine • 1 Zwiebel • 150 g gekochten, mageren Schinken • 1 Schuss Weißwein • 2 Becher Sahnedickmilch • 5 Eier • Salz • Pfeffer aus der Mühle • 1 Prise Muskat • 1 Prise Kümmel • 1 Prise Cayennepfeffer • 2-3 EL Semmelbrösel • 50 g geriebenen, gut schmelzenden Käse • Zitronenmelisse zum Garnieren

- Die Nudeln im Salzwasser mit dem Olivenöl bissfest garen, abgießen abschrecken und gut abtropfen lassen.
- Die Butter oder Margarine in einer Auflaufform erhitzen und die fei gehackte Zwiebel darin glasig schwitzen.
- Den Schinken in feine Streifen schneiden, zur Zwiebel geben un kurz mitbraten.
- Mit Weißwein ablöschen, die Nudeln dazugeben, kurz durch schwenken und anschließend in eine ausgefettete Auflaufform ge ben.
- Die Sahnedickmilch mit den Eiern in einer Schüssel verschlagen. M Salz, Pfeffer, Muskat, Kümmel und Cayennepfeffer abschmecken die Semmelbrösel mit dem geriebenen Käse hineinrühren und au dem Auflauf verteilen.
- Das Ganze im auf 180-200 °C vorgeheizten Backofen 15-20 Minu ten backen. Herausnehmen, anrichten, mit Zitronenmelisseblät chen bestreuen und servieren.

Garnelenspiesse

• 4 Spieße • 12 große Garnelenschwänze in der Schale • 2 Zwiebeln • 2 Tomaten • 4 Scheiben rohen Schinken • 1/2 Tasse Honig • 1 EL Tomatenmark • 2 EL Essig • 1 Knoblauchzehe • 1/2 TL Salz • 1/2 TL weißen Pfeffer • 600 g gekochte Makkaroni • 1 Becher Sahne

- Die Garnelen unter dem Wasser abwaschen und trockentupfen. Di Zwiebeln und die Tomaten halbieren.
- Auf jeden der vier Spieße je drei Garnelen, 1/2 Zwiebel, 1/2 Toma te, und eine Scheibe Schinken stecken.
- Den Honig mit dem Tomatenmark, dem Essig und der mit Salz ze riebenen Knoblauchzehe verrühren und leicht pfeffern.
- Die Spieße damit bestreichen und eine Stunde marinieren. Auf der Grill oder in der Pfanne garen.
- Die Makkaroni mit der Sahne in einer Pfanne erhitzen mit Salz ur Pfeffer abschmecken, anrichten, die Spieße darauf legen und se vieren.

Nudeln mit Silberzwiebeln und Speck

• 1-2 EL Olivenöl • 100 g durchwachsenen, geräucherten Speck • 4 Zwiebeln • 1 Glas Silberzwiebeln • 600 g bissfest gegarte Hörnchennudeln • 2 Becher Sahne • 200 g geriebenen Emmentaler • Salz • Pfeffer aus der Mühle • 1 Prise Muskat • 1 Prise Cayennepfeffer • Butter- oder Margarineflöckchen • 1 Bund Schnittlauch

Das Olivenöl in einer Auflaufform erhitzen und den in feine Würfel geschnittenen Speck darin auslassen, die geschälten Zwiebeln in Scheiben schneiden, zum Speck geben und kurz mitbraten.
Die gut abgetropften Silberzwiebeln dazugeben und kurz mitschwitzen. Die gekochten Hörnchennudeln untermischen, die Sahne mit der Hälfte des Emmentalers verrühren und mit Salz, Pfeffer, Muskat und Cayennepfeffer kräftig abschmecken.
Die Creme gleichmäßig auf den Nudeln verteilen, den restlichen Käse darüber streuen, Butter- oder Margarineflöckchen darauf setzen und den Auflauf im auf 180-200 °C vorgeheizten Backofen etwa 10-15 Minuten backen.
Nach Ende der Backzeit die Nudeln herausnehmen, anrichten, ausgarnieren, mit frisch geschnittenem Schnittlauch bestreuen und servieren.

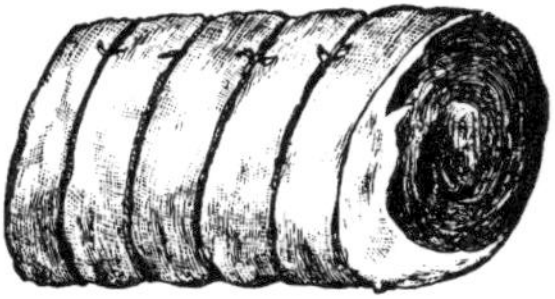

Gemüsenudeln mit Kräutergarnelen

• 500 g gekochte Nudeln • 2-3 EL Butter oder Margarine • 1 Zwiebel • 1 Dose Mischgemüse • 1 Becher Sahne • Salz • Pfeffer aus der Mühle•200 g. Kräutergarnelen• 1 TL Salz • 1/2 TL weißen Pfeffer • 1 Bund Petersilie • 1 Tasse Öl

Die Nudeln vorbereiten, die Butter oder Margarine in einer Pfanne erhitzen und die geschälte und fein gehackte Zwiebel darin glasig schwitzen.
Das Gemüse dazugeben,und die Garnelen kurz mitschwitzen. Die Nudeln unterheben, die Sahne angießen und erhitzen, mit Salz und Pfeffer würzen und auf den Nudeln anrichten und servieren.

Nudeltopf mit Rinderbrust

• 800 g Rinderbrust • Salzwasser • 2 l Gemüse- oder Fleischbrühe • 2 Lorbeerblätter • einige Nelken • einige Pimentkörner • 2 Bund Suppengemüse • 1 Zwiebel • 2 Knoblauchzehen • 500 g Rosenkohlröschen • 2 Tomaten • 600 g bissfest gegarte Spiralnudeln • Salz • Pfeffer aus der Mühle • 1 Prise Muskat • 1 Prise Cayennepfeffer • 1 Prise Zucker • 100-150 g geriebenen Edamer

- Die küchenfertige Rinderbrust waschen, trockentupfen. Salzwasse in einem Topf erhitzen und die Rinderbrust darin blanchieren, he rausnehmen und waschen.
- Die Brühe erhitzen und die Rinderbrust einsetzen, die Lorbeerblät ter, die Nelken und die Pimentkörner dazugeben.
- Das geputzte Suppengemüse mit der geschälten und fein gehack ten Zwiebel sowie den geschälten und fein gehackten Knoblauch zehen ebenfalls in die Brühe geben und das Ganze bei mäßiger Hi ze 80-90 Minuten garen.
- Nach Ende der Garzeit das Fleisch herausnehmen, in Würfel schne den, das Suppengemüse klein schneiden und die Brühe passieren
- Die Gemüsebrühe erneut erhitzen, die geputzten Rosenkohlrösche einlegen und bissfest garen. Die enthäuteten, entkernten und i Würfel geschnittenen Tomaten mit dem gewürfelten Fleisch und de bissfest gegarten Spiralnudeln in den Eintopf geben. Das Ganze m Salz, Pfeffer, Muskat, Cayennepfeffer und Zucker kräftig ab schmecken.
- Den Nudeltopf mit Rinderbrust in eine Kokotte geben, das Ganz mit geriebenem Edamer bestreuen und kurz überbacken.
- Den Nudeltopf mit Rinderbrust dekorativ anrichten, ausgarniere und sofort servieren.

Bandnudeln mit Lachscreme

• 160 g Bandnudeln • Salzwasser • einige Tropfen Olivenöl • 100 ml fettarme Milch • 2 EL Speisestärke • 1 TL gekörnte Fleischbrühe • 125 g Schmelzkäsezubereitung „Räucherlachs" • 50 g Räucherlachs

- Die Nudeln im Salzwasser bissfest garen, abgießen, abschrecke gut abtropfen lassen und warm stellen.
- In der Zwischenzeit die Milch mit der Speisestärke und etwas Brüh verrühren und gut aufkochen lassen. Den Schmelzkäse einrühre und die Sauce erhitzen. Den Räucherlachs in Streifen schneiden. D Nudeln dekorativ anrichten, mit der Lachscreme-Sauce überziehe servieren.

Bandnudeln mit Lachs und Käse

• 400 g Bandnudeln • Salzwasser • 1-2 EL Olivenöl • 600 g Lachsfilets • 1/2 Tasse Sojasauce • einige Tropfen Zitronensaft • Salz • Pfeffer aus der Mühle • 1-2 EL Butter • 1 Zwiebel • 500 g Blattspinat (TK-Produkt) • 1 Tasse Sojasauce • 1 Prise Muskat • 30 g Butter • 30 g Mehl • 1/2 l Milch • 400 g Mozzarella

Die Bandnudeln im Salzwasser mit dem Öl bissfest garen, abgießen, abschrecken und abtropfen lassen.
Die Lachsfilets waschen, trockentupfen, würfeln, mit der Sojasauce und dem Zitronensaft beträufeln, mit Salz und Pfeffer würzen und 15 Minuten ziehen lassen. Die Butter in einer Auflaufform erhitzen und die geschälte und fein gehackte Zwiebel darin glasig schwitzen. Den Blattspinat antauen lassen, zur Zwiebel geben und mitschwitzen. Mit Sojasauce, Salz, Pfeffer und Muskat abschmecken.
Für die Sauce die Butter erhitzen und das Mehl mit dem Schneebesen einrühren. Die kalte Milch angießen, mit dem Schneebesen verschlagen und zu einer sämigen Béchamelsauce verkochen.
Die Béchamelsauce mit Salz, Pfeffer, Muskat und Zitronensaft abschmecken. Die Lachswürfel mit den Nudeln unter den Spinat heben, würzen und die Béchamelsauce darüber verteilen.
Den in Scheiben geschnittenen Mozzarella darauf legen und das Ganze im auf 200 °C vorgeheizten Backofen 20 Minuten backen. Die Bandnudeln mit Lachs und Käse herausnehmen, anrichten, ausgarnieren und servieren.

Gänsetopf mit Kartoffeln

• 4 Gänsekeulen • 500 g Kartoffeln • 2 Zwiebeln • 4 Karotten • 1 l Gemüsebrühe • 1/2 Tasse Sojasauce • 1/2 Tasse Obstessig • 2-3 EL Honig • 1 Bund Frühlingszwiebeln • 1 Kopf Chinakohl • Salz • Pfeffer aus der Mühle • 1 Bund Liebstöckel

Die Gänsekeulen waschen, die Kartoffeln, die Zwiebeln und die Karotten in Würfel schneiden und mit der Brühe in einen Topf geben. Die Sojasauce, den Obstessig und den Honig dazugeben, den Topf verschließen und bei mäßiger Hitze 1 1/2-2 Stunden garen.
Die Frühlingszwiebeln in Scheiben schneiden, zum Fleisch geben und 10 Minuten garen. Den Chinakohl halbieren, den Strunk herausschneiden, den Kohl in Stücke schneiden, zu den Gänsekeulen geben, mit Salz und Pfeffer würzen und 10 Minuten garen.
Den Gänsetopf anrichten und mit gehacktem Liebstöckel bestreut servieren.

Filettopf mit Glasnudeln

• 400 g Schweinefilet • 2-3 EL Sojasauce • einige Tropfen Chiliöl • 2-3 EL Sojaöl • 1 Stück Ingwerwurzel • 1 Knoblauchzehe • 2 Frühlingszwiebeln • 2 Karotten • 100 g Bambussprossen • 50 g eingeweichte Mu-err • 1 l Gemüsebrühe • 2 EL Honig • 2 EL chinesische Chilisauce (scharf) • Saft von 1 Zitrone • 1 TL Fünfgewürzpulver • 100 g eingeweichte Glasnudeln

- Das Schweinefilet in feine Streifen schneiden, in eine Schüssel ge ben, mit Sojasauce und Chiliöl beträufeln und 10-15 Minuten zie hen lassen.
- Das Sojaöl im Wok erhitzen, die fein geriebene Ingwerwurzel m der gehackten Knoblauchzehe zum Öl geben und braten.
- Das Schweinefilet dazugeben und unter ständigem Rühren brater herausnehmen und bereitstellen.
- Die Frühlingszwiebeln und die Karotten in feine Streifen schneider ins verbliebene Bratfett geben und unter ständigem Rühren brater
- Die geputzten Bambussprossen mit den in Streifen geschnittene Mu-err dazugeben und weiter braten.
- Mit der Gemüsebrühe auffüllen, zum Kochen bringen, den Honi die Chilisauce, den Zitronensaft und das Fünfgewürzpulver ei rühren und nochmals aufkochen lassen.
- Die Glasnudeln mit dem Fleisch in die Suppe geben, erhitzen, ab schmecken, dekorativ anrichten, ausgarnieren und servieren.

Nudeln mit Gemüse-Ei

• 300 g kleine Nudeln • Salzwasser • 1-2 EL Olivenöl • 6 Eier • 100 g Rahmwirsing • 1 Bund Petersilie • Salz • Pfeffer aus der Mühle • 1 Prise Muskat • 1/2 Tasse geriebenen Emmentaler • 3-4 EL Butter • 250 g Mozzarella • Kräuterzweige zum Garniere

- Die Nudeln im Salzwasser bissfest garen, abgießen, abschrecke abtropfen lassen und bereitstellen. Die Eier in eine Schüssel gebe und verschlagen. Den Rahmwirsing auftauen lassen, je nach G schmack fein hacken, mit der verlesenen, gehackten Petersilie z den Eiern geben und alles gut miteinander vermischen.
- Die Eimasse mit Salz, Pfeffer und Muskat kräftig würzen und m dem geriebenen Emmentaler verfeinern. Die Butter erhitzen, die N deln hineingeben und kurz durchschwenken. Mit Salz und Pfeff würzen. Die Ei-Gemüse-Masse auf den Nudeln verteilen. Den in Wü fel geschnittenen Mozzarella darüber streuen, die Pfanne ve schließen und das Ganze stocken lassen. Die Nudeln anrichten, m Kräuterzweigen ausgarnieren und servieren.

Tomatentopf mit Schmetterlingsnudeln

• 1-2 EL Olivenöl • 2 Knoblauchzehen • 1 Zwiebel • 2 Karotten • 1 kleine Stange Lauch • 1/4 l Gemüsebrühe • 500 g Tomaten • 600 g bissfest gegarte Schmetterlingsnudeln • Salz • Pfeffer aus der Mühle • 2 Spritzer Tabasco • 1 Bund Basilikum • 1 Becher saure Sahne

- Das Olivenöl in einem Topf erhitzen, die Knoblauchzehen und die Zwiebel schälen, fein hacken und im Olivenöl glasig schwitzen. Die Karotten und den Lauch putzen und klein schneiden, zur Zwiebel geben und mitschwitzen.
- Die Gemüsebrühe angießen und das Ganze einmal aufkochen lassen. Die Tomaten enthäuten, entkernen, in Würfel schneiden, dazugeben und mitgaren.
- Die Schmetterlingsnudeln dazugeben und erhitzen, den Tomatentopf mit Salz, Pfeffer und Tabasco abschmecken.
- Das Basilikum verlesen, waschen und klein schneiden, mit der sauren Sahne unterziehen, erneut erhitzen und nochmals abschmecken. Den Tomatentopf dekorativ anrichten, ausgarnieren und servieren.

Schweinegulasch im Nest

500 g Schweinefleisch • 500 g Zwiebeln • 2-3 EL Butterschmalz • Salz • Pfeffer aus der Mühle • 1 EL Paprikapulver • 3/4 l Gemüse- oder Fleischbrühe • 1-2 EL Sauerrahm • 300 g Makkaroni • Salzwasser • 1-2 EL Olivenöl • Kräuterzweige zum Garnieren

Das Schweinefleisch in gleich große Würfel schneiden, die Zwiebeln schälen und in halbe Ringe schneiden und beides im erhitzten Butterschmalz so lange braten, bis der anfangs stehende Saft eingezogen ist.
Das Gulasch mit Salz, Pfeffer und Paprikapulver kräftig würzen und mit der heißen Brühe auffüllen.
Nach einer Stunde den Sauerrahm unterheben und bei kleiner Hitze nochmals 10-15 Minuten schmoren lassen.
In der Zwischenzeit die Makkaroni in Salzwasser mit dem Olivenöl bissfest garen, abgießen, gut abtropfen lassen
Die Nudeln auf den Tellern zu Nestern zusammendrehen, das Schweinegulasch darüber verteilen, mit Kräuterzweigen ausgarnieren und servieren.

Tortellinitopf

• 2 kg Hühnerkleinfleisch • Salzwasser zum Blanchieren • 2 l Gemüsebrühe • 2 Karotten • 1 Stück Knollensellerie • 1 kleine Stange Lauch • 1 Gewürzsäckchen (schwarze Pfefferkörner, Pimentkörner, Senfkörner, Wacholderbeeren, Lorbeerblätter, Oregano) • 600 g frische Tortellini • 250 g geschälte Shrimps • 1 Glas Weißwein • Salz • Pfeffer aus der Mühle • 1 Prise Cayennepfeffer • 1 Prise Zucker • einige Tropfen Zitronensaft • einige Tropfen Worcestersauce • 2 Tassen Schnittlauchröllchen • 2 Tassen geriebenen Parmesankäse

- Das Hühnerkleinfleisch unter fließendem Wasser waschen, gut abtropfen lassen, im erhitzten Salzwasser blanchieren, herausnehmen und erneut waschen.
- Die Gemüsebrühe in einem Topf erhitzen, das Hühnerkleinfleisch mit dem Suppengemüse und dem Gewürzsäckchen dazugeben und das Ganze bei mäßiger Hitze 60-70 Minuten garen. Nach Ende der Garzeit die Suppe durch ein Sieb passieren, in einen Topf geben und erneut erhitzen.
- Die Tortellini in der Brühe bei mäßiger Hitze 15 Minuten garen, fünf Minuten vor Garende die Shrimps und den Weißwein einrühren.
- Den Tortellinitopf mit Salz, Pfeffer, Cayennepfeffer, Zucker, Zitronensaft und Worcestersauce kräftig abschmecken, dekorativ anrichten, mit den Schnittlauchröllchen und dem geriebenen Parmesankäse bestreuen, ausgarnieren und sofort servieren.

Bandnudeln mit Blumenkohl und Käsesauce

• 500 g Bandnudeln • Salzwasser • 1-2 EL Olivenöl • 4 Strauchtomaten • 600 g Blumenkohl • Meersalz • 2 Becher „Käsesauce mit Tomaten und Basilikum" (á 200 ml) • Basilikumblättchen zum Garnieren

- Die Nudeln im Salzwasser mit dem Olivenöl bissfest garen, abgießen, abschrecken, gut abtropfen lassen und warm stellen.
- Die Tomaten enthäuten, entkernen und grob würfeln.
- Den Blumenkohl putzen, waschen und in Röschen zerteilen. In Salzwasser bissfest garen, kurz vor Garende die Tomatenwürfel dazugeben und mitgaren.
- Die Käsesauce in einem Topf kurz erhitzen, nicht kochen lassen.
- Das Gemüse mit den Nudeln vermischen, dekorativ anrichten, die Sauce darüber verteilen, mit Basilikumblättchen ausgarnieren und sofort servieren.

Bandnudeln mit Meeresfrüchten

• 400 g gemischte Meeresfrüchte • 100 g durchwachsenen, geräucherten Speck • 2 Zwiebeln • 1 Bund Suppengemüse • 1/2 l gebundene Tomatensauce (Fertigprodukt) • 1 Tasse Rotwein • 2 Knoblauchzehen • 1 Bund Basilikum • Salz • weißen Pfeffer aus der Mühle • 400 g Bandnudeln • Salzwasser zum Garen • einige Tropfen Olivenöl • 2-3 EL Schnittlauchröllchen

Die Meeresfrüchte unter fließendem Wasser abwaschen, trockentupfen und bereitstellen.
Den Speck in Streifen schneiden und in einer trockenen Pfanne auslassen. Die Zwiebeln fein hacken, das Suppengemüse putzen, in feine Streifen schneiden, zum Speck geben und glasig schwitzen.
Die Tomatensauce und den Rotwein angießen, die geschälten und fein gehackten Knoblauchzehen dazugeben und die Sauce 30 Minuten köcheln lassen.
Das verlesene, gewaschene und fein gehackte Basilikum sowie die Meeresfrüchte in die Sauce geben, erhitzen und mit Salz und Pfeffer würzen.
Die Bandnudeln im Salzwasser mit dem Olivenöl bissfest garen, abgießen, abschrecken, gut abtropfen lassen, auf vier Tellern anrichten, mit der Sauce überziehen, mit Schnittlauchröllchen bestreuen, ausgarnieren und servieren.

Nudeln vom Blech

• 500 g Nudeln • Salzwasser • 1-2 EL Olivenöl • 2-3 Zwiebeln 250 g kleine Tomaten • 2 grüne Paprikaschoten • 1 Bund Petersilie • 4 Eier • 125 g geriebenen Gouda • 1 Becher süße Sahne • Salz • Pfeffer aus der Mühle • Butter oder Margarine zum Ausfetten

Die Nudeln im Salzwasser garen. Die Zwiebeln schälen, in Ringe schneiden, kurz vor Garende zu den Nudeln geben und mitgaren. Nach Ende der Garzeit die Nudeln mit den Zwiebeln abgießen, abschrecken, gut abtropfen lassen und bereitstellen.
Die Tomaten waschen und achteln, die Paprikaschoten putzen, halbieren, entkernen, waschen und in Streifen schneiden. Die Petersilie hacken. Paprikaschoten, Petersilie und Tomaten unter die Nudeln mischen. Die Eier mit dem geriebenen Käse und der Sahne verrühren, mit Salz und Pfeffer würzen. Die Käse-Mischung ebenfalls unter die Nudeln heben und das Ganze auf einem ausgefetteten Backblech verteilen. Die Nudeln im vorgeheizten Backofen 20-25 Minuten garen, herausnehmen, dekorativ anrichten, ausgarnieren und sofort servieren.

Bandnudeln mit grünen Bohnen

• 400 g Bandnudeln • Gemüsebrühe zum Kochen • 400 g grüne Bohnen • 100 g getrocknete Tomaten in Öl • 3-4 Knoblauchzehen • Salz • Pfeffer aus der Mühle • 1-2 EL geschroteten, bunten Pfeffer • 1 Bund Basilikum

- Die Bandnudeln in die kochende Gemüsebrühe geben.
- Die Bohnen putzen, in mundgerechte Stücke schneiden, zu der Bandnudeln geben und das Ganze bei mäßiger Hitze bissfest garen.
- In der Zwischenzeit die Tomaten in Streifen schneiden, die Knoblauchzehen schälen und in Scheiben schneiden.
- Etwas Öl von den Tomaten erhitzen, die Tomatenstreifen und die Knoblauchscheiben dazugeben und kurz anschwitzen.
- Die Bandnudeln mit den grünen Bohnen abtropfen lassen, ins Tomaten-Knoblauch-Öl geben, durchschwitzen und erhitzen.
- Die Bandnudeln mit grünen Bohnen mit Salz und Pfeffer kräftig abschmecken, den geschroteten, bunten Pfeffer untermischen, das Ganze dekorativ anrichten, mit Basilikumblättchen ausgarnieren und sofort servieren.

Bandnudeln mit Steinpilzen und Schinken

• 300 g Bandnudeln • Salzwasser • 1-2 EL Olivenöl • 1-2 EL Butterschmalz • 100 g gekochten Schinken • 1 Bund Frühlingszwiebeln • 400 g frische Steinpilze • 4 Tomaten • 1/4 l gebundene Bratensauce • 1 Becher Sahne • Salz • Pfeffer aus der Mühle • 1 Prise Muskat • 1 Prise Cayennepfeffer • 1 Tasse gemischte, gehackte Kräuter • 200 g Mozzarella • Kräuterzweige zum Garnieren

- Die Bandnudeln im Salzwasser mit dem Olivenöl bissfest garen, abgießen, abschrecken, abtropfen lassen und bereitstellen.
- Das Fett erhitzen und den in Würfel geschnittenen Schinken darin kurz anbraten.Die Frühlingszwiebeln putzen, waschen, abtropfen lassen, in Stücke schneiden, zum Schinken geben und glasig schwitzen.Die Steinpilze putzen, waschen, klein schneiden, zu den Schinkenzwiebeln geben und kurz mitschwitzen.
- Die Tomaten enthäuten, entkernen, in Würfel schneiden, mit der Bratensauce und der Sahne unter die Pilze mischen und fünf Minuten köcheln lassen. Die Bandnudeln unterheben, durchschwenken, nochmals erhitzen. Mit Salz, Pfeffer, Muskat und Cayennepfeffer abschmecken und die fein gehackten Kräuter dazugeben.
- Die Nudel in eine Form geben. Den in Scheiben geschnittenen Mozzarella darauf verteilen, bei starker Oberhitze goldgelb überbacken, anrichten, mit Kräuterzweigen ausgarnieren und servieren.

Bandnudeln mit Zucchini

• 300 g Bandnudeln • Salzwasser • einige Tropfen Olivenöl • 2-3 EL Olivenöl • 1 Zwiebel • 4 Knoblauchzehen • 1 TL Salz • 500 g Zucchini • 1/2 Tasse Gemüsebrühe • 1 Dose geschälte Tomaten • 1 Tasse gemischte, gehackte Kräuter • Salz • Pfeffer aus der Mühle • 1 Prise Cayennepfeffer • 1 Prise Zucker • 1 EL Sojasauce • 50 g geriebenen Parmesankäse • Kräuterzweige zum Garnieren

Die Bandnudeln im Salzwasser mit dem Olivenöl bissfest garen, abgießen, abschrecken und gut abtropfen lassen.
Das Olivenöl in einer Pfanne erhitzen und die geschälte, fein gehackte Zwiebel darin glasig schwitzen.
Die Knoblauchzehen schälen, mit Salz zu einer Paste zerreiben, zur Zwiebel geben und mitschwitzen.
Die Zucchini putzen, in hauchdünne Scheiben hobeln, zum Knoblauch geben und kurz mitschwitzen.
Mit der Gemüsebrühe ablöschen, die abgetropften, grob zerkleinerten Tomaten unterheben und das Ganze einmal aufkochen lassen.
Die gehackten Kräuter und die Bandnudeln unterziehen, kurz durchschwenken, erhitzen und mit Salz, Pfeffer, Cayennepfeffer, Zucker und Sojasauce kräftig abschmecken.
Die Bandnudeln mit Zucchini dekorativ anrichten, mit dem Parmesankäse bestreuen, mit Kräuterzweigen ausgarnieren und servieren.

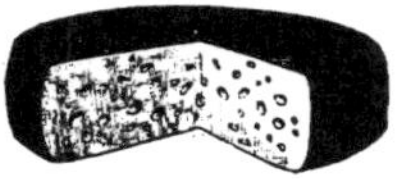

Deftige Nudelpfanne mit Käsesauce

• 400 g Nudeln • Salzwasser • 1-2 EL Olivenöl • 100 g durchwachsenen, geräucherten Speck • Jodsalz • Pfeffer aus der Mühle • 2 Becher „Käsesauce" (á 200 ml) • 1 Bund Petersilie

Die Nudeln im Salzwasser mit dem Olivenöl bissfest garen, abgießen, abschrecken, gut abtropfen lassen und bereitstellen..
Den Speck in Streifen schneiden und in einer trockenen Pfanne auslassen. • Die Nudeln dazugeben, kurz durchschwenken, erhitzen, mit Salz und Pfeffer abschmecken, die Käsesauce darauf verteilen und das Ganze erhitzen.
Die Nudeln herausnehmen, dekorativ anrichten, mit der verlesenen, gewaschenen und gehackten Petersilie bestreuen und servieren.

Rindfleischsalat

• 500 g gekochtes Rindfleisch • 2 Zwiebeln • 4 Tomaten • 1 Dose grüne Erbsen • 1 Dose Zuckermais • 1 Becher saure Sahne • 2-3 EL mittelscharfen Senf • 1/2 Tasse Obstessig • Saft von 1 Zitrone • Salz • Pfeffer aus der Mühle • 1 Prise Cayennepfeffer • 1 Prise Zucker • 1 Kopf grünen Salat • 1 Tasse gehackte Cashewkerne

- Das Rindfleisch in Würfel schneiden, die Zwiebeln schälen, fei hacken, die Tomaten enthäuten, entkernen und in Würfel schnei den. Die Erbsen und den Zuckermais gut abtropfen lassen, mit de restlichen Salatzutaten in einer Schüssel vorsichtig vermischen.
- Die saure Sahne mit dem Senf, dem Obstessig und dem Zitronen saft verrühren, mit Salz, Pfeffer, Cayennepfeffer und Zucker ab schmecken.
- Den Salat damit anmachen und kurz ziehen lassen.
- Die geputzten Kopfsalatblätter auf vier Tellern verteilen, den Rind fleischsalat darauf anrichten, mit den gehackten Cashewkernen be streuen, ausgarnieren und servieren.

Nudelsalat

• 250 g frische Champignons • Saft von 1 Zitrone • 400 g Fleischwurst • 250 g Emmentaler • 400 g bissfest gegarte Schmetterlingsnudeln • 1 kleinen Kopfsalat • 1 Becher Joghurt • 1/2 Tasse Tomatenketchup • 1/2 Becher Sahne • 1 Zwiebel • 2 EL mittelscharfen Senf • 3-4 EL Obstessig • Salz • Pfeffer aus der Mühle • 1 Prise Cayennepfeffer • 1 Prise Zucker • 1 Tasse gemischte, gehackte Kräuter

- Die Champignons putzen, in Scheiben schneiden, mit Zitronensa beträufeln und bereitstellen.
- Die Fleischwurst und den Emmentaler in feine Streifen schneide Die bissfest gegarten Nudeln erkalten lassen.
- Den Kopfsalat verlesen, waschen, gut abtropfen lassen , mit de restlichen Zutaten auf vier Tellern anrichten.
- Den Joghurt mit dem Tomatenketchup und der Sahne glatt rühre Mit der geschälten und fein gehackten Zwiebel, dem Senf und de Obstessig verrühren.
- Das Dressing mit Salz, Pfeffer, Cayennepfeffer und Zucker kräfti abschmecken und auf dem Salat verteilen.
- Den Nudelsalat dekorativ anrichten, ausgarnieren, mit den Kräuter bestreuen und sofort servieren.

SALAT MIT REIS

• 300 g Reis • 1 l Gemüsebrühe • 100 g Eisbergsalat • 200 g Briekäse • 1 Tasse geröstete Mandelsplitter • 1 Becher Crème fraîche • 1 TL Meerrettich • 1 Tasse gemischte, gehackte Kräuter • Salz • Pfeffer aus der Mühle • 1 Prise Zucker

Den Reis in die kochende Gemüsebrühe einrühren und darin bissfest garen, abgießen, abschrecken, gut abtropfen lassen und in eine Schüssel geben.
Den Eisbergsalat verlesen, waschen, gut abtropfen lassen, in Streifen oder Rauten schneiden und dekorativ auf vier Tellern anrichten.
Den Brie in Würfel schneiden, den Reis auf dem Eisbergsalat verteilen und mit den Briewürfeln bestreuen und die gerösteten Mandelsplittern darüber verteilen.
Die Crème fraîche mit dem Meerrettich glatt rühren und die gehackten Kräuter untermischen.
Die Sauce mit Salz, Pfeffer und Zucker kräftig abschmecken, gleichmäßig auf dem Salat verteilen, ausgarnieren und sofort servieren.

KARTOFFELSALAT MIT KÄSEDRESSING

• 300 g bissfest gegarte Kartoffeln • 100 g gekochten Schinken • 100 g Gouda • 100 g frische Champignons • Saft von 1 Zitrone • 1 Zwiebel • Ω Bund Radieschen • 2 Tomaten • 200 g Erbsen und Karotten (TK-Produkt) • 50 g Edelpilzkäse • 1/2 Tasse Orangensaft • 1 Becher Crème fraîche • 1 Tasse Obstessig • Salz • weißen Pfeffer • 1 Prise Zucker • 1 Msp. Cayennepfeffer • 2-3 Frühlingszwiebeln • 1 Bund Schnittlauch

Die Kartoffeln schälen, in Scheiben schneiden und in eine Schüssel geben, den Schinken und den Gouda würfeln und dazugeben.
Die Champignons verlesen, waschen, gut abtropfen lassen, in Scheiben schneiden und mit Zitronensaft beträufeln.
Die Zwiebel fein hacken. Die Radieschen waschen und in Scheiben schneiden, die Tomaten enthäuten, entkernen und würfeln.
Die Erbsen und die Karotten in Salzwasser oder Gemüsebrühe kurz blanchieren, herausnehmen und gut abtropfen lassen. Mit den restlichen Zutaten zu den Kartoffeln geben und alles vorsichtig miteinander vermischen.
Für das Dressing den Edelpilzkäse in eine Schüssel geben und mit einer Gabel zerdrücken. Den Orangensaft, die Crème fraîche und den Obstessig dazugeben und glatt rühren, mit Salz, Pfeffer, Zucker und Cayennepfeffer würzen und den Salat damit überziehen.
Den Salat dekorativ anrichten, mit fein geschnittenen Frühlingszwiebeln und Schnittlauch bestreut servieren.

Bunter Reissalat

• 600 g bissfest gegarten Reis • 1 rote Paprikaschote • 1 grüne Paprikaschote • 1 Dose Mais • 3-4 Essiggurken • 125 g Schinkenwurst • 2 Becher Dickmilch • 1/2 Tasse Apfelessig • 3-4 EL Tomatenketchup • Salz • Pfeffer aus der Mühle • 1 Spritzer Tabasco • 1 Bund Schnittlauch

- Den gegarten Reis in eine Schüssel geben und bereitstellen.
- Die Paprikaschoten putzen, waschen, gut abtropfen lassen und i Streifen schneiden.
- Den Mais gut abtropfen lassen, die Essiggurken fein würfeln, di Schinkenwurst in Würfel oder Streifen schneiden.
- Die Paprikaschoten, den Mais, die Essiggurken und die Schinker wurst zu dem Reis geben und alles gut miteinander vermischen.
- Für das Dressing die Dickmilch mit dem Apfelessig verrühren, de Tomatenketchup unterziehen, mit Salz, Pfeffer und Tabasco ab schmecken und den Reissalat damit anmachen.
- Den Salat kurz durchziehen lassen, erneut abschmecken, dekorati anrichten, mit Schnittlauchröllchen bestreuen, ausgarnieren un servieren.

Schneller Nudelsalat

• 300 g gekochte Hörnchennudeln • 1 Zwiebel • 75 g gekochten Schinken • 75 g Butterkäse • 75 g feine Salami • 1 Dose Kidneybohnen • 1 kleine Dose Spargelabschnitte • 1 kleine Dose Erbsen und Karotten • 2 Essiggurken • 1 Tasse Mayonnaise • 1 Becher Joghurt • 1 Schuss Sahne • 1-2 EL mittelscharfen Senf • 1-2 EL Tomatenketchup • 2-3 EL Obstessig • Salz • Pfeffer • 1 Prise Cayennepfeffer • 1 Prise Zucker • Salatblätter

- Die Nudeln mit der geschälten und fein gehackten Zwiebel in eir Schüssel geben.
- Den Schinken, den Butterkäse und die Salami in feine Würfel schne den und zu den Nudeln geben.
- Die Kidneybohnen, die Spargelabschnitte und die Erbsen und K rotten gut abtropfen lassen. Mit den in Scheiben geschnittenen E siggurken zu den Nudeln geben und alles vorsichtig miteinander ve mischen.
- Die Mayonnaise, den Joghurt, die Sahne, den Senf, den Tomate ketchup und den Obstessig in eine Schüssel geben und glatt rühre
- Mit Salz, Pfeffer, Cayennepfeffer und Zucker kräftig abschmecke und den Salat damit anmachen.
- Die Salatblätter dekorativ auf Tellern anrichten. Den Salat dara verteilen, ausgarnieren und servieren.

Reissalat mit Paprika

• 300 g bissfest gegarten Reis • 2 Zwiebeln • 1 rote Paprikaschote • 1 grüne Paprikaschote • 100 g frische Champignons • Saft von 1 Zitrone • 100 g Bratenreste • 100 g feine Salami • 100 g Krabben oder Crevetten • 2 Tomaten • 1 Tasse passierte Tomaten • 1 Becher Sahne • 1/2 Tasse Obstessig • 1 Tasse gemischte, gehackte Kräuter • 2 Knoblauchzehen • 1 TL Salz • Pfeffer aus der Mühle • 1 Prise Zucker • Kräuterzweige

- Den Reis mit den geschälten und fein gewürfelten Zwiebeln in eine Schüssel geben. Die Paprikaschoten halbieren, entkernen und in feine Streifen schneiden.
- Die Champignons putzen, waschen, gut abtropfen lassen, in Scheiben schneiden und mit Zitronensaft beträufeln.
- Die Bratenreste und die Salami in feine Streifen schneiden. Die Krabben oder Crevetten waschen und abtropfen lassen. Die Tomaten enthäuten und in Würfel schneiden. Die Zutaten zu dem Reis geben und vorsichtig vermischen.
- Für das Dressing die passierten Tomaten, die Sahne, den Obstessig und die gehackten Kräuter miteinander vermischen.
- Die Knoblauchzehen schälen, fein hacken, mit Salz zu einer Paste zerreiben und unter das Dressing rühren.
- Mit Salz, Pfeffer und Zucker kräftig abschmecken und den Salat damit anmachen. Den Salat dekorativ anrichten, mit Kräuterzweigen ausgarnieren und servieren.

Fruchtiger Würstchensalat

• 400 g bissfest gegarte Wellenspätzle • 1 Paar Bockwürstchen • 1 Zwiebel• 1 Apfel • Saft von 1 Zitrone • 1 kleine Dose Erbsen und Karotten • 100 g Weintrauben• 1 Tasse leichte Mayonnaise • 1 Becher Joghurt • 1/2 Tasse Tomatenketchup • 1 EL Senf • 3 EL Apfelessig • 1 TL Curry • 1/2 TL Paprikapulver • Salz • Pfeffer aus der Mühle • 1 Prise Zucker • 1 Bund Schnittlauch

- Die Wellenspätzle mit den in Scheiben geschnittenen Bockwürstchen und der gehackten Zwiebel in eine Schüssel geben. Den Apfel schälen, entkernen, in Würfel schneiden und mit Zitronensaft beträufeln. Mit den abgetropften Erbsen und Karotten zu den Wellenspätzle geben. Die Weintrauben halbieren und entkernen. Zu den Spätzle geben und vermischen.
- Die Mayonnaise, den Joghurt, den Tomatenketchup, den Senf und den Apfelessig glatt rühren. Mit Curry, Paprika, Salz, Pfeffer und Zucker kräftig würzen. Den Salat mit dem Dressing anmachen, abschmecken, anrichten und mit Schnittlauch bestreut servieren.

Hähnchensalat mit Ananas

• 500 g gebratenes Hähnchenfleisch • 1 Zwiebel • 1 kleine Dose Erbsen und Karotten • 1 kleine Dose Spargelabschnitte • 2 Scheiben Ananas • 1 Tasse leichte Mayonnaise • 1 Becher saure Sahne • 1-2 EL Currypulver • Saft von 1/2 Orange • Salz • Pfeffer • 1 Prise Zucker • 1 Hand voll Kräuter

- Das Hähnchenfleisch würfeln, mit der geschälten und fein gehackten Zwiebel in eine Schüssel geben.
- Die Erbsen und Karotten, die Spargelabschnitte und die klein geschnittenen Ananas abtropfen lassen, zum Fleisch geben und untermischen.
- Die Mayonnaise mit der sauren Sahne glatt rühren, mit Currypulver, Orangensaft, Salz, Pfeffer und Zucker kräftig abschmecken und den Salat damit anmachen. Kurz ziehen lassen, anrichten, mit gehackten Kräutern bestreuen, ausgarnieren und servieren.

Scharfer Nudelsalat

• 400 g gekochte Spiralnudeln • 1 Zwiebel • 100 g gekochten Schinken • 2 Pfirsiche • 2 Tomaten • 1 rote Paprikaschote • 1 grüne Paprikaschote • 1 Peperoni • 100 g frische Champignons • Saft von 1 Zitrone • 1 Tasse Mayonnaise • 1 Tasse Sahne • 2-3 EL Obstessig • 2-3 EL Tomatenketchup • Salz • Pfeffer • 1 Prise Cayennepfeffer • 1 Prise Curry • 1 Prise Paprikapulver • 1 Prise Zucker • etwas Weinbrand • 1 Bund Schnittlauch

- Die gekochten Spiralnudeln in eine Schüssel geben.
- Die geschälte, fein gehackte Zwiebel und den in Würfel geschnittenen Schinken dazugeben.
- Die Pfirsiche halbieren, entkernen, in Würfel schneiden, die Tomaten enthäuten und ebenfalls würfeln.
- Die Paprikaschoten halbieren, entkernen, waschen, gut abtropfen lassen und in feine Würfel oder Streifen schneiden.
- Die Peperoni waschen, halbieren, entkernen und klein schneiden.
- Die Champignons putzen, waschen, gut abtropfen lassen, in Scheiben schneiden und mit Zitronensaft beträufeln.
- Die Salatzutaten zu den Spiralnudeln geben und alles vorsichtig miteinander vermischen.
- Die Mayonnaise mit der Sahne, dem Essig und dem Tomtenketchup glatt rühren. Mit Salz, Pfeffer, Cayennepfeffer, Curry, Paprikapulver und Zucker abschmecken und mit Weinbrand aromatisieren.
- Den Salat anmachen, im Kühlschrank 10-15 Minuten ziehen lassen, abschmecken und mit frisch geschnittenem Schnittlauch bestreut servieren.

Nudel-Käsesalat

• 300 g gekochte Hörnchennudeln • 100 g gekochten Schinken • 100 g Leerdamerkäse • 100 g frische Champignons • Saft von 1 Zitrone • 1 rote Zwiebel • 1 Bund Radieschen • 2 Tomaten • 200 g Erbsen und Karotten (TK-Produkt) • Salzwasser oder Gemüsebrühe zum Blanchieren • 50 g Schafskäse • 1/2 Tasse Orangensaft • 1 Tasse Crème fraîche • 1/2 Tasse Apfelessig • Salz • weißen Pfeffer • 1 Prise Zucker • 1 Prise Cayennepfeffer • 2 Frühlingszwiebeln • 1-2 EL Schnittlacuhröllchen

- Die gekochten Nudeln in eine Schüssel geben. Den Schinken und den Leerdamerkäse würfeln und dazugeben.
- Die Champignons verlesen, waschen, gut abtropfen lassen, in Scheiben schneiden und mit Zitronensaft beträufeln, die Zwiebel schälen und fein hacken. Die Radieschen in Scheiben schneiden, die Tomaten enthäuten, entkernen und in Würfel schneiden.
- Die Erbsen und Karotten in Salzwasser oder Gemüsebrühe kurz blanchieren, herausnehmen, gut abtropfen lassen. Mit den restlichen Zutaten zu den Nudeln geben und alles miteinander vermischen.
- Für das Dressing den Schafskäse in eine Schüssel geben und mit einer Gabel zerdrücken. Den Orangensaft, die Crème fraîche und den Apfelessig dazugeben und glatt rühren. Mit Salz, Pfeffer, Zucker und Cayennepfeffer würzen und den Salat damit anmachen.
- Den Salat anrichten, mit fein geschnittenen Frühlingszwiebeln und Schnittlauch bestreut servieren.

Kartoffelgemüse aus der Folie

• 500 g Kartoffeln • 1/2 l Gemüsebrühe • 500 g Zucchini • 50 g Butter oder Margarine • 2 Zwiebeln • 2-3 Knoblauchzehen • 1 TL Salz • 1 Schuss Weißwein • Salz • Pfeffer aus der Mühle • 1 Prise Zucker • 1 Prise Muskatpulver • 1 Prise Cayennepfeffer

- Die Kartoffeln schälen und in Stifte schneiden. Die Brühe erhitzen, die Kartoffeln bissfest garen und bereitstellen.
- Die Zucchini putzen und in Stücke schneiden, in der Brühe blanchieren, herausnehmen und mit den Kartoffeln vermischen.
- Die Butter oder Margarine erhitzen und die gehackten Zwiebeln glasig schwitzen. Die Knoblauchzehen mit Salz zu einer Paste zerreiben und mit den Zwiebeln mitschwitzen.
- Das Gemüse dazugeben, mit Weißwein ablöschen, mit Salz, Pfeffer, Zucker, Muskat und Cayennepfeffer würzen und in entsprechend große Stücke Alufolie einwickeln. Im Ofen oder auf dem offenen Feuer 5-8 Minuten garen, die Folie aufreißen, ausgarnieren und servieren.

Bunter Nudelteller

• 200 g Eisbergsalat • 2 rote Zwiebeln • 1 gelbe Paprikaschote • 2 säuerliche Äpfel • Saft von 1 Zitrone • 50 g Gouda • 50 g gekochten Schinken • 50 g Salami • 1 Becher Joghurt • 1 Tasse Salatcreme • 1 Tasse Orangensaft • 2 EL mittelscharfen Senf • 4 EL Apfelessig • Salz • weißen Pfeffer aus der Mühle • 1 Prise Zucker • einige Tropfen Zitronensaft • 400 g gekochte Bandnudeln • 1 Bund Zitronenmelisse

- Den Eisbergsalat verlesen, waschen, gut abtropfen lassen und bereitstellen. Die Zwiebeln schälen und in feine Scheiben schneiden. Die Paprikaschote halbieren, entkernen und in Streifen schneiden.
- Die Äpfel schälen, entkernen, fein würfeln und sofort mit Zitronensaft beträufeln. Den Gouda, den Schinken und die Salami in feine Streifen schneiden.
- Alle Zutaten in eine Schüssel geben und alles vorsichtig miteinander vermischen. Für das Dressing den Joghurt mit der Salatcreme, dem Orangensaft, dem Senf und dem Apfelessig verrühren
- Mit Salz, Pfeffer, Zucker und Zitronensaft abrunden und den Salat damit anmachen.
- Die Bandnudeln auf Tellern dekorativ anrichten, mit dem Gemüse füllen, mit dem Dressing überziehen, ausgarnieren und mit Zitronenmelisseblättchen bestreut servieren.

Gorgonzola-Nudelsalat

• 300 g bissfest gegarte Hörnchennudeln • 200 g Lauch • 2 Zwiebeln • Gemüsebrühe zum Garen • 2 Tomaten • 1/4 l Gemüsebrühe • 2 Schalotten • 1 Becher Joghurt • 1 Tasse Mayonnaise • 100 g Gorgonzola • 2-3 EL Kräuteressig • Salz • Pfeffer aus der Mühle • 1 Prise Cayennepfeffer • 1 Prise Zucker • 1 Tasse gemischte, gehackte Kräuter

- Die bissfest gegarten Hörnchennudeln in eine Schüssel geben und bereitstellen.
- Den Lauch und die Zwiebeln putzen, in Ringe schneiden und in der Gemüsebrühe bissfest garen.
- Die Tomaten in Spalten schneiden, mit dem Lauch und den Zwiebeln unter die Nudeln heben und dekorativ anrichten.
- Für das Dressing die Schalotten schälen, fein hacken, mit dem Joghurt, der Mayonnaise, dem Gorgonzola und dem Kräuteressig in einer Schüssel verrühren.
- Das Dressing mit Salz, Pfeffer, Cayennepfeffer und Zucker kräftig abschmecken. Die gehackten Kräuter unterziehen und gut unterrühren. Das Dressing gleichmäßig auf dem Salat verteilen, den Salat ausgarnieren und sofort servieren.

Schmetterlingsnudelsalat

• 400 g bissfest gegarte bunte Schmetterlingsnudeln • 400 g frische Champignons • Saft von 1 Zitrone • 2 rote Paprikaschoten • 400 g grüne Erbsen (TK-Produkt) • Gemüsebrühe zum Garen • 8 Scheiben rohen Schinken • 1/2 Tasse Sherryessig • 2 Knoblauchzehen • 1 Tasse Schnittlauchröllchen • 1-2 EL Senf • Salz • Pfeffer aus der Mühle • 1/2 Tasse Olivenöl

- Die Schmetterlingsnudeln in eine Schüssel geben und bereitstellen. Die Champignons klein schneiden und mit Zitronensaft beträufeln.
- Die Paprikaschoten putzen, halbieren, entkernen und in feine Streifen schneiden.
- Die grünen Erbsen in der Gemüsebrühe bissfest garen, herausnehmen und gut abtropfen lassen
- Den Schinken in Streifen schneiden, mit den restlichen Zutaten zu den Nudeln geben und vermischen.
- Den Essig in eine Schüssel geben, die geschälten und fein gehackten Knoblauchzehen, die Schnittlauchröllchen und den Senf einrühren, salzen und pfeffern, das Öl tropfenweise dazugeben und das Ganze über den Salat gießen.
- Den Schmetterlingsnudelsalat kurz durchziehen lassen, nochmals abschmecken, dekorativ anrichten, ausgarnieren und servieren.

Makkaronisalat mit Früchten und Käse

• 2 Tomaten • 100 g Edamer • 100 g Camembert • 100 g Schafskäse • 1 Dose Fruchtcocktail • 400 g bissfest gegarte Makkaroni • 4 Eigelb • 2 EL mittelscharfen Senf • Saft von 1 Zitrone • 1/2 Tasse Apfelessig • 1/2 Tasse Olivenöl • Salz • Pfeffer aus der Mühle • 1 Prise Cayennepfeffer • 1 Prise Zucker • 1 Bund Schnittlauch

- Die Tomaten enthäuten, entkernen und in Würfel schneiden. Den Edamer in Streifen und den Camembert und den Schafskäse in Würfel schneiden, den Fruchtcocktail gut abtropfen lassen.
- Die Nudeln, die Tomaten, die Käsestreifen und -würfel und den Fruchtcocktail in eine Schüssel geben und gut miteinander vermischen.
- Für das Dressing das Eigelb mit dem Senf, dem Zitronensaft, dem Apfelessig und dem Olivenöl kräftig verschlagen, mit Salz, Pfeffer, Cayennepfeffer und Zucker abschmecken.
  Den Salat dekorativ anrichten, mit dem Dressing überziehen, mit dem verlesenen, gewaschenen und frisch geschnittenem Schnittlauch bestreuen, ausgarnieren und servieren.

Nudelsalat mit buntem Paprika

• 250 g Nudeln • Salzwasser • einige Tropfen Olivenöl • 4 Tomaten • 4 hart gekochte Eier • 250 g gekochten Schinken • 100 g Emmentaler • 1/2 Stange Lauch • 1/2 rote Paprikaschote • 1/2 gelbe Paprikaschote • 1/2 grüne Paprikaschote • 1/2 Tasse Obstessig • 1 Tasse Fleischbrühe • 1/2 Tasse Olivenöl • Salz • weißen Pfeffer aus der Mühle • 1 Prise Zucker • 1 Bund Schnittlauch

- Die Nudeln im kochendem Salzwasser mit dem Olivenöl bissfest garen, abgießen, abschrecken und gut abtropfen lassen.
- Die Tomaten achteln, die Eier in Scheiben schneiden, den Schinken fein würfeln, den Emmentaler in Streifen schneiden, den Lauch in feine Ringe und die Paprikaschoten in feine Streifen schneiden.
- Den Essig mit der Fleischbrühe und dem Olivenöl verrühren, mit Salz, Pfeffer und Zucker kräftig abschmecken.
- Alle Salatzutaten in einer Schüssel vermischen, mit der Marinade übergießen und mindestens eine Stunde durchziehen lassen.
- Den Nudelsalat dekorativ anrichten, mit den Schnittlauchröllchen bestreuen, ausgarnieren und servieren.

Nudelsalat mit Erbsen

• 300 g Schmetterlingsnudeln • Salzwasser • 1-2 EL Olivenöl • 600 g grüne Erbsen (TK-Produkt) • 1 Tasse Gemüsebrühe • 1 Tasse gemischte, gehackte Kräuter • 2-3 EL Olivenöl • 1 Becher Crème fraîche • Salz • Pfeffer aus der Mühle • 150 g Lachsschinken • 150 g Schafskäse

- Die Schmetterlingsnudeln im Salzwasser mit dem Olivenöl bissfest garen, abgießen, abschrecken, gut abtropfen lassen und bereitstellen.
- Die Erbsen auftauen lassen und in der Gemüsebrühe bissfest garen.
- Die gehackten Kräuter mit den Erbsen im Mixer oder mit dem Pürierstab pürieren.
- Das Olivenöl und die Crème fraîche dazugeben, alles gut vermischen und mit Salz und Pfeffer würzen.
- Den Lachsschinken und den Schafskäse in feine Würfel schneiden.
- Die Schmetterlingsnudeln auf vier Tellern anrichten, mit dem Erbsenpüree überziehen, mit den Lachsschinken- und Schafskäsewürfeln bestreuen, ausgarnieren und servieren.

Nudelsalat mit Fleischwurst

• 500 g Fleischwurst • 1 rote Zwiebel • 2 Knoblauchzehen • 1 Tasse Olivenöl • 250 g frische Champignons • Saft von 1 Zitrone • 250 g grüne Erbsen • 1 Schälchen Kirschtomaten • 400 g gekochte bunte Eiernudeln • 1 Glas Weißwein • 1/2 Tasse Obstessig • Salz • Pfeffer aus der Mühle • 1 Prise Cayennepfeffer • 1 Prise Zucker • 1 Hand voll Kräuter

- Die Fleischwurst in Würfel schneiden, mit der geschälten und fein gehackten Zwiebel und den geschälten und gehackten Knoblauchzehen in eine Schüssel geben.
- Das Olivenöl in einer Pfanne erhitzen, die geputzten und in Scheiben geschnittenen Champignons mit Zitronensaft beträufeln, ins Öl geben und anschwitzen.
- In der Zwischenzeit die grünen Erbsen und die gewaschenen und halbierten Kirschtomaten mit den bunten Eiernudeln unter die Fleischwurst heben.
- Die Champignons mit Weißwein ablöschen, den Obstessig unterrühren und einmal aufkochen lassen, mit Salz, Pfeffer, Cayennepfeffer und Zucker kräftig abschmecken, die gehackten Kräuter untermischen, das Ganze vom Herd nehmen und erkalten lassen. Anschließend unter den Salat heben.
- Den Salat dekorativ anrichten, mit dem Dressing überziehen, ausgarnieren und sofort servieren.

Chinakohlsalat

• 500 g Chinakohl • 1 kleine Dose Mandarinenfilets • 250 g Butterkäse • 1/2 Becher Sahne • 1 Tasse Mayonnaise • 1 TL Curry • 1 Msp. Cayennepfeffer • 1-2 EL Honig • 1 Schuss Mandarinensaft • einige Tropfen Zitronensaft • einige Tropfen Worcestersauce • Salz • weißen Pfeffer aus der Mühle • 1 Kästchen Kresse

- Den Chinakohl waschen, gut abtropfen lassen und in Streifen schneiden. Die Mandarinenfilets gut abtropfen lassen, dabei den Saft auffangen, und mit dem Chinakohl in eine Schüssel geben. Den Butterkäse in Würfel schneiden und dazugeben.
- Für das Dressing die Sahne mit der Mayonnaise, dem Curry, dem Cayennepfeffer, dem Honig und dem Mandarinensaft in einer Schüssel glatt rühren.
- Das Dressing mit Zitronensaft, Worcestersauce, Salz und Pfeffer kräftig abschmecken und den Salat damit anmachen.
- Den Salat dekorativ anrichten, mit der verlesenen, gewaschenen und klein geschnittenen Kresse bestreuen, ausgarnieren und servieren.

Kartoffelsalat

• 1 kg reife Fleischtomaten • 4 Schalotten • 1 kleine Pfefferschote • 800 g gekochte Kartoffeln • 1 Tasse kaltgepresstes Olivenöl • Salz • Pfeffer • 1 Bund Basilikum • 250 g Mozzarella

- Die Fleischtomaten enthäuten, entkernen und in Würfel schneiden. Die Schalotten schälen und fein hacken. Die Pfefferschote in feine Würfel schneiden. Die Kartoffeln in Scheiben schneiden und in eine Schüssel geben, mit den Tomaten, den Zwiebeln und den Pfefferschotenwürfeln vermischen.
- Das Öl mit Salz und Pfeffer würzen und das geschnittene Basilikum unterheben. Den Mozzarella in Würfel schneiden und mit dem Öl unter die Kartoffeln heben. Den Salat anrichten und servieren.

Kartoffel-Apfel-Rösti

• 750 g Kartoffeln • 1 Zwiebel • 2-3 EL saure Sahne • 2-3 EL Mehl • Salz • weißen Pfeffer • 1 Prise Muskat • 100 g geriebenen Käse • 2 säuerliche Äpfel • Saft von 1 Zitrone • Butterschmalz

- Die Kartoffeln waschen, schälen und raspeln. Die Zwiebel schälen und fein hacken, mit der sauren Sahne und dem Mehl unter die Kartoffelmasse ziehen. Die Masse mit Salz, Pfeffer und Muskat würzen und den geriebenen Käse unterziehen.
- Die Äpfel schälen, entkernen, in Scheiben schneiden, mit Zitronensaft beträufeln und bereitstellen.
- Das Schmalz erhitzen, portionsweise die Kartoffelmasse einfüllen und je eine Apfelscheibe in den Teig eindrücken. Die Apfelrösti auf beiden Seiten goldgelb ausbacken, anrichten und servieren.

Überbackene Schnittlauchkartoffeln

• 1 kg Kartoffeln • 2 EL Kümmel • 1-2 EL Butter oder Margarine • 4 Zwiebeln • 2 Knoblauchzehen • 2 EL Majoran • 1 Tasse gehackte Kräuter • Salz • Pfeffer • Muskat • Cayennepfeffer • 2 Becher Sahne • 4 Eier • 250 g geriebenen Butterkäse

- Die Kartoffeln im Salzwasser mit Kümmel in 20-25 Minuten garen. Die Kartoffeln pellen, in Scheiben schneiden und auf ein ausgefettetes Backblech verteilen. Die Butter oder Margarine erhitzen und die gehackten Zwiebeln darin glasig schwitzen.
- Die Knoblauchzehen fein hacken, zu den Zwiebeln geben und mitschwitzen. Die Zwiebeln mit Majoran und den fein gehackten Kräutern über die Kartoffeln geben, mit Salz, Pfeffer, Muskat und Cayennepfeffer kräftig würzen. Die Sahne mit den Eiern und dem geriebenen Käse verrühren, auf die Kartoffeln verteilen, in dem auf 180-200 °C vorgeheizten Backofen in 20-25 Minuten backen.

Kartoffelsalat mit Gemüse

• 600 g Kartoffeln • Salzwasser • 2 EL Kümmel • 2 Lorbeerblätter • 400 g Mischgemüse • 2 Tassen Gemüsebrühe • 1/2 Bund Frühlingszwiebeln • 1/2 Tasse Sonnenblumenöl • 2-3 Knoblauchzehen • 1-2 rote, milde Peperoni • 1/2 Tasse Estragonessig • Salz • Pfeffer • 1 Prise Muskat • 1 Prise Cayennepfeffer • 1 Prise Zucker • 2 hart gekochte Eier • Kräuterzweige zum Garnieren

- Die Kartoffeln unter fließendem Wasser abbürsten und in einen Topf geben. Das Salzwasser angießen, den Kümmel und die Lorbeerblätter dazugeben, die Kartoffeln in 20-25 Minuten garen, abgießen, leicht erkalten lassen, pellen und in Würfel oder Scheiben schneiden.
- Das Gemüse putzen, waschen und in kleine Würfel schneiden. Die Gemüsebrühe erhitzen und das Gemüse darin bissfest garen, herausnehmen, gut abtropfen lassen und zu den Kartoffeln geben.
- Die Frühlingszwiebeln putzen, in Scheiben schneiden, in der Gemüsebrühe erhitzen und mit den restlichen Zutaten anrichten.
- Das Sonnenblumenöl in einer Pfanne erhitzen und die fein gehackten Knoblauchzehen darin anschwitzen.
- Die Peperoni waschen, in Scheiben schneiden, ins Knoblauchfett geben und kurz mitschwitzen.
- Die Gemüsebrühe und den Estragonessig angießen und einmal aufkochen lassen. Das Ganze mit Salz, Pfeffer, Muskat, Cayennepfeffer und Zucker abschmecken.
- Die hart gekochten Eier pellen, achteln, zum Salat geben. Den Salat mit dem noch warmen Dressing gleichmäßig überziehen, mit Kräuterzweigen ausgarnieren und sofort servieren.

Kartoffeln mit Knoblauch

• 800 g Salzkartoffeln • 75 g Butter oder Margarine • 3-4 Knoblauchzehen • 2 Karotten • Saft von 1 Orange • 1 Tasse Gemüsebrühe • Salz • Pfeffer aus der Mühle • 1 Prise Cayennepfeffer • 1 Prise Zucker

- Die Salzkartoffeln bissfest garen, abgießen und warm stellen.
Die Butter oder Margarine in einem Topf erhitzen, die Knoblauchzehen schälen und in Spalten schneiden. Die Karotten schälen und in feine Streifen schneiden. In die Butter oder Margarine geben und bei mäßiger Hitze kurz dünsten. Den Orangensaft und etwas Gemüsebrühe angießen und die Karotten darin bissfest garen.
Die Salzkartoffeln darunter heben, kurz aufkochen lassen, das Ganze mit Salz, Pfeffer, Cayennepfeffer und Zucker abschmecken, anrichten, ausgarnieren und sofort servieren.

Vespersalat mit Meerrettichsauce

• 200 g gekochten Schinken • 1 rote Paprikaschote • 1 grüne Paprikaschote • 4 Karotten • 4 Tomaten • 2 rote Zwiebeln • 2 Chicorèestauden • 1 Becher Sahne • 2 Äpfel • 1 Zwiebel • 3-4 EL Sahnemeerrettich • Salz • Pfeffer • einige Tropfen Zitronensaft • Zucker • 1 Prise Cayennepfeffer • 1 Kästchen Kresse

- Den Schinken in Streifen oder Würfel schneiden, die Paprikaschoten putzen, halbieren, entkernen, waschen, gut abtropfen lassen und in Streifen schneiden. Die Karotten putzen, waschen, in Scheiben schneiden.
- Die Tomaten waschen, den Strunk herausschneiden und die Tomaten in mundgerechte Stücke schneiden. Die Zwiebeln schälen, in feine Scheiben schneiden. Den Chicorée halbieren, den Strunk herausschneiden, die Blätter waschen und gut abtropfen lassen, mit den restlichen Salatzutaten in eine Schüssel geben und vorsichtig miteinander vermischen.
- Den Salat anrichten. Die Sahne mit den geschälten, entkernten und fein geriebenen Äpfeln und der gehackten Zwiebel vermischen.
- Den Sahnemeerrettich in das Dressing einrühren, das Ganze mit Salz weißem Pfeffer, Zitronensaft und Zucker sowie Cayennepfeffer abschmecken. Den Salat mit dem Dressing beträufeln, mit der gehackten Kresse bestreuen, ausgarnieren und sofort servieren.

Spinatsalat

• 400 g junge Spinatblätter • 2 rote Zwiebeln • 4 Tomaten • 200 g Schafs- oder Ziegenkäse • 200 g kalten Braten • 1 Glas gemischte, entsteinte Oliven • 4 Eigelb • 2-3 EL mittelscharfen Senf • Saft von 1 Zitrone • 1 Tasse Estragonessig • 2 Knoblauchzehen • 1 TL Salz • 2 Tassen Olivenöl • Salz • Pfeffer • 1 Prise Cayennepfeffer • einige Tropfen Worcestersauce • 1 Bund Schnittlauch

- Die Spinatblätter waschen, gut abtropfen lassen und in Stücke zerpflücken. Die Zwiebeln schälen und in feine Scheiben schneiden.
- Die Tomaten enthäuten, entkernen und würfeln. Den Käse und den kalten Braten in Würfel schneiden und die Oliven abtropfen lassen.
- Die Salatzutaten in eine Schüssel geben und alles vorsichtig miteinander vermischen. Das Eigelb mit dem Senf, dem Zitronensaft, dem Estragonessig und den mit Salz zerriebenen Knoblauchzehen in eine Schüssel geben und mit dem Schneebesen verschlagen.
- Das Olivenöl tropfenweise einrühren. Mit Salz, Pfeffer, Cayennepfeffer und Worcestersauce abschmecken. Den geschnittenen Schnittlauch untermischen. Den Salat mit dem Dressing anmachen anrichten, ausgarnieren und servieren.

Weisskrautsalat

• 500 g Weißkraut • 2 EL Salz • 1/2 Tasse Essig • 75 g durchwachsenen, geräucherten Speck • 1 Zwiebel • 1 Tasse Gemüsebrühe • 1 Tasse Weißweinessig • Salz • Pfeffer aus der Mühle • 1 Prise Zucker • 6 EL Sonnenblumenöl • 1/2 Bund Frühlingszwiebeln • 200 g Fleischwurst • Petersilie zum Garnieren

- Das Weißkraut putzen, waschen, achteln, den Strunk herausschneiden und die Kohlblätter in feine Streifen schneiden, in eine Schüssel geben, mit Salz bestreuen, den Essig dazugeben und mit den Händen so lange kneten, bis der Kohl geschmeidig ist.
- Den Speck in feine Würfel schneiden, in einer Pfanne ohne Fett auslassen und herausnehmen. Die Zwiebel in Scheiben schneiden, ins verbliebene Bratfett geben und glasig schwitzen. Mit der Gemüsebrühe und dem Weißweinessig auffüllen, mit Salz, Pfeffer und Zucker abschmecken und das Öl darunter schlagen.
- Das Weißkraut, die Speckwürfel, die Frühlingszwiebelscheiben und die in Würfel geschnittene Fleischwurst mischen und alles mit der heißen Marinade übergießen.
Den Weißkrautsalat 30 Minuten durchziehen lassen, dekorativ anrichten, mit Petersilie bestreuen und servieren.

Sellerie-Karotten-Salat

• 400 g Bleichsellerie • 4 Karotten • 1 Zwiebel • 2 EL Olivenöl • 2 Knoblauchzehen • 1 TL Salz • 1 Tasse Brühe • 1 Tasse Crème fraîche • Saft von 1 Zitrone • 3 EL Obstessig • 1 TL Kräuter der Provence • 4 Tomaten • Salz • Pfeffer • 1 Prise Cayennepfeffer • einige Tropfen Worcestersauce • 1 Bund Zitronenmelisse

Den Bleichsellerie und die Karotten putzen und in mundgerechte Stücke schneiden, die Zwiebel schälen und in Würfel schneiden.
Das Olivenöl in einem Topf erhitzen und die geschälten und mit Salz zerriebenen Knoblauchzehen darin anschwitzen. Das Gemüse ins Fett geben und mitschwitzen. Mit der Gemüsebrühe auffüllen und bei mäßiger Hitze bissfest dünsten.
Die Crème fraîche einrühren, kurz aufkochen lassen, mit Zitronensaft, Obstessig und den Kräutern der Provence verfeinern. Vom Feuer nehmen und erkalten lassen.
Die Tomaten enthäuten, entkernen und in Würfel schneiden, unter den Salat heben, mit Salz, Pfeffer, Cayennepfeffer und Worcestersauce abschmecken.
Den Salat anrichten, mit Zitronenmelisseblättchen ausgarnieren und servieren.

Eisbergsalat mit Sahnedressing

• 1 kleinen Kopf Eisbergsalat • 3-4 Tomaten • 100 g Zuckermais • 100 g grüne Erbsen • 2 rote Zwiebeln • 250 ml Buttermilch • 2-3 EL Sahnemeerrettich • Saft von 1 Zitrone • 1-2 EL Honig • Salz • Pfeffer aus der Mühle • 1 Prise Zucker • 1 Bund Schnittlauch

- Den Eisbergsalat verlesen, waschen, gut abtropfen lassen, in mundgerechte Stücke zerpflücken oder in Streifen schneiden und in eine Schüssel geben.
- Die Tomaten enthäuten, entkernen und in Würfel schneiden. Den Mais und die Erbsen gut abtropfen lassen, mit den Tomaten zum Eisbergsalat geben und alles vorsichtig vermischen.
- Für das Dressing die Buttermilch mit dem Sahnemeerrettich, dem Zitronensaft und dem Honig in einer Schüssel glatt rühren.
- Mit Salz, Pfeffer und Zucker kräftig würzen und den verlesenen, gewaschenen und fein geschnittenen Schnittlauch untermischen.
- Das Dressing zum Salat geben, vorsichtig untermischen, nochmals abschmecken, anrichten, den Salat ausgarnieren und servieren.

Sellerierohkost mit Frühlingszwiebeln

• 500 g Sellerie • Saft von 1 Zitrone • 1 Bund Frühlingszwiebeln • 200 g Frischkäse mit Kräutern • 1 Tasse Sahne • 1 Tasse eingeweichte Rosinen • 1/2 Tasse Sonnenblumenkerne • Salz • Pfeffer aus der Mühle • 1 Prise Cayennepfeffer • 1 Prise Zucker • 1 Bund Schnittlauch

- Den Sellerie schälen, grob raspeln, mit Zitronensaft beträufeln und in eine Schüssel geben.
- Die Frühlingszwiebeln putzen, waschen und in feine Ringe schneiden, zum Sellerie geben und untermischen.
- Den Frischkäse mit der Sahne in eine Schüssel geben und glatt rühren. Die Rosinen und die gehackten Sonnenblumenkerne mit dem Frischkäse unter die Apfelrohkost ziehen und das Ganze mit Salz, Pfeffer, Cayennepfeffer und Zucker kräftig abschmecken.
- Die Sellerierohkost dekorativ anrichten, mit dem verlesenen, gewaschenen und fein geschnittenen Schnittlauch bestreuen, ausgarnieren und sofort servieren.

Tellersülze

• 1 kg Schweinenacken • 1 l Gemüse- oder Fleischbrühe • 1 Tasse Obstessig • 1 Bund Suppengemüse • 2 Zwiebeln • 2 Lorbeerblätter • einige Nelken • einige Pfefferkörner • einige Senfkörner • 12-16 kleine Essiggurken • 4 Tomaten • 1/2 l entfettete Fleischbrühe • 10-12 Blatt weiße Gelatine • Salz • weißen Pfeffer aus der Mühle • 1 Prise Zucker • 1 Bund Petersilie oder andere Kräuter

- Den Schweinenacken unter fließendem Wasser waschen, die Gemüse- oder Fleischbrühe und den Essig in einem Topf erhitzen, das geputzte Suppengemüse und die klein geschnittenen Zwiebeln dazugeben und zum Kochen bringen.
- Das Fleisch in den Sud geben, die Lorbeerblätter, die Nelken, die Pfefferkörner, die Senfkörner und das Fleisch in 60-70 Minuten garen, herausnehmen, erkalten lassen und in Scheiben schneiden.
- Die Bratenscheiben in tiefe Teller legen, die Essiggurken halbieren, in Fächer schneiden und auf den Braten legen.
- Die Tomaten waschen, den Strunk herausschneiden, in Scheiben schneiden und darauf anrichten.
- Die entfettete Brühe erhitzen, die Blattgelatine in kaltem Wasser einweichen, in die Brühe geben und vollständig auflösen lassen. Das Ganze mit Salz, Pfeffer und Zucker abschmecken.
- Die Brühe in die Teller gießen, so dass die gesamten Zutaten bedeckt sind. Anschließend die verlesenen Kräuter einlegen und das Ganze im Kühlschrank vollständig erkalten lassen. Die Tellersülze anrichten und mit Bratkartoffeln oder Bauernbrot servieren.

Rettichrohkost mit Sahnedressing

• 1 weißen Rettich • 2 Bund Radieschen • 2 säuerliche Äpfel • Saft von 1 Zitrone • 1 Becher Sahne • 1 Becher Sahnedickmilch • Salz • Pfeffer aus der Mühle • 1 Tasse Haselnusskerne • 1 Bund Schnittlauch

Den Rettich schälen, sehr grob raspeln, die Radieschen putzen, waschen, gut abtropfen lassen und in dünne Stifte schneiden.
Die Äpfel waschen, halbieren, das Kerngehäuse herauslösen und die Äpfel grob raspeln, mit Zitronensaft beträufeln, mit den restlichen Salatzutaten vermischen.
Die Sahne mit der Sahnedickmilch verrühren, mit Salz und Pfeffer abschmecken und die Rettichrohkost damit anmachen, anrichten, ausgarnieren und mit den Haselnusskernen und dem frisch geschnittenen Schnittlauch bestreut servieren.

Überbackene Schinkenbrote

• 4 Scheiben Bauernbrot • Butter zum Bestreichen • 4-6 Tomaten • Kräutersalz • Pfeffer aus der Mühle • 100 g gekochten Schinken • 16 gefüllte Oliven • 150 g geriebenen Gouda • Kräuterzweige zum Garnieren

- Die Bauernbrotscheiben dünn mit Butter bestreichen.
- Die Tomaten waschen, halbieren, den Strunk herausschneiden, di Tomaten in Scheiben schneiden und die Brote damit belegen. Mi Kräutersalz und Pfeffer würzen.
- Den Schinken in Streifen schneiden und auf die Tomaten streuen die in Scheiben geschnittenen Oliven darauf anrichten.
- Den geriebenen Käse darüber streuen und die Schinkenbrote im au 180-200 °C vorgeheizten Backofen so lange überbacken, bis de Käse schmilzt.
- Die überbackenen Schinkenbrote herausnehmen, dekorativ anrich ten, mit Kräuterzweigen ausgarnieren und sofort servieren.

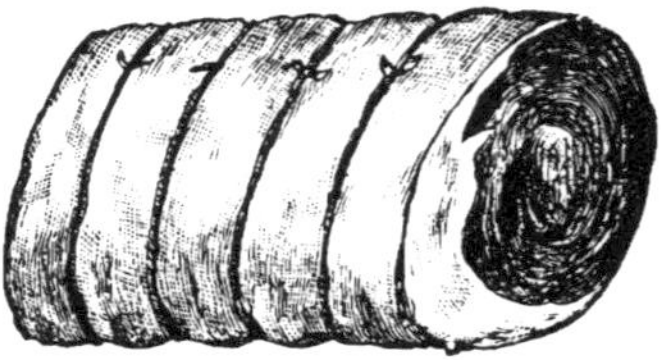

Sauerkrautsalat

• 300 g mildes, feines Sauerkraut • 1 Zwiebel • 4 Scheiben Ananas • 2 Becher Joghurt • 1 Bund Petersilie • Salz • weißen Pfeffer aus der Mühle • 1 Prise Zucker • 1 Prise Cayennepfeffer

- Das Sauerkraut je nach Säure unter fließendem Wasser wasche gut abtropfen lassen, grob hacken und in eine Schüssel geben. Di Zwiebel schälen, in feine Würfel schneiden und zum Kraut geben
- Die Ananas in Würfel schneiden und unter das Sauerkraut mische Für das Dressing den Joghurt glatt rühren, die verlesene, gew schene und fein gehackte Petersilie untermischen.
- Das Dressing mit Salz, Pfeffer, Zucker und Cayennepfeffer kräfti abschmecken und den Salat damit anmachen, anrichten, ausga nieren und sofort servieren.

Gemüsesülze

• 1-2 EL Butter oder Margarine • 1 Bund Frühlingszwiebeln • 200 g gemischte Pilze • 400 g Mischgemüse • 1 Schuss Weißwein • 1/2 l Gemüse- oder Fleischbrühe • 1/2 Tasse Obstessig • 10-12 Blatt weiße Gelatine • Salz • Pfeffer aus der Mühle • 1 Prise Cayennepfeffer • 1 Prise Muskat • 1 Prise Zucker • 1 Hand voll Kräuter • 8-12 Scheiben Schinken

Die Butter oder Margarine in einer Pfanne erhitzen und die geputzten und klein geschnittenen Frühlingszwiebeln darin glasig schwitzen.
Die Pilze verlesen, waschen, klein schneiden, zu den Frühlingszwiebeln geben und kurz mitschwitzen. Das Mischgemüse putzen, in kleine Würfel schneiden, zu den Zwiebeln geben und ebenfalls kurz mitgaren.
Mit Weißwein ablöschen und mit der Gemüse- oder Fleischbrühe auffüllen. Bei mäßiger Hitze fünf Minuten köcheln lassen.
Den Essig einrühren und einmal aufkochen lassen. Die gewässerte Blattgelatine in den Sud geben und vollständig auflösen lassen.
Das Ganze mit Salz, Pfeffer, Cayennepfeffer, Muskat und Zucker kräftig abschmecken, vom Feuer nehmen und die verlesenen, gewaschenen und fein gehackten Kräuter unterziehen. Die Schinkenscheiben in tiefen Tellern anrichten, mit dem Sud und der Einlage überziehen, im Kühlschrank vollständig erkalten lassen, anschließend ausgarnieren und mit Speckkartoffeln servieren.

Weisskrautsalat mit Speck

• 1 kg Weißkraut • Gemüse- oder Fleischbrühe • 200 g durchwachsenen, geräucherten Speck • 2 Zwiebeln • Salz • Pfeffer • 1 Prise Zucker • einige Tropfen Obstessig • einige Tropfen Sonnenblumenöl • 1 Bund gehackte Petersilie

Das Weißkraut putzen, halbieren, den Strunk herausschneiden, den Kohl fein hobeln, mit kochender Gemüse- oder Fleischbrühe übergießen und 5-10 Minuten ziehen lassen.
Den Speck in feine Würfel schneiden, in einer trockenen Pfanne auslassen, die Zwiebeln dazugeben und kurz mitbraten.
Das Weißkraut gut abtropfen lassen, die Speck-Zwiebelmischung einrühren und das Ganze mit Salz, Pfeffer, Zucker, Obstessig und Sonnenblumenöl abschmecken.
Den Weißkrautsalat gut durchziehen lassen, anrichten, mit der Petersilie bestreuen und servieren.

Pikanter Hüttenkäse

• 500 g bissfest gegarten Spargel • 2 EL Butter oder Margarine • 1 Zwiebel • 4 Karotten • 1 TL Kerbel • 1 Glas Weißwein • 1/4 l Gemüsebrühe • 1 Hand voll Kapuzinerkresseblätter und -blüten • 2 Becher Hüttenkäse • 1 Schuss Sahne • 2 Knoblauchzehen • 1 TL Salz • 1 kleine Zucchini • 1 Zwiebel • Salz • Pfeffer aus der Mühle • 1 Prise Zucker • 1 Prise Cayennepfeffer • 1 TL gemahlenen Kümmel • 1/2 TL gemahlenen Koriander • 1 Bund Schnittlauch

- Den Spargel in mundgerechte Stücke schneiden, in eine Schüsse geben und bereitstellen.
- Die Butter oder Margarine in einem Topf erhitzen und die geschäl te, fein gehackte Zwiebel darin anschwitzen.
- Die Karotten schälen und in Scheiben schneiden. Zu den Zwiebel geben und kurz mitschwitzen.
- Den Kerbel darüber streuen, mit Weißwein ablöschen und mit de Gemüsebrühe auffüllen. Die Karotten bei mäßiger Hitze bissfest ga ren. Vom Feuer nehmen und gut abtropfen lassen, mit der verlese nen, gewaschenen und fein geschnittenen Kapuzinerkresse zur Spargel geben und vermischen.
- Für das Dressing den Hüttenkäse mit der Sahne, den mit Salz zer riebenen Knoblauchzehen, der geriebenen Zucchini und der fein ge hackten Zwiebel vermischen. Mit Salz, Pfeffer, Zucker, Cayenne pfeffer, Kümmel und Koriander kräftig abschmecken.
- Den Salat anrichten, mit dem Hüttenkäse überziehen, mit frisch ge schnittenem Schnittlauch bestreuen und servieren.

Orangen-Radieschen-Salat

• 4 Orangen • Saft von 2 Zitronen • 2 Bund Radieschen • 1 Becher Sahne • 1-2 EL mittelscharfen Senf • 2-3 EL Apfelgelee • einige Tropfen Zitronensaft • einige Tropfen Worcestersauce • Sal • weißen Pfeffer aus der Mühle • 1 Tasse gehackte Cashewkerne

- Die Orangen schälen und das Fruchtfleisch in Würfel schneiden, m Zitronensaft beträufeln. Die Radieschen verlesen, waschen und i feine Stifte schneiden, mit den Orangen in eine Schüssel geben un vorsichtig vermischen.
- Für das Dressing die Sahne mit dem Senf und dem Apfelgelee in e ner Schüssel verrühren, mit Zitronensaft, Worcestersauce, Salz un weißem Pfeffer aus der Mühle abschmecken und den Salat dam anmachen.
- Den Salat 10 Minuten durchziehen lassen, nochmals abschmecker anrichten, ausgarnieren und mit den Cashewkernen bestreu servieren.

CREMIGE ROSENKOHLSUPPE

MITTERNACHTSIMBISS

OMELETT MIT SPINATFÜLLUNG

MEERRETTICHKLÖSSCHEN

GEFÜLLTE RADICCHIOKUGELN

WURSTKNÖPFLE AUF SAUERKRAUT

ROTKOHL-KÜRBIS-GEMÜSE

SOJAPFANNE

SCHILLERLOCKEN-EIER-PFANNE

FLADENPIZZA

CHAMPIGNON-LEBER-PFANNE

SEELACHS AUF GEMÜSE

SCHELLFISCHKOTELETTS

KALBSFILT MIT BANANEN

GEFÜLLTE KALBSSCHNITZEL

KASSELERBRATEN MIT KÄSEKRUSTE

SCHWEINEROLLBRATEN

ROSMARIN-SAUERBRATEN

GEFÜLLTE APFEL-LAMMBRUST

CHAMPIGNONSALAT

Broccoli-Blumenkohl-Salat

• 250 g Broccoliröschen • 250 g Blumenkohlröschen • 1/4 l Gemüsebrühe • 4 Karotten • 250 g gekochten Schinken • 250 g Butterkäse • 1 Becher Sahne • 1 Becher Joghurt • 1 Tasse Mayonnaise • 2-3 EL geriebenen Sahnemeerrettich • 1-2 EL Honig • Salz • Pfeffer aus der Mühle • 1 Prise Cayennepfeffer • 1 Prise Zucker • 3-4 EL gehackte Walnüsse • 1 Bund Schnittlauch

Die Broccoliröschen und die Blumenkohlröschen in Stücke schneiden. Die Brühe erhitzen, die Broccoliröschen und die Blumenkohlröschen bissfest garen, herausnehmen und bereitstellen.
Die Karotten mit dem Buntmesser in Scheiben schneiden, in der Gemüsebrühe bissfest garen, herausnehmen und zum Gemüse geben. Den Schinken in Würfel schneiden, zum Gemüse geben und alles vorsichtig miteinander vermischen. Den Butterkäse in Würfel schneiden und unter das Gemüse heben.
Für das Dressing die Sahne mit dem Joghurt, der Mayonnaise, dem Sahnemeerrettich und dem Honig in einer Schüssel glatt rühren. Das Dressing mit Salz, Pfeffer, Cayennepfeffer und Zucker abschmecken, die gehackten Walnusskerne und den verlesenen, gewaschenen und fein geschnittenen Schnittlauch untermischen.
Das Dressing gleichmäßig über den Salat verteilen, vorsichtig vermischen, dekorativ anrichten, ausgarnieren und servieren.

Apfel-Zungen-Salat

• 1 kleiner Kopf Eisbergsalat • 4 säuerliche Äpfel • Saft von 1 Zitrone • 250 g gekochte Rinderzunge • 2 rote Zwiebeln • 1 Tasse Apfelsaft • 1 Zwiebel • 1/2 Tasse Zitronenessig • 1/2 Tasse Traubenkernöl • Salz • Pfeffer aus der Mühle • 1 Bund Zitronenmelisse

Den Eisbergsalat verlesen, waschen und in Stücke zerpflücken. Die Äpfel waschen, entkernen, in Scheiben schneiden und mit Zitronensaft beträufeln.
Die Rinderzunge in feine Streifen schneiden. Die Zwiebeln in Scheiben schneiden. Die Salatzutaten in einer Schüssel vermischen.
Für das Dressing den Apfelsaft, die geschälte, fein gehackte Zwiebel, den Zitronensaft und den Zitronenessig erhitzen und kurz köcheln lassen.
Den Apfelsaft vom Feuer nehmen, mit dem Traubenkernöl im Mixer oder mit dem Pürierstab pürieren. Mit Salz und Pfeffer abschmecken und die verlesene, gewaschene und fein geschnittene Zitronenmelisse untermischen.
Das Dressing gleichmäßig über dem Salat verteilen, vorsichtig vermischen und dekorativ anrichten, ausgarnieren und servieren.

KÄSESUPPE MIT SPECK

• 100 g durchwachsenen, geräucherten Speck • 1 Bund Suppengemüse • 200 g frische Waldpilze • Saft von 1/2 Zitrone • 1 Glas Weißwein • 1/2 l Gemüsebrühe • 1 Becher Sahne • 125 g geriebenen Tilsiter • je 1/2 Tasse Estragon und Kerbel • Salz • Pfeffer aus der Mühle • 1 Prise Muskat • 1 Prise Zucker • 1 Kästchen Kresse

- Den in feine Würfel geschnittenen Speck darin auslassen. Das Suppengemüse klein schneiden, zum Speck geben und kurz mit schwitzen.
- Die Pilze putzen, waschen, in Scheiben schneiden, mit dem Zitronensaft beträufeln, zur Speck-Gemüse-Mischung geben und ebenfalls mitschwitzen. Mit Weißwein ablöschen, mit der Brühe auffüllen und das Ganze 6-8 Minuten köcheln lassen.
- Die Sahne und den geriebenen Tilsiter untermischen und so lang rühren, bis sich der Käse aufgelöst hat.
- Die fein gehackten Kräuter untermischen. Mit Salz, Pfeffer, Muska und Zucker würzen. Zuletzt mit der fein geschnittene Kresse be streuen, ausgarnieren und sofort servieren.

ÜBERBACKENE ZWIEBELSUPPE

• 2 EL Butterschmalz • 500 g Zwiebeln • 1/4 l Weißwein • 1/2 l Gemüse- oder Fleischbrühe • Salz • weißen Pfeffer • 1 TL Majoran • 1 TL geriebene Zitronenschale • 1 TL Kümmel • 4 Eier • 4 EL Milch • 1 Hand voll Schnittlauch • 4 Scheiben Toastbrot • 125 g geriebenen Käse

- Das Butterschmalz in einem Topf erhitzen und die geschälten un in Scheiben geschnittenen Zwiebeln darin glasig schwitzen.
- Mit Weißwein ablöschen und mit Gemüse- oder Fleischbrühe au füllen.
- Mit Salz, Pfeffer, Majoran, der Zitronenschale und dem Kümmel wü zen und das Ganze bei mäßiger Hitze 10-15 Minuten köcheln la sen.
- Anschließend die Eier mit der Milch verschlagen, durch ein Sieb die kochende Suppe rühren. Das Ganze bei mäßiger Hitze weite 4-5 Minuten ziehen lassen.
- Nach Ende der Garzeit die Zwiebelsuppe noch einmal kräftig a schmecken und den verlesenen, gewaschenen und in Röllchen g schnittenen Schnittlauch unterziehen.
- Die Suppe anrichten, mit den Toastbrotscheiben abdecken, mit K se bestreuen und im Ofen oder unter dem Grill goldgelb übe backen. Herausnehmen und sofort servieren.

Gemüsecremesuppe

• 1-2 EL Butter oder Margarine • 1 Zwiebel • 250 g Kartoffeln • 250 g Knollensellerie • 1/2 l Gemüse- oder Geflügelbrühe • 1 Becher Sahnedickmilch • 100 g Sahneschmelzkäse • Salz • Pfeffer aus der Mühle • 1 Prise Cayennepfeffer • 1 Prise Zucker • 2 EL fein gehacktes Selleriekraut

- Die Butter oder Margarine in einem Topf erhitzen und die geschälte und fein gehackte Zwiebel darin glasig schwitzen.
- Die Kartoffeln und den Knollensellerie schälen, waschen, gut abtropfen lassen, in Würfel schneiden, zu den Zwiebeln geben und kurz mitschwitzen.
- Mit der Gemüse- oder Geflügelbrühe auffüllen und bei mäßiger Hitze 15-20 Minuten köcheln lassen.
- Die Suppe im Mixer oder mit dem Pürierstab pürieren, die Sahnedickmilch und den Sahneschmelzkäse dazugeben und unter ständigem Rühren erhitzen, bis der Käse geschmolzen ist.
- Die Suppe mit Salz, Pfeffer, Cayennepfeffer und Zucker kräftig abschmecken und das verlesene, gewaschene und fein gehackte Selleriekraut untermischen. Die Gemüsecremesuppe dekorativ anrichten, ausgarnieren und sofort servieren.

Gemüsesuppe mit Rauchfleisch

• 2 EL Butter oder Margarine • 1 Zwiebel • 200 g Kartoffeln • 200 g Sellerie • 1 Glas Weißwein • 1/2 l Gemüsebrühe • Salz • Pfeffer aus der Mühle • 1 Prise Muskat • einige Tropfen Zitronensaft • einige Tropfen Worcestersauce • 1 Becher Sahnedickmilch • 3 Eigelb • 250 g Rauchfleisch • 2 Tassen gehackte Kräuter

Die Butter oder Margarine in einem Topf erhitzen und die geschälte, fein gehackte Zwiebel darin glasig schwitzen.
Die Kartoffeln und den Sellerie waschen, schälen, in feine Würfel schneiden, zu den Zwiebeln geben und kurz mitschwitzen.
Das Ganze mit Weißwein ablöschen und mit der Gemüse- oder Geflügelbrühe auffüllen.
Die Suppe zum Kochen bringen, mit Salz, Pfeffer, Muskat, Zitronensaft und Worcestersauce kräftig abschmecken und bei mäßiger Hitze 15-18 Minuten köcheln lassen.
Die Sahnedickmilch mit dem Eigelb verrühren, die Suppe damit legieren.
Das Rauchfleisch in kleine Würfel schneiden, in die Suppe legen und erhitzen. Die gehackten Kräuter unter die Suppe ziehen, die Suppe dekorativ anrichten, ausgarnieren und servieren.

Gemüse-Reissuppe mit Eierstich

• 1-2 EL Butter oder Margarine • 1 Zwiebel • 2 Karotten • 250 g Broccoli • 150 g Reis • 1 l Gemüsebrühe • 100 g grüne Erbsen (TK-Produkt) • 1 Stange Lauch • Salz • Pfeffer aus der Mühle • 1 Prise Muskat • 1/4 l Milch • 4 Eier • 1/2 Bund Zitronenmelisse

- Die Butter oder Margarine erhitzen und die fein gehackte Zwiebe darin glasig schwitzen. Die Karotten und den Broccoli klein schnei den, zur Zwiebel geben und kurz mitschwitzen.
- Den Reis waschen, gut abtropfen lassen, zum Gemüse geben, kur mitschwitzen und mit der Gemüsebrühe auffüllen.
- Die Suppe bei mäßiger Hitze in 15-20 Minuten garen. Die Erbse und den Lauch putzen, den Lauch in Ringe schneiden und beide etwa 8-10 Minuten vor Garende in die Suppe geben, mit Salz, Pfef fer und Muskat kräftig abschmecken.
- Die Milch mit den Eiern verschlagen, mit Salz, Pfeffer und Muska abschmecken, in eine Schüssel füllen und unter ständigem Rühre im Wasserbad zu Eierstich garen.
- Die Gemüse-Reissuppe mit nochmals kräftig abschmecken, den Ei erstich würfeln, unter die Suppe heben, die Suppe anrichten, aus garnieren und servieren.

Blumenkohlsuppe

• 1-2 EL Butter oder Margarine • 1 Zwiebel • 1 Bund Suppengemüse • 350 g Blumenkohl • 150 g Reis • 1 l Gemüsebrühe • Salz • Pfeffer • 1 Prise Muskat • 1/2 Bund Schnittlauch

- Die Butter oder Margarine in einem Topf erhitzen und die fein ge hackte Zwiebel darin glasig schwitzen. Das Suppengemüse in kle ne Würfel schneiden, zur Zwiebel geben und mitschwitzen.
- Den Blumenkohl in kleine Röschen zerteilen, mit dem gewaschene Reis zum Gemüse geben, kurz mitschwitzen und mit der Gemüse brühe auffüllen.
- Die Suppe 15-20 Minuten leicht köcheln lassen, anschließend m Salz, Pfeffer und Muskat kräftig abschmecken und anrichten.
- Mit dem verlesenen, gewaschenen und in feine Röllchen geschni tenen Schnittlauch bestreuen und sofort servieren.

Spinatsuppe

• 500 g Blattspinat • 2-3 EL Olivenöl • 1 Zwiebel • 2-3 Knoblauchzehen • 1 TL Salz • 150 g Langkornreis • 1 l Gemüsebrühe • Salz • Pfeffer aus der Mühle • 1 Prise Muskat • 1 Prise Zucker • 1 Becher geschlagene Sahne

Den Spinat verlesen, waschen, gut abtropfen lassen und in mundgerechte Stücke schneiden.
Das Olivenöl erhitzen und die geschälte und fein gehackte Zwiebel darin anschwitzen.
Die Knoblauchzehen schälen, fein hacken, mit Salz zu einer Paste zerreiben, zu den Zwiebeln geben und kurz mitschwitzen.
Den Spinat dazugeben und unter ständigem Rühren 4-5 Minuten braten.
Den Langkornreis waschen, gut abtropfen lassen und unterrühren, mit der Gemüsebrühe auffüllen, zum Kochen bringen und bei mäßiger Hitze 20-25 Minuten köcheln lassen.
Die Suppe mit Salz, Pfeffer, Muskat und Zucker abschmecken, anrichten, mit der geschlagenen Sahne ausgarnieren und servieren.

Broccolisuppe mit Toaststernen

• 500 g Broccoli • 100 g geräucherten, durchwachsenen Speck • 1 Zwiebel • 1-2 EL Butter oder Margarine • 2 EL Mehl • 1 l Gemüsebrühe • Salz • weißen Pfeffer aus der Mühle • 1 Prise Muskat • 2 EL weiche Butter oder Margarine 5-6 EL geriebenen Gouda • 1 Bund Petersilie • 1 Prise Selleriesalz • 4 Scheiben Toastbrot ohne Rinde

Den Broccoli putzen, waschen und in Röschen verteilen.
Den Speck in dünne Streifen schneiden, die Zwiebel schälen und fein hacken.
Die Butter oder Margarine in einem Topf erhitzen, den Speck darin auslassen, die Zwiebel dazugeben und glasig schwitzen.
Das Ganze mit Mehl bestäuben, die Gemüsebrühe angießen und einmal aufkochen lassen.
Den Broccoli dazugeben und in 10-15 Minuten bissfest garen. Mit Salz, Pfeffer und Muskat abschmecken.
In der Zwischenzeit die weiche Butter oder Margarine mit dem Gouda und der verlesenen, gewaschenen und fein gehackten Petersilie vermischen und mit Selleriesalz und Pfeffer kräftig würzen
Die Toastbrotscheiben mit einem Sternausstecher ausstechen, mit der Käsebutter bestreichen und das Ganze im auf 250 °C vorgeheizten Backofen acht Minuten überbacken. Die Broccolisuppe anrichten, ausgarnieren und mit den Toaststernen servieren.

Gemüsesuppe mit Käseklösschen

• 1-2 EL Butter • 1 Zwiebel • 2 rote Paprikaschoten • 1 Stange Lauch • 400 g Broccoliröschen • 1 Schuss Weißwein • 1/2 l Gemüsebrühe • 2 Lorbeerblätter • einige Nelken • 1 Zimtstange • Salz • Pfeffer aus der Mühle • 1 Prise Muskat • 1 Prise Cayennepfeffer • 1 in Milch eingeweichtes, altbackenes Brötchen • 2 Eier • 100 g Semmelbrösel • 75 g fein geriebenen Käse • 1 Tasse gemischte, gehackte Kräuter

- Die Butter erhitzen und die geschälte und fein gehackte Zwiebel d rin glasig schwitzen.
- Die Paprikaschoten putzen, entkernen und in Streifen schneide zur Zwiebel geben und mitschwitzen.
- Den Lauch putzen, in Ringe schneiden, den Broccoli verlesen, w schen und in Röschen teilen. Beides zum Paprika geben und m schwitzen.
- Mit Weißwein ablöschen, mit der Gemüsebrühe auffüllen und e Gewürzsäckchen mit Lorbeerblättern, Nelken und Zimtstange in d Brühe legen. Die Suppe zum Kochen bringen, bei mäßiger Hit 15-20 Minuten köcheln lassen.
- Für die Käseklößchen das Brötchen ausdrücken, mit den Eiern, d Semmelbröseln und dem Käse zu einer Masse verrühren und d Kräuter untermischen. Aus der Masse kleine Klößchen formen, di se in die Suppe einlegen und gar ziehen lassen. Die Gemüsesup mit Käseklößchen anrichten, ausgarnieren und servieren.

Kohlrabisuppe

• 1-2 EL Butter • 1 Zwiebel • 150 g Kartoffeln • 350 g Kohlrabi • 1 Schuss Weißwein • 3/4 l Gemüse- oder Geflügelbrühe • 1/4 l Milch • 150 g geriebenen Butterkäse • Salz • Pfeffer • 1 Prise Muskat • 1 Tasse gemischte, gehackte Kräuter • 1/8 l süße Sahne • Borretschblüten zum Garnieren

- Die Butter erhitzen und die gehackte Zwiebel glasig schwitzen. D Kartoffeln schälen in Würfel schneiden, die Kohlrabi putzen und fe hobeln, beides zur Zwiebel geben und mitschwitzen.
- Das Gemüse mit Weißwein ablöschen, mit der Brühe auffüllen u 15-20 Minuten köcheln lassen. Die Milch angießen, einmal aufk chen lassen und im Mixer pürieren. Zwei Drittel des geriebenen Bu terkäse unter die Kohlrabisuppe ziehen und nochmals erhitzen. M Salz, Pfeffer und Muskat kräftig abschmecken.
- Die fein gehackten Kräuter untermischen und mit der süßen Sah verfeinern. Die Kohlrabisuppe anrichten, mit dem restlichen Kä bestreuen, mit Borretschblüten ausgarnieren und servieren.

Gemüsesuppe mit Käseflädle

• 2 Eier • 1 EL Mehl • 50 g geriebenen Gouda • 1 Tasse Milch • Salz • weißen Pfeffer aus der Mühle • 1 Prise Muskat • 1 Bund Schnittlauch • Butter oder Margarine zum Ausbacken • 1-2 EL Butter oder Margarine • 1 Zwiebel • 1 Bund Suppengrün • 3/4 l Gemüsebrühe • 1 Tasse gemischte, gehackte Kräuter

Die Eier mit dem Mehl, dem geriebenen Gouda und der Milch in eine Schüssel geben und zu einem glatten Teig verrühren. Den Teig mit Salz, Pfeffer und Muskat abschmecken und den verlesenen, gewaschenen und fein geschnittenen Schnittlauch unterziehen.
Butter oder Margarine in einer Pfanne erhitzen, portionsweise den Teig einfüllen und dünne Pfannkuchen ausbacken.
Anschließend auf eine Arbeitsfläche legen, zusammenrollen und erkalten lassen. Mit einem scharfen Messer die Pfannkuchen in Streifen schneiden und bereitstellen.
Für die Brühe die Butter oder Margarine erhitzen. Das Gemüse putzen, in Streifen schneiden, ins Fett geben und glasig schwitzen.
Die Gemüsebrühe angießen und zum Kochen bringen. Mit Salz, Pfeffer und Muskat abschmecken und 6-8 Minuten garen. Die Pfannkuchenstreifen auf vier Tellern anrichten, mit der Gemüsesuppe übergießen, mit gehackten Kräutern bestreuen, ausgarnieren und servieren.

Kartoffelrahmsuppe

• 2 EL Pflanzenöl • 1 Zwiebel • 6 mittelgroße Kartoffeln 1/2 l Gemüsebrühe • 200 ml Crème fraîche • 250 g Champignons • Saft von 1 Zitrone • Salz • Pfeffer aus der Mühle • 1 Prise Muskat • 1 Bund Petersilie

Das Öl in einem Topf erhitzen und die geschälte und fein gehackte Zwiebel darin glasig schwitzen.
Die Kartoffeln schälen, würfeln, zur Zwiebel geben und kurz mitschwitzen.
Mit der Gemüsebrühe auffüllen, bei mäßiger Hitze die Kartoffeln 10-15 Minuten köcheln lassen.
Die Suppe im Mixer oder mit dem Pürierstab pürieren, in einen Topf geben, die Crème fraîche unterrühren und das Ganze kurz aufkochen lassen.
Die geputzten Champignons in Scheiben schneiden, mit Zitronensaft beträufeln, unter die Suppe geben und kurz mitkochen.
Die Suppe mit Salz, Pfeffer und Muskat kräftig abschmecken, anrichten, ausgarnieren und mit der verlesenen, gewaschenen und fein gehackten Petersilie bestreut servieren.

Gemüsesuppe

• 1-2 EL Butterschmalz • 2 Zwiebeln • 250 g Kartoffeln • 250 g Sellerie • 2 bunte Paprikaschoten • 1 Schuss Weißwein • 3/4 l Gemüsebrühe • 1 Prise Meersalz • Pfeffer aus der Mühle • 1 Prise Cayennepfeffer • 1 Prise Muskat • 1 EL Majoran • 1 Glas süßsauer eingelegte Kürbiswürfel aus dem Reformhaus • 4 Scheiben Vollkornbrot • 2-3 EL Butter oder Margarine • 1 Bund Schnittlauch

- Das Butterschmalz in einem Topf erhitzen und die geschälten ur fein gehackten Zwiebeln darin glasig schwitzen.
- Die Kartoffeln schälen und den Sellerie putzen, beides in Würf schneiden, zu den Zwiebeln geben und kurz mitschwitzen.
- Die Paprikaschoten halbieren, entkernen, waschen, in Streife schneiden, zum Gemüse geben und ebenfalls kurz mitschwitzen.
- Mit Weißwein ablöschen, mit der Gemüsebrühe auffüllen, mit Mee salz, Pfeffer, Cayennepfeffer, Muskat und Majoran kräftig al schmecken und bei mäßiger Hitze 20 Minuten garen.
- Kurz vor Garende die gut abgetropften süßsauren Kürbiswürfel u ter die Suppe heben und erhitzen.
- Die Gemüsesuppe nochmals abschmecken, die Vollkornbrotsche ben dünn mit Butter oder Margarine bestreichen und mit dem ve lesenen, gewaschenen und fein geschnittenen Schnittlauch b streuen.
- Die Suppe dekorativ anrichten, die Schnittlauchbrote dazugebe das Ganze ausgarnieren und sofort servieren.

Gemüse-Nudel-Suppe

• 1-2 EL Butter oder Margarine • 1 Zwiebel • 400 g Mischgemüse • 3/4 l Gemüsebrühe • 1 Prise Salz • Pfeffer aus der Mühle • 1 Prise Muskat • 75 g Suppennudeln • 1 Bund Schnittlauch

- Die Butter oder Margarine in einem Topf erhitzen und die gesch te und fein gehackte Zwiebel darin glasig schwitzen.
- Das geputzte und in kleine Würfel geschnittene Mischgemüse d zugeben und kurz mitschwitzen.
- Mit der Gemüsebrühe auffüllen und bei mäßiger Hitze 10 Minut köcheln lassen, mit Salz, Pfeffer und Muskat kräftig würzen.
- Die Suppennudeln dazugeben und bissfest garen.
- Die Suppe nochmals abschmecken, anrichten, ausgarnieren ur mit Schnittlauchröllchen bestreut, servieren.

Pilzsuppe

• 1-2 EL Butter oder Margarine • 1 Zwiebel • 200 g Sellerie • 200 g Kartoffeln • 2-3 EL Haferflocken • 1 Schuss Weißwein • 1/2 l Gemüsebrühe • 1 Becher Crème fraîche • 1 Gas Mischpilze oder Pfifferlinge • Saft von 1 Zitrone • Salz • Pfeffer aus der Mühle • 1 Prise Muskat • 1 Prise Zucker • 1 Bund Basilikum

- Die Butter oder Margarine in einem Topf erhitzen und die geschälte und fein gehackte Zwiebel darin glasig schwitzen.
- Den Sellerie putzen, waschen, die Kartoffeln schälen, beides würfeln, zur Zwiebel geben und kurz mitschwitzen. Mit den Haferflocken bestreuen und ebenfalls kurz mitschwitzen lassen.
- Mit Weißwein ablöschen und mit der Gemüsebrühe auffüllen, bei mäßiger Hitze die Kartoffeln 10-15 Minuten köcheln lassen.
- Die Suppe im Mixer oder mit dem Pürierstab pürieren, in einen Topf geben, die Crème fraîche unterrühren und kurz aufkochen lassen.
- Die Pilze gut abtropfen lassen, unter die Suppe geben und kurz mitkochen.
- Die Suppe mit Zitronensaft, Salz, Pfeffer, Muskat und Zucker abschmecken, anrichten, ausgarnieren und mit verlesenen, gewaschenen und fein geschnittenen Basilikumblättchen bestreut servieren.

Griessnockerl-Suppe

• 80 g Butter oder Margarine • 120 g Hartweizengrieß • 2 Eier • 1 Prise Salz • 1 Prise Muskat • Salzwasser oder Gemüsebrühe zum Garen • Gemüse- oder Fleischbrühe zum Servieren • 1 Bund Schnittlauch

Die Butter oder Margarine in eine Schüssel geben und schaumig schlagen.
Die Hälfte des Grieß zum Fett geben und kräftig darunter schlagen. Anschließend die Eier dazugeben und ebenfalls darunter schlagen. Zum Schluss den restlichen Grieß kräftig darunter schlagen und mit Salz und Muskat abschmecken, das Ganze kurz ziehen lassen.
Das Salzwasser oder die Gemüsebrühe erhitzen, mit zwei Teelöffeln Nockerln formen, diese in die kochende Flüssigkeit legen und 15-20 Minuten ziehen lassen.
Die Gemüse- oder Fleischbrühe erhitzen, die Brühe anrichten, die Nockerln einlegen, mit frisch geschnittenem Schnittlauch bestreuen und servieren.

Pfifferlingsragout

*• 1-2 EL Butter oder Margarine • 1 Zwiebel
• 400 g frische Pfifferlinge • 1 Schuss Weißwein
• 3/8 l gebundene Helle Sauce • 2 Becher Sahne • Salz
• Pfeffer • 1 Prise Cayennepfeffer • 1 Prise Zucker
• 1 Hand voll Kräuter •*

- Die Butter oder Margarine in einer Pfanne erhitzen und die geschälte und fein gehackte Zwiebel darin glasig schwitzen.
- Die Pilze putzen, verlesen, je nach Bedarf klein schneiden, zur Zwiebel geben und kurz mitschwitzen. Mit Weißwein ablöschen, mit der gebundenen Hellen Sauce und der Sahne auffüllen und das Ganze bei mäßiger Hitze 4-5 Minuten köcheln lassen.
- Mit Salz, Pfeffer, Cayennepfeffer und Zucker kräftig abschmecken.
- Die Kräuter verlesen, waschen, fein hacken und ebenfalls unterziehen. Das Pilzragout nochmals kräftig abschmecken, dekorativ anrichten, ausgarnieren und sofort servieren.

Auberginen überbacken

*• 250 g bissfest gegarten Reis • 75 g durchwachsenen,
geräucherten Speck • 1 Zwiebel • 50 g Edamer • Salz
• Pfeffer aus der Mühle • 1-2 EL Butter • 1 Zwiebel
• 1 Bund Suppengemüse • 1/4 l Gemüsebrühe
• 2 große Auberginen • 100 g geriebenen Butterkäse
• 1 Tasse gehackte Kräuter*

- Den Reis in eine Schüssel geben und bereitstellen. Den Speck in feine Würfel schneiden, in einer trockenen Pfanne auslassen, herausnehmen und zum Reis geben.
- Die Zwiebel schälen, fein hacken, im verbliebenen Bratfett glasig schwitzen, mit dem Edamer zum Reis geben, alles gut vermischen und mit Salz und Pfeffer würzen.
- Die Butter in einer Auflaufform erhitzen. Die Zwiebel und das Suppengemüse schälen und klein schneiden, in der Butter anschwitzen, die Gemüsebrühe angießen und das Ganze fünf Minuten garen.
- Die Auberginen putzen, längs halbieren und aushöhlen. Das Fruchtfleisch würfeln und unter den Reis heben, die ausgehöhlten Auberginen salzen, die Reismasse einfüllen, mit dem geriebenen Butterkäse bestreuen und im auf 180-200 °C vorgeheizten Backofen 15-20 Minuten überbacken.
- Die Auberginen herausnehmen, dekorativ anrichten, mit den Kräutern bestreuen, ausgarnieren und servieren.

Rotkohlrouladen

• 1 kleinen Kopf Rotkohl • 2 Zwiebeln • 1-2 EL Butter oder Margarine • 300 g Mischgemüse (TK-Produkt) • 200 g bissfest gegarten Reis • 2 Eier • 150 g geriebenen Butterkäse • Salz • Pfeffer • 1 Prise Muskat • Fett für die Form • 1 Tasse gemischte, gehackte Kräuter • 1/4 l gebundene Tomatensauce (Fertigprodukt) • 1 TL Kräuter der Provence • 150 g Mozzarella

- Den Rotkohl putzen, die Blätter ablösen, den Strunk herausschneiden und jeweils zwei bis drei Blätter auf einer Arbeitsfläche übereinander legen.
- Die Zwiebeln schälen, fein hacken und in der erhitzten Butter oder Margarine glasig schwitzen. Das Gemüse putzen und in feine Würfel schneiden, zur Zwiebel geben und kurz mitschwitzen.
- Den Reis, die verschlagenen Eier und den Butterkäse unterheben, mit Salz, Pfeffer und Muskat würzen und die Kräuter untermischen, auf den Rotkohlblättern verteilen und diese zu Rouladen aufrollen.
- Eine Auflaufform ausfetten, die Rouladen einsetzen, die Tomatensauce mit den Kräutern der Provence würzen und dazugeben.
- Den Mozzarella in Scheiben schneiden, auf die Rouladen legen und das Ganze im auf 180-200 °C vorgeheizten Backofen 25-30 Minuten garen. Die Rotkohlrouladen anrichten und servieren.

Überbackene Pfannkuchen mit Spinat

• 250 g Weizenvollkornmehl • 400 ml Milch • 2 Eier • 2 Eiweiß • 1 Prise Salz • 1 EL Olivenöl • 2 Zwiebeln • 2-3 Knoblauchzehen • 1 kg Blattspinat • 2 Tassen Gemüsebrühe • Salz • Pfeffer aus der Mühle • 1 Prise Muskat • 1 Bund Schnittlauch • 100 g Edamer • 1 Becher saure Sahne • 1-2 EL Sesamsamen

Das Mehl mit der Milch, den Eiern, dem Eiweiß und einer Prise Salz in eine Schüssel geben und glatt rühren. Das Öl erhitzen, portionsweise Pfannkuchen ausbacken, herausnehmen und warm stellen.
Die Zwiebeln und die Knoblauchzehen fein hacken und im Bratfett glasig schwitzen. Den Blattspinat verlesen, klein schneiden, zu den Knoblauchzwiebeln geben und kurz mitdünsten.
Die Brühe angießen, aufkochen lassen, mit Salz, Pfeffer und Muskat abschmecken und den und Schnittlauch untermischen.
Den Spinat vom Feuer nehmen die Hälfte des Käses unterrühren, auf den Pfannkuchen verteilen, zusammenrollen und in eine ausgefettete Auflaufform schichten. Den restlichen Käse mit der sauren Sahne vermischen und die Pfannkuchen damit übergießen, in dem auf 180-200 °C vorgeheizten Backofen 10-15 Minuten überbacken, anrichten, mit den Sesamsamen bestreuen und servieren.

Reis mit Champignon-Sauce

• 1-2 EL Butter oder Margarine • 2 Zwiebeln • 2 Knoblauchzehen • 1 TL Salz • 250 g frische Champignons • Saft von 1 Zitrone • 100 g Kirschtomaten • 1 Becher Sahne • 1 Becher Frischkäse mit Schinken • Salz • Pfeffer aus der Mühle • 1 Prise Zucker • 1 Prise Cayennepfeffer • 1 Bund Basilikum • 600 g bissfest gegarten Reis

- Die Butter oder Margarine in einer Pfanne erhitzen und die geschälten und fein gehackten Zwiebeln darin glasig schwitzen.
- Die Knoblauchzehen ebenfalls schälen, fein hacken, mit Salz zu einer Paste zerreiben, zu den Zwiebeln geben und mitschwitzen.
- Die geputzten und in Scheiben geschnittenen Champignons mit Zitronensaft beträufeln und zu den Zwiebeln geben.
- Die Kirschtomaten waschen, vierteln und ebenfalls zu den Zwiebeln geben.
- Die Sahne mit dem Frischkäse verrühren, dazugeben und einmal aufkochen lassen, mit Salz, Pfeffer, Zucker und Cayennepfeffer kräftig würzen und das verlesene, gewaschene und fein geschnittene Basilikum unterrühren.
- Den bissfest gegarten Reis erhitzen, dekorativ anrichten, mit der Pilzsauce überziehen, ausgarnieren und servieren.

Reis mit Gemüsesauce

• 1 Knoblauchzehe • 1 gelbe Paprikaschote • 100 g frische Champignons • Saft von 1/2 Zitrone • 2 Tomaten • 1 EL eingelegte Kapern • 10 gefüllte Oliven • 50 g gekochten Schinken • Salz • Pfeffer aus der Mühle • 600 g bissfest gegarten Reis • Basilikum zum Bestreuen

- Die Knoblauchzehe schälen und eine Schüssel damit ausreiben.
- Die Paprikaschote putzen, waschen, entkernen und in feine Streifen schneiden.
- Die Champignons putzen, in Scheiben schneiden und mit dem Zitronensaft beträufeln. Die Tomaten waschen, vierteln, entkernen und alles in eine Schüssel geben.
- Die eingelegten Kapern, die in Scheiben geschnittenen Oliven und den gewürfelten Schinken dazugeben und alles gut miteinander vermischen. Mit Salz und Pfeffer würzen.
- Den Reis dazugeben und gut durchmischen, dekorativ anrichten, mit Basilikumblättchen bestreuen, ausgarnieren und servieren.

Reis mit Hackfleischküchlein

• 1 Zwiebel • 1-2 EL Pflanzenöl • 300 g Langkornreis • Gemüsebrühe zum Garen • 250 g gemischtes Hackfleisch • 1 Zwiebel • 1 1/2 eingeweichte und gut ausgedrückte Brötchen • 1 Ei • 50 g klein gewürfelte Salami • 100 g geriebenen Emmentaler • Salz • Pfeffer aus der Mühle • 2-3 EL Semmelbrösel • 30 g Butter oder Margarine • 1/2 l gebundene Tomatensauce (Fertigprodukt) • 1 Prise Paprikapulver • 1 Bund Schnittlauch

Die Zwiebel schälen, fein hacken und im erhitzten Pflanzenöl glasig schwitzen. Den Reis dazugeben, kurz mitschwitzen, die Gemüsebrühe angießen und den Reis in 20 Minuten bissfest garen, abgießen, abschrecken, gut abtropfen lassen und warm stellen.
Das Hackfleisch mit der fein gehackten Zwiebel, den ausgedrückten Brötchen, dem Ei, der klein geschnittenen Salami und dem gewürfelten Emmentaler zu einer geschmeidigen Masse verarbeiten. Mit Salz und Pfeffer würzen und Küchlein formen. Die Semmelbrösel in einen Teller geben und die Küchlein darin wenden.
Die Butter oder Margarine in einer Pfanne erhitzen und die Küchlein darin von allen Seiten braten, herausnehmen und warm stellen. Den Bratensatz mit der Tomatensauce loskochen, mit Salz, Pfeffer und Paprikapulver kräftig abschmecken und die restliche Salami und den Käse einrühren.
Die Hackfleischküchlein auf dem Reis dekorativ anrichten, mit der Sauce überziehen, mit dem frisch geschnittenen Schnittlauch bestreuen, ausgarnieren und servieren.

Reispfanne mit kaltem Braten

• 2-3 EL Butter • 2 Zwiebeln • 1 Knoblauchzehe • 400 g kalten Braten • 1 kleine Dose Pfifferlinge • 500 g bissfest gegarte Langkornreis • 1 Becher saure Sahne • 150 ml Wasser • Salz • Pfeffer aus der Mühle • 1 Prise Zucker • 1 TL Senf • 1/2 Bund Petersilie

Die Butter in einem Topf erhitzen und die geschälten und fein gehackten Zwiebeln darin glasig schwitzen. Den kalten Braten in Streifen schneiden, zu der Zwiebel geben und mitbraten.
Die Pfifferlinge gut abtropfen lassen, je nach Geschmack klein schneiden und mit dem bissfest gegarten Reis ebenfalls dazugeben. Das Ganze unter ständigem Wenden 4-5 Minuten anbraten, mit saurer Sahne und Wasser auffüllen, mit Salz, Pfeffer und Zucker würzen und mit Senf abrunden.
Die Reispfanne anrichten, mit der verlesenen, gewaschenen und fein gehackten Petersilie bestreuen, ausgarnieren und servieren.

Gemüsereis

• 2-3 EL Olivenöl • 1 Zwiebel • 1-2 Knoblauchzehen • 1 TL Salz • 250 g Langkornreis • 1/2 l Gemüsebrühe • 1 Bund Suppengemüs • 250 g Blumenkohlröschen • 200 g frische Steinpilze • Saft von 1 Zitrone • 2 Zucchini • 1 Becher Sahne • 125 g geriebenen Butterkäse • Salz • Pfeffer aus der Mühle • 1 Prise Muskat • 1 Prise Cayennepfeffer • 1 Prise Paprikapulver • 1 Tasse gemischte, gehackte Kräuter

- Das Olivenöl erhitzen und die gehackte Zwiebel glasig schwitze Die Knoblauchzehen mit Salz zu einer Paste zerreiben, mit dem Re zur Zwiebel geben und mitschwitzen.
- Die Brühe angießen, zum Kochen bringen und den Reis bei geri ger Hitze in 60 Minuten ausquellen lassen. Das Suppengemüse pu zen und in Würfel schneiden, die Blumenkohlröschen in Stücke ze teilen und das Gemüse 20 Minuten vor Garende zum Reis geben
- Die Pilze putzen, in Scheiben schneiden und sofort mit Zitronensa beträufeln, die Zucchini in feine Streifen schneiden und mit den P zen zehn Minuten vor Garende zum Reis geben.
- Die Sahne mit dem geriebenen Käse verrühren, mit Salz, Pfeff Muskat, Cayennepfeffer und Paprikapulver kräftig abschmecken.
- Nach Ende der Garzeit mit den Kräutern unter den Reis ziehen, a richten, ausgarnieren und servieren.

Schnelle Reispfanne

• 1-2 EL Olivenöl • 2 Zwiebeln • 2 Knoblauchzehen • 200 g gekochten Schinken • 1 Stange Lauch • 4 Tomaten • 400 g gekochten Reis • 1/2 l Gemüse- oder Fleischbrühe • 2 EL Curry • 3-4 EL Mangochutney • Johannisbrotkernmehl • Sa • Pfeffer • 1 Prise Cayennepfeffer • einige Tropfen Obstessig

- Das Olivenöl erhitzen, die Zwiebeln und die Knoblauchzeh schälen, fein hacken, ins Öl geben und glasig schwitzen. Den Schi ken in Würfel schneiden zu den Knoblauchzwiebeln geben und dü sten.
- Den Lauch putzen, in Streifen schneiden, waschen, gut abtropf lassen, zum Schinken geben und kurz mitschwitzen.
- Die Tomaten enthäuten, entkernen, in Würfel schneiden, mit de gekochten Reis unter das Gemüse heben, mit der Gemüse- od Fleischbrühe auffüllen, mit Curry und Mangochutney würzen u das Ganze bei mäßiger Hitze 8-10 Minuten köcheln lassen.
- Anschließend die schnelle Reispfanne mit Johannisbrotkernme leicht binden, mit Salz, Pfeffer, Cayennepfeffer und Obstess nochmals abschmecken.
- Den Eintopf dekorativ anrichten, ausgarnieren und sofort serviere

Schinken-Reis-Pfanne mit Paprika und Käse

• 300 g Rundkornreis • 2-3 EL Butter oder Margarine • 1 Zwiebel • 1 Knoblauchzehe • 100 g gekochten Schinken • 1 rote Paprikaschote • 1 grüne Paprikaschote • 3/4 l Gemüse- oder Fleischbrühe • 1 Zucchini • 4 Tomaten 150 g geriebenen Gouda • Salz • Pfeffer • 1 Prise Cayennepfeffer • 1 Prise Muskat • 1/2 Becher Sahne • 1 Hand voll Kräuter

Den Rundkornreis waschen, abtropfen lassen und bereitstellen. Die Butter oder Margarine in einer Auflaufform erhitzen, die Zwiebel und die Knoblauchzehe schälen, fein hacken und glasig schwitzen. Den Schinken in feine Würfel schneiden,dazugeben und kurz mitschwitzen.
Die Paprikaschoten in Streifen schneiden, zum Schinken geben und kurz mitgaren.
Den Reis unterheben, glasig werden lassen, mit Gemüse- oder Fleischbrühe auffüllen, erhitzen und anschließend im auf 180-200 °C vorgeheizten Backofen in 20-25 Minuten garen.
In der Zwischenzeit die Zucchini putzen, in kleine Würfel schneiden. Die Tomaten enthäuten, entkernen und ebenfalls würfeln. Zucchini- und Tomatenwürfel mit dem gewürfelten Gouda unter dem Reis heben und das Ganze mit Salz, Pfeffer, Cayennepfeffer und Muskat kräftig abschmecken.
Mit der Sahne verfeinern und weitere 10 Minuten garen. Das Schinken-Reis-Pfanne mit Paprika und Käse dekorativ anrichten, mit den fein gehackten Kräutern bestreuen, ausgarnieren und servieren.

Schinkenrisotto mit Ananas

1 Zwiebel • 1 rote Paprikaschote • 1-2 EL Margarine • 200 g Reis • 1/2 l Fleischbrühe • 1 Dose Ananaswürfel • 250 g gekochten Schinken • 1/2 Tasse gemischte, gehackte Kräuter

Die Zwiebel und die Paprikaschote würfeln und der erhitzten Margarine anschwitzen. Den Reis dazugeben und kurz mitbraten.
Mit der Fleischbrühe auffüllen und den Reis bei geringer Wärmezufuhr 20 Minuten quellen lassen. Die Ananaswürfel gut abtropfen lassen, den Schinken würfeln, alles zum Reis geben und mitgaren.
Das Schinkenrisotto mit Ananas dekorativ anrichten, mit den gehackten Kräutern bestreuen und sofort servieren.

Reis mit Rosenkohl

• 1-2 EL Butter oder Margarine • 1 Zwiebel • 2 Karotten • 400 g Rosenkohl • 200 g Langkornreis • 3/4 l Gemüsebrühe • 1 Stange Lauch • Salz • Pfeffer aus der Mühle • 1 Prise Muskat • Kräuterzweige zum Garnieren

- Die Butter oder Margarine in einem Topf erhitzen und die geschä te und fein gehackte Zwiebel darin glasig schwitzen.
- Die Karotten und den Rosenkohl putzen, klein schneiden, zur Zwi bel geben und kurz mitschwitzen.
- Den Langkornreis waschen, gut abtropfen lassen, zum Gemüse g ben, kurz mitschwitzen und mit der Gemüsebrühe auffüllen. De Eintopf bei mäßiger Hitze in 15-20 Minuten garen.
- Den Lauch putzen, in Ringe schneiden und etwa 8-10 Minuten v Garende in den Eintopf geben, mit Salz, Pfeffer und Muskat kräft abschmecken.
- Den Eintopf nochmals erhitzen, anrichten, mit Kräuterzweigen au garnieren und servieren.

Tomaten-Reispfanne mit Pilzen

• 2-3 EL Butter oder Margarine • 2 Zwiebeln • 1 Knoblauchzehe • 300 g frische Champignons • einige Tropfen Zitronensaft • 600 g bissfest gegarten Langkornreis • 1 Dose geschälte Tomate • Salz • weißen Pfeffer • 1 Prise Cayennepfeffer • 1 Bund Basilikur • 2 Tassen geriebenen Käse • Kräuterzweige zum garnieren

- Die Butter oder Margarine erhitzen und die geschälten und fein g hackten Zwiebeln darin glasig schwitzen. Die Knoblauchzel schälen und fein hacken, zu den Zwiebeln geben und kurz m schwitzen.
- Die Champignons in Scheiben schneiden, mit Zitronensaft beträ feln, zu den Zwiebeln geben und ebenfalls mitgaren.
- Den Reis unterheben und alles gut vermischen. Die Tomaten mit e ner Gabel zerdrücken. Mit dem Saft unter den Reis heben, das Gan kräftig durchschwenken und erhitzen.
- Die Reispfanne mit Salz, Pfeffer und Cayennepfeffer kräftig a schmecken und das verlesene, gewaschene und fein gehackte B silikum unterziehen.
- Die Hälfte des Käses unter die Tomaten-Reispfanne heben, deko tiv anrichten, mit dem restlichen Käse bestreuen, mit Kräuterzw gen ausgarnieren und sofort servieren.

Gemüse-Reispfanne

• 10 g getrocknete, gemischte Pilze • 1/8 l lauwarmes Wasser • 150 g durchwachsenen, geräucherten Speck • 2 Zwiebeln • 1-2 Knoblauchzehen • 1 Dose Mischpilze • 200 g Naturreis • 600 ml Hühner- oder Gemüsebrühe • 2 Fenchelknollen • 3 Tomaten • Salz • Pfeffer aus der Mühle • Fenchelgrün zum Garnieren

- Die Pilze mit dem lauwarmen Wasser übergießen und über Nacht einweichen. Den Speck in feine Würfel schneiden und in einer trockenen Pfanne auslassen. Die Zwiebeln und die Knoblauchzehen schälen und fein hacken, zum Speck geben und glasig schwitzen.
- Die Pilze abgießen und gut abtropfen lassen, nach Geschmack zerkleinern, zum Speck geben und mitschwitzen. Den Reis dazugeben, die Hühner- oder Gemüsebrühe angießen und den Reis 30 Minuten quellen lassen.
- Den Fenchel putzen und in mundgerechte Stücke schneiden, die Tomaten waschen, den Strunk herausschneiden und die Tomaten achteln. Beides kurz vor Garende zum Reis geben und mitgaren.
- Nach Ende der Garzeit die Gemüse-Reispfanne mit Salz und Pfeffer würzen, dekorativ anrichten, mit dem gewaschenen und fein gehackten Fenchelgrün bestreuen, ausgarnieren und servieren.

Pilzragout

• 1-2 EL Butter oder Margarine • 1 Zwiebel • 100 g durchwachsenen, geräucherten Speck • 1 Bund Frühlingszwiebeln • 1 große Dose Mischpilze • 1/2 l gebundene Bratensauce • 100 g geriebenen Edelpilzkäse • 1 Becher Sahne • 1 Hand voll Kräuter • Salz • Pfeffer aus der Mühle • einige Tropfen Zitronensaft • einige Tropfen Worcestersauce • 4 Portionen bissfest gegarten Reis

- Die Butter oder Margarine in einem Topf erhitzen, die geschälte und fein gehackte Zwiebel und den in Würfel geschnittenen Speck darin anschwitzen.
- Die klein geschnittenen Frühlingszwiebeln dazugeben und kurz mitschwitzen.
- Die gut abgetropften Mischpilze unterziehen, mit der Bratensauce auffüllen und bei mäßiger Hitze 10-15 Minuten köcheln lassen.
- Den geriebenen Edelpilzkäse mit der Sahne einrühren, die gehackten Kräuter untermischen.
- Das Pilzragout mit Salz, Pfeffer, Zitronensaft und Worcestersauce abschmecken.
- Den erhitzten Reis anrichten, mit dem Pilzragout überziehen, ausgarnieren und servieren.

Pilzragout im Reisrand

• 50 g durchwachsenen, geräucherten Speck • 1 EL Butter oder Margarine • 1 Zwiebel • 1-2 Knoblauchzehen • 500 g frische Wiesenchampignons • 1 Glas Rotwein • 1/4 l Bratensauce (Fertigprodukt) • 1 Becher Crème fraîche • Salz • Pfeffer aus der Mühle • 2 Tassen Reis • 4 Tassen Fleisch- oder Gemüsebrühe • 6-8 Cocktailtomaten • 1 Tasse grüne Erbsen (TK-Produkt) • Kräuterzweige zum Garnieren

- Den Speck in feine Würfel schneiden und in einer trockenen Pfanne auslassen. Herausnehmen und die Butter oder Margarine dazugeben.
- Die Zwiebel und die Knoblauchzehen schälen und fein hacken, in die Butter geben und glasig schwitzen. Die frischen Wiesenchampignons putzen und halbieren oder vierteln, zur Zwiebel geben und kurz mitschwitzen. Mit dem Rotwein ablöschen, die Bratensauce angießen, mit der Crème fraîche verfeinern und mit Salz und Pfeffer kräftig abschmecken.
- Den Reis waschen und in der erhitzten Fleisch-oder Gemüsebrühe in 20 Minuten ausquellen lassen. Fünf Minuten vor Garende die geviertelten Cocktailtomaten sowie die Erbsen dazugeben und mitgaren.
- Den Reis in eine Reisrandform drücken und auf eine vorgewärmte Platte stürzen. Das Pilzragout einfüllen, mit Kräuterzweigen ausgarnieren und servieren.

Filetragout

• 2-3 EL Butterschmalz • 600 g Rinderfilet • 2 EL geschrotete, schwarze Pfefferkörner • 1 EL Majoran • 1 TL Thymian • Salz • Pfeffer aus der Mühle • 1 Zwiebel • 1 Stange Lauch • 1 Glas Senfgurken • 1 Dose Mischpilze • 1/2 l gebundene Helle Bratensauce • 1/2 Glas Preiselbeerkompott • 1 Becher saure Sahne • 4 Portionen bissfest gegarten Reis • 1 Hand voll Kräuter

- Das Butterschmalz erhitzen und das in Streifen geschnittene Filet darin braten, mit geschroteten Pfefferkörnern, Majoran und Thymian würzen, salzen, pfeffern, herausnehmen und warm stellen.
- Die Zwiebel und den Lauch putzen, fein hacken, ins Bratfett geben und glasig schwitzen. Die klein geschnittenen Senfgurken und die Mischpilze zum Gemüse geben. Die Sauce angießen, kurz einreduzieren lassen, mit Preiselbeerkompott und saurer Sahne verfeinern mit Salz und Pfeffer abschmecken. Das Filet unter die Sauce heben
- Den Reis anrichten, mit dem Ragout überziehen und mit Kräutern bestreut servieren.

Fleischklopse im Reisring

• 250 g gemischtes Hackfleisch • 1 EL Paniermehl • 1 Ei • 1 Schuss Sahne • Salz • weißen Pfeffer aus der Mühle • 1 Prise Muskat • 1 kleine Zwiebel • 1 Bund Petersilie • 2 EL Butter oder Margarine • 1 Zwiebel • 250 g frische Steinpilze • 1 Päckchen Jägersauce (Fertigprodukt) • 250 g Langkornreis • Salzwasser oder Gemüsebrühe zum Garen • Reisgewürz mit Paprika (Fertigprodukt) • 1 Tasse gemischte, gehackte Kräuter

- Das Hackfleisch in eine Schüssel geben und mit dem Paniermehl, dem Ei und der Sahne zu einem kompakten Teig verarbeiten. Mit Salz, Pfeffer und Muskat kräftig abschmecken, die geschälte und fein gehackte Zwiebel sowie die verlesene, gewaschene und fein gehackte Petersilie untermischen und das Hackfleisch zu Klopsen (Kugeln) formen.
- Die Butter oder Margarine in einem Topf erhitzen und die Hackfleischklopse darin rundherum anbraten, herausnehmen und warm stellen.
- Die Zwiebel schälen und in Würfel schneiden, ins verbliebene Bratfett geben und glasig dünsten. Die Steinpilze putzen und in Scheiben schneiden, zur Zwiebel geben und mitschwitzen. Die Jägersauce nach Anweisung auf der Packung zubereiten, die Fleischklopse einlegen und 15 Minuten garen.
- Den Reis im Salzwasser oder in der Gemüsebrühe bissfest garen, mit dem Reisgewürz kräftig abschmecken, abgießen und gut abtropfen lassen. In eine Reisrandform drücken und anschließend auf eine vorgewärmte Platte stürzen. Die Hackfleischklopse mit der Jägersauce einfüllen, mit der Zwiebel-Steinpilz-Mischung überziehen, mit den verlesenen, gewaschenen und fein gehackten Kräutern bestreuen, ausgarnieren und servieren.

Wurstgulasch im Reisring

- Zubereitung wie Fleischklopse im Reisring. Statt der Fleischklopse 500 g in mundgerechte Stücke geschnittene Fleischwurst in der Butter oder Margarine anbraten, statt der Steinpilze Champignons verwenden und weiter arbeiten, wie oben beschrieben.

ROTKOHLROULADEN

• 1 Kopf Rotkohl • 2 Zwiebeln • 1-2 EL Butter oder Margarine • 300 g Mischgemüse (TK-Produkt) • 200 g bissfest gegarten Reis • 2 Eier • 150 g geriebenen Butterkäse • Salz • Pfeffer • 1 Prise Muskat • 1 Tasse gehackte Kräuter • Fett für die Form • 1/4 l gebundene Tomatensauce (Fertigprodukt) • 1 TL Kräuter der Provence • 150 g Mozzarella

- Den Rotkohl putzen, die Blätter ablösen, den Strunk herausschneiden und jeweils zwei bis drei Blätter auf einer Arbeitsfläche übereinander legen.
- Die Zwiebeln schälen, fein hacken und in der erhitzten Butter oder Margarine glasig schwitzen. Das Gemüse putzen und in feine Würfel schneiden, zur Zwiebel geben und kurz mitschwitzen.
- Den Reis, die verschlagenen Eier und den geriebenen Butterkäse unterheben, mit Salz, Pfeffer und Muskat würzen und die Kräuter untermischen.
- Die Masse auf den Rotkohlblättern verteilen und diese zu Rouladen aufrollen.
- Eine Auflaufform ausfetten, die Rouladen einsetzen, die Tomatensauce mit den Kräutern der Provence würzen und dazugeben.
- Den Mozzarella in Scheiben schneiden, auf die Rouladen legen und das Ganze im auf 180-200 °C vorgeheizten Backofen 25-30 Minuten garen.
- Die Rotkohlrouladen herausnehmen, dekorativ anrichten, ausgarnieren und servieren.

GEBACKENE GOUDAKARTOFFELN

• 1,5 kg festkochende Kartoffeln • 3-4 EL Butter oder Margarine • Salz • Pfeffer aus der Mühle • 1 Prise Cayennepfeffer • 1 Prise Muskat • 1 TL Kümmel • 150 g geriebenen Gouda

- Die Kartoffeln waschen und abtropfen lassen. Die Kartoffeln schälen und der Länge nach tief mit einem Messer in dichten Abständen einschneiden, so daß Fächer entstehen.
- Die Butter oder Margarine erhitzen und die Kartoffelhälften damit einpinseln. Die Kartoffeln auf ein Backblech setzen. Mit Salz, Pfeffer, Cayennepfeffer, Muskat und Kümmel würzen.
- Das Ganze im auf 200-225 °C vorgeheizten Ofen ca. 35-40 Minuten backen, 10 Minuten vor Garende den Käse darüber streuen und fertig garen. Nach Ende der Backzeit die Kartoffeln herausnehmen, anrichten, ausgarnieren und servieren.

AUBERGINEN MIT KÄSEFÜLLUNG

• 1-2 EL Butter oder Margarine • 2 Knoblauchzehen • 1 Zwiebel • 2 Karotten • 1 Stück Lauch • 1/2 Tasse Gemüsebrühe • 1 Schuss Weißwein • 1 große Dose Erbsengemüse • Salz • Pfeffer • 1 Prise Muskat • 3-4 EL Kräuteressig • 1 Prise Zucker • 100 g Gouda • 4 Auberginen • 100 g Edelpilzkäse

Die Butter oder Margarine in einer Pfanne erhitzen und die geschälten und fein gehackten Knoblauchzehen darin anschwitzen.
Die Zwiebel und die Karotten schälen, in feine Würfel schneiden, ins Knoblauchfett geben und kurz mitschwitzen.
Den Lauch putzen, in Würfel oder Streifen schneiden, zum Gemüse geben und kurz mitgaren.
Mit der Gemüsebrühe und dem Weißwein auffüllen und das Gemüse bissfest dünsten.
Das Erbsengemüse gut abtropfen lassen und unter das restliche Gemüse heben. Mit Salz, Pfeffer, Muskat, Kräuteressig und Zucker kräftig abschmecken, vom Feuer nehmen und erkalten lassen.
Den Gouda reiben oder in Würfel schneiden und unter das Gemüse heben. Die Auberginen waschen, halbieren, mit einem Teelöffel das Kerngehäuse herausschaben und die Auberginenhälften in eine feuerfeste Auflaufform setzen.
Die Käse-Erbsenfüllung gleichmäßig in die Auberginenhälften füllen und mit geriebenem Edelpilzkäse bestreuen.
Die Auberginen im auf 180-200 °C vorgeheizten Backofen in 15-20 Minuten garen, herausnehmen, dekorativ anrichten, ausgarnieren und sofort servieren.

GRILLKARTOFFELN

• 1 kg mittelgroße Kartoffeln • Alufolie • Olivenöl zum Bepinseln • Salz • Pfeffer aus der Mühle • Kräuter- oder Knoblauchbutter

Die Kartoffeln unter fließendem Wasser gründlich abbürsten und kreuzweise mit einem Messer einschneiden. Die Alufolie in entsprechend große Stücke schneiden, mit Olivenöl bepinseln, die Kartoffeln salzen und pfeffern, darauf setzen und mit Kräuter- oder Knoblauchbutterflöckchen belegen.
Die Folie rundherum luftdicht verschließen und die Kartoffeln auf dem Holzkohlengrill oder im Backrohr je nach Größe in 35-45 Minuten garen.
Die Alufolie öffnen, am Rand etwas herunter drücken und die Kartoffeln sofort servieren.

Pilzauflauf

• 1-2 EL Butter oder Margarine • 150 g Kasseler ohne Knochen • 1 Zwiebel • 1 Bund Frühlingszwiebeln • 400 g Steinpilze • Saft von 1 Zitrone • 1 Schuss Weißwein • 1 Becher Sahne • Salz • Pfeffer aus der Mühle • 1 Prise Muskat • 1 Prise Cayennepfeffer • 250 g geriebenen Butterkäse • 1 kleine Dose geschälte Tomaten • Butter oder Margarine zum Ausfetten • 1 Tasse gemischte, gehackte Kräuter

- Die Butter oder Margarine in einer Pfanne erhitzen und das in klei ne Würfel oder Streifen geschnittene Kasseler darin anschwitzen.
- Die Zwiebel fein würfeln, die Frühlingszwiebeln in Scheiben schnei den, beides zum Kasseler geben und kurz mitschwitzen. Die Stein pilze klein schneiden, mit Zitronensaft beträufeln, zu den Zwiebel geben und kurz mitschwitzen.
- Mit Weißwein ablöschen, die Sahne angießen, mit Salz, Pfeffer, Mus kat und Cayennepfeffer abschmecken und erkalten lassen.
- 75 g Butterkäse mit den zerkleinerten Tomaten unter die Pilze he ben. Eine Auflaufform ausfetten, die Masse einfüllen, mit dem But terkäse überziehen und im auf 180-200 °C vorgeheizten Backofe 25-30 Minuten garen. Den Pilzauflauf herausnehmen, anrichter mit gehackten Kräutern bestreuen, ausgarnieren und servieren.

Nudelauflauf mit Gemüse

• 300 g Nudeln • Salzwasser • 1-2 EL Olivenöl • 1 Zwiebel • 2 rote Paprikaschoten • 1 Zucchini • 1 Aubergine • 1 Schuss Weißwein • Fett für die Form • 100 g Fetakäse • 3/4 l Béchamelsauce (Fertigprodukt) • 75 g geriebenen Hartkäse • 1 Tasse gemischte, gehackte Kräuter • 1/2 l Tomatensauce (Fertigprodukt) • Kräuterzweige

- Die Nudeln bissfest garen, abgießen, abschrecken und gut abtrop fen lassen. Das Olivenöl erhitzen und die gehackte Zwiebel glasi schwitzen. Die Paprikaschoten in Stücke schneiden, zu den Zwie beln geben und mitschwitzen.
- Die Zucchini und die Aubergine putzen, in Stücke schneiden, zu de Paprikaschoten geben und mitschwitzen. Das Gemüse m Weißwein ablöschen und die Nudeln untermischen. Eine Auflau form ausfetten und die Nudelmischung einfüllen.
- Den in Würfel geschnittenen Fetakäse unter die Béchamelsauce ve rühren und den Auflauf übergießen. Mit dem Hartkäse bestreue und im auf 180-200 °C vorgeheizten Ofen in 15-20 Minuten garer
- Die gehackten Kräuter unter die Tomatensauce ziehen und erhitzer Den Nudelauflauf anrichten, mit Kräuterzweigen ausgarnieren ur mit der Tomatensauce servieren.

Nudelauflauf mit Mozzarella

• 300 g Spiralnudeln • Salzwasser • 1 EL Olivenöl • je 1 rote, grüne und gelbe Paprikaschote • 1 Zucchini • 100 g Zuckerschoten • 1 Zwiebel • 2 Knoblauchzehen • 4 Tomaten • 3 EL Olivenöl • 1/8 l Gemüsebrühe • Salz • Pfeffer • 2-3 EL gehackte Kräuter • Butter oder Margarine für die Form • 250 g Mozzarellakäse • 1 Bund Petersilie

- Die Nudeln im Salzwasser mit dem Olivenöl bissfest garen, abgießen, abschrecken und gut abtropfen lassen.
- Die Paprikaschoten in Streifen schneiden. Die Zucchini in Scheiben schneiden. Die Zuckerschoten putzen, die Zwiebeln und die Knoblauchzehen hacken. Die Tomaten enthäuten, vierteln und entkernen.
- Das Olivenöl erhitzen, die Zwiebel und die Knoblauchzehen darin glasig schwitzen, das Gemüse dazugeben, das Ganze kurz anschwitzen, mit der Gemüsebrühe auffüllen, mit Salz und Pfeffer würzen und zugedeckt fünf Minuten dünsten. Die Tomaten dazugeben, nochmals abschmecken und mit den Kräutern bestreuen.
- In eine gebutterte Auflaufform füllen, mit dem in Scheiben geschnittenen Mozzarellakäse belegen und im auf 180-200 °C vorgeheizten Backofen 15-20 Minuten überbacken.
- Den Nudelauflauf herausnehmen, dekorativ anrichten und mit der gehackten Petersilie bestreut servieren.

Blumenkohlauflauf

• 400 g Blumenkohlröschen • 1/2 l Gemüsebrühe • 200 g frische Champignons • Saft von 1 Zitrone • 1-2 EL Olivenöl • 3 Knoblauchzehen • 1 TL Salz • 2 Zwiebeln • 4 Portionen bissfest gegarte Bandnudeln • 1/4 l gebundene Helle Sauce • 1 Schuss Weißwein • 125 g geriebenen Edelpilzkäse • Salz • Pfeffer • 1 Prise Cayennepfeffer • 1 Tasse gemischte, gehackte Kräuter

- Die Röschen verlesen, waschen, gut abtropfen lassen und in der erhitzten Gemüsebrühe bissfest garen.
- Die Champignons putzen, halbieren oder vierteln, mit Zitronensaft beträufeln, zum Gemüse geben und kurz mitgaren.
- Das Olivenöl in einer Auflaufform erhitzen, die geschälte und mit Salz zerriebenen Knoblauchzehen sowie die geschälten, fein gehackten Zwiebeln darin glasig schwitzen.
- Das Gemüse, die Bandnudeln und die gebundene Helle Sauce dazugeben und vermischen.
- Den Weißwein und den Edelpilzkäse unterheben, mit Salz, Pfeffer und Cayennepfeffer würzen und im auf 180-200 °C vorgeheizten Backofen 10-15 Minuten garen. Den Blumenkohlauflauf anrichten, ausgarnieren und mit den gehackten Kräutern bestreut servieren.

Gemüse-Spätzleauflauf

• 500 g Spätzle • Salzwasser • 1-2 EL Olivenöl • 1 Zwiebel • 250 g Tomaten • 2 rote Paprikaschoten • 1 Bund Schnittlauch • 4 Eier • 125 g geriebenen Gouda • 1 Becher Sahnedickmilch • Salz • Pfeffer aus der Mühle • 1 Prise Muskat • Butter oder Margarine für die Form

- Die Spätzle im Salzwasser mit dem Olivenöl bissfest garen.
- Die Zwiebel schälen, in Achtel schneiden und drei Minuten vor Garende zu den Spätzle geben.
- Nach Ende der Garzeit die Spätzle mit den Zwiebeln abgießen, abschrecken, gut abtropfen lassen und bereitstellen.
- Die Tomaten waschen und halbieren. Die Paprikaschoten putzen halbieren, entkernen, waschen und in Streifen schneiden. Der Schnittlauch verlesen und fein hacken. Paprikaschoten, Schnittlauch und Tomaten unter die Nudeln mischen.
- Die Eier mit dem geriebenen Gouda und der Sahnedickmilch verrühren, mit Salz, Pfeffer und Muskat würzen.
- Die Käsemasse ebenfalls unter die Spätzle heben und das Ganze au einem ausgefetteten Backblech verteilen.
- Im auf 180-200 °C vorgeheizten Backofen in 20-25 Minuten garen herausnehmen, dekorativ anrichten, ausgarnieren und sofort servieren.

Kartoffelsalat mit Sahnedressing

• 600 g Kartoffeln • Salzwasser • 1 EL Kümmel • 1/8 l heiße Fleischbrühe • 1 Salatgurke • 2 Bund Radieschen • 2 Zwiebeln • 2 Becher Sahne • Saft von 1 Zitrone • 4 EL Weißweinessig • Salz • Pfeffer aus der Mühle • 1 Prise Cayennepfeffer • 1 Prise Zucker • je 1/2 Bund Estragon und Kerbel • bunten Pfeffer aus der Mühle

- Die Kartoffeln waschen, abbürsten und in einen Topf geben. Da Salzwasser angießen, den Kümmel dazugeben und die Kartoffel zugedeckt in 20-25 Minuten garen.
- Die Kartoffeln abgießen, pellen, in Scheiben schneiden und in ein Schüssel geben. Mit der heißen Fleischbrühe übergießen und dari erkalten lassen.
- Die Salatgurke halbieren, die Radieschen putzen und beides in Sche ben schneiden. Mit den gewürfelten Zwiebeln unter die Kartoffel scheiben heben. Für das Dressing die Sahne mit dem Zitronensaf und dem Essig glatt rühren, mit Salz, Pfeffer, Cayennepfeffer un Zucker kräftig würzen und die fein gehackten Kräuter untermischer
- Den Kartoffelsalat mit dem Dressing anmachen, anrichten und m buntem Pfeffer bestreut servieren.

Kümmelkartoffeln mit buntem Gemüse

• 800 g Kartoffeln • 1 Tasse Olivenöl • Salz • Pfeffer aus der Mühle • 1 Tasse Kümmel • 1 Stange Lauch • 2 Karotten • 1 Stück Sellerie • 1 kleinen Kohlrabi • 1/4 l Gemüsebrühe • 30 g Butter oder Margarine • 30 g Mehl • 1 Schuss Weißwein • 1 Becher Sahne • einige Tropfen Zitronensaft • einige Tropfen Worcestersauce • 1 Prise Cayennepfeffer • 1-2 EL Butter oder Margarine • 1 Zwiebel • 2 Knoblauchzehen • 1 TL Salz

- Die Kartoffeln unter fließendem Wasser abbürsten, gut abtropfen lassen und in 1-2 cm dicke Scheiben schneiden.
- Die Kartoffelscheiben auf ein mit Olivenöl ausgestrichenes Backblech setzen, die Kartoffeln an den Oberflächen auch mit Öl bestreichen.
- Die Kartoffeln mit Salz und Pfeffer würzen und mit Kümmel bestreuen. Die Kartoffeln im auf 180-200 °C vorgeheizten Backofen in 30-35 Minuten backen.
- In der Zwischenzeit das Gemüse putzen, den Lauch in feine Ringe und die Karotten, den Sellerie und den Kohlrabi in Stifte schneiden.
- Die Gemüsebrühe in einem Topf erhitzen, das Gemüse darin bissfest garen, herausnehmen, gut abtropfen lassen und warm stellen.
- Für die Sauce die Butter oder Margarine in einem Topf erhitzen und das Mehl einrühren.
- Mit Weißwein ablöschen, die Gemüsebrühe und die Sahne angießen und das Ganze zu einer sämigen Sauce verkochen.
- Die Sauce mit Salz, Pfeffer, Zitronensaft, Worcestersauce und Cayennepfeffer kräftig abschmecken.
- Die Butter oder Margarine in einer Pfanne erhitzen, die geschälte und fein gehackte Zwiebel darin glasig schwitzen. Die Knoblauchzehen schälen, fein hacken, mit Salz zerreiben, zur Zwiebel geben und kurz mitdünsten. Unter die Sauce ziehen, nochmals kurz aufkochen lassen und abschmecken.
- Das Gemüse mit den Kümmelkartoffeln dekorativ anrichten, mit der Sauce überziehen, ausgarnieren und sofort servieren.

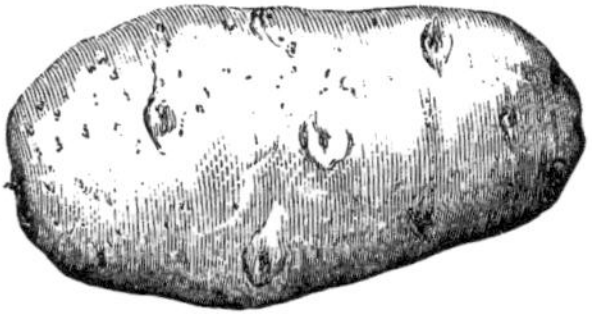

Vollkornnudel-Gemüse-Auflauf

• 250 g Vollkornnudeln • Salzwasser • 1 EL Olivenöl
• 300 g Karotten • 500 g Lauch • Salzwasser zum Blanchieren
• Fett für die Form • 150 g geriebenen Käse • 4 Eier 1/8 l Milch
• Salz • Pfeffer aus der Mühle • 1 Prise Muskat
• 1 EL Mandelblättchen

- Die Vollkornnudeln im Salzwasser mit dem Olivenöl bissfest garen, abgießen, abtropfen lassen und bereitstellen.
- Die Karotten und den Lauch putzen, in Stücke schneiden, im Salzwasser blanchieren, herausnehmen und abtropfen lassen.
- Eine Auflaufform gut ausfetten, die Vollkornnudeln und das Gemüse schichtweise einfüllen.
- Den geriebenen Käse mit den Eiern und der Milch verquirlen, mit Salz, Pfeffer und Muskat würzen, über den Auflauf geben und im auf 180-200 °C vorgeheizten Backofen 45-50 Minuten überbacken.
- Den Vollkornnudel-Gemüse-Auflauf herausnehmen, anrichten, mit den Mandelblättchen bestreuen, ausgarnieren und servieren.

Auberginenauflauf mit Hörnchennudeln

• 300 g Hörnchennudeln • Salzwasser • einige Tropfen Olivenöl
• 1-2 EL Olivenöl • 1 Zwiebel • 2 Knoblauchzehen
• 500 g Auberginen • 1 rote Paprikaschote • 4-6 Tomaten • Salz
• Pfeffer aus der Mühle • 1 Prise Cayennepfeffer • 1 Prise Zucker
• 1 Schuss Weißwein • 2 Tassen geriebenen Parmesankäse
• Kräuterzweige zum Garnieren

- Die Hörnchennudeln im Salzwasser mit dem Olivenöl bissfest garen, abgießen, abschrecken, gut abtropfen lassen und bereitstellen. Das Olivenöl erhitzen und die gehackte Zwiebel glasig schwitzen.
- Die Knoblauchzehen schälen, fein hacken, zur Zwiebel geben und mitschwitzen. Die Auberginen in Würfel schneiden, zu den Knoblauchzehen geben und braten. Die Paprikaschote klein schneiden, zu den Auberginen geben und kurz mitschwitzen.
- Die Tomaten enthäuten, entkernen, in Würfel schneiden und unter die Auberginen heben, mit Salz, Pfeffer, Cayennepfeffer und Zucker abschmecken. Die Auberginen-Tomaten-Masse mit Weißwein aromatisieren und einmal aufkochen lassen.
- Die Nudeln in eine ausgefettete Auflaufform schichten, mit der Auberginensauce überziehen, mit dem geriebenen Parmesankäse bestreuen und im auf 180-200 °C vorgeheizten Backofen 10-12 Minuten garen.
- Nach Ende der Garzeit den Auberginenauflauf dekorativ anrichten, mit Kräuterzweigen ausgarnieren und sofort servieren.

Rosenkohlauflauf mit Schinken

• 300 g Kartoffeln • 1/4 l Gemüsebrühe • 300 g Rosenkohl • 1-2 EL Butter oder Margarine • 1 Zwiebel • 150 g mageren, gekochten Schinken • 1 Schuss Weißwein • 2 Becher saure Sahne • 5 Eier • Salz • Pfeffer aus der Mühle • 1 Prise Muskat • 1 Prise Kümmelpulver • 1 Prise Cayennepfeffer • 2-3 EL Weizenmehl • 50 g ger. Tilsiter • 1 Bund Zitronenmelisse

- Die Kartoffeln waschen, schälen und in Würfel schneiden. Die Brühe erhitzen und die geputzten, nach Geschmack halbierten Rosenkohlröschen bissfest garen, herausnehmen und abtropfen lassen.
- Die Butter oder Margarine erhitzen und die gehackte Zwiebel anschwitzen. Den Schinken würfeln, zur Zwiebel geben und braten.
- Mit Weißwein ablöschen, die Kartoffeln und die Rosenkohlröschen dazugeben, kurz durchschwenken und in eine ausgefettete Auflaufform geben. Die saure Sahne mit den Eiern in eine Schüssel geben und gut verschlagen.
- Mit Salz, Pfeffer, Muskat, Kümmel und Cayennepfeffer kräftig abschmecken. Das Mehl mit dem geriebenen Käse untermischen und auf dem Rosenkohlgemüse verteilen.
- Im auf 180-200 °C vorgeheizten Backofen 20-25 Minuten backen. Herausnehmen, anrichten und mit der fein geschnittenen Zitronenmelisse bestreut servieren.

Wirsingauflauf

• 1,2 kg Wirsing • 1/4 l Salzwasser • 1 Zwiebel • 1 Knoblauchzehe • 2-3 EL Butter oder Margarine • Salz • Pfeffer aus der Mühle • 1 Schuss Apfelsaft • 500 g gekochte Kartoffeln • 200 g durchwachsenen, geräucherten Speck • Butter oder Margarine für die Form • 500 g Vollmilchjoghurt • 125 g geriebenen Gouda • 4 Eier

- Den Wirsing in Streifen schneiden und im erhitzten Salzwasser kurz blanchieren. In der Zwischenzeit die Zwiebel und die Knoblauchzehe schälen, fein hacken, in der Butter oder Margarine in einer Pfanne glasig schwitzen.
- Den Wirsing zu den Zwiebeln geben und anschwitzen. Mit Salz und Pfeffer würzen und mit dem Apfelsaft verfeinern.
- Die Kartoffeln schälen, raspeln oder in Scheiben schneiden, den Speck fein würfeln. Eine Auflaufform mit Butter oder Margarine ausfetten und die Kartoffeln mit dem Wirsing und dem Speck einfüllen.
- Den Joghurt mit dem geriebenen Gouda und den Eiern vermischen.
- Das Ganze nochmals mit Salz und Pfeffer abschmecken, gleichmäßig auf dem Auflauf verteilen und im auf 180-200 °C vorgeheizten Backofen 10-15 Minuten backen. Herausnehmen, anrichten, ausgarnieren und servieren.

Broccoliauflauf mit Sonnenblumenkruste

• 500 g Broccoli • 1/2 l Gemüsebrühe • 1-2 EL Butter oder Margarine • 200 g durchwachsenen, geräucherten Speck • 1 Zwiebel • 1/4 l Milch • 1 Becher Sahnedickmilch • 3 Eier • 125 g geriebenen Gouda • Salz • Pfeffer aus der Mühle • 1 Prise Muskat • 1/2 Tasse Sonnenblumenkerne

- Den Broccoli verlesen und in Röschen zerteilen. Die Brühe in einem Topf erhitzen und die Broccoliröschen darin bissfest garen.
- Die Butter oder Margarine in einer Auflaufform erhitzen und den in Würfel geschnittenen Speck anbraten. Die Zwiebel schälen, in feine Würfel schneiden, zum Schinken geben und kurz mitschwitzen.
- Den Broccoli untermischen, vom Feuer nehmen und erkalten lassen. Die Milch mit der Sahnedickmilch, den Eiern und dem geriebenen Gouda verrühren, mit Salz, Pfeffer und Muskat abschmecken.
- Die Käsemasse gleichmäßig auf dem Broccoli verteilen, mit Sonnenblumenkernen bestreuen und im auf 180-200 °C vorgeheizten Backofen 15-20 Minuten backen.
- Nach Ende der Garzeit den Broccoliauflauf herausnehmen, dekorativ anrichten, ausgarnieren und sofort servieren.

Kartoffelauflauf mit Pilzen

• 800 g Kartoffeln • Salzwasser • 1 Becher Sahne • Salz • Pfeffer • 1 Prise Muskat • 1-2 EL Butter • 150 g durchwachsenen, geräucherten Speck • 2 Zwiebeln • 400 g Austernpilze • Saft von 1 Zitrone • 1 Schuss Weißwein • 1 Prise Cayennepfeffer • 2 Becher Crème fraîche • 4 Eier • 150 g geriebenen Käse

- Die Kartoffeln in Salzwasser garen, pellen und durch die Kartoffelpresse treiben. Das Kartoffelpüree mit der Sahne abschlagen, mit Salz, Pfeffer und Muskat kräftig würzen.
- Die Butter erhitzen und den gewürfelten Speck auslassen. Die Zwiebeln schälen, fein hacken, zum Speck geben und kurz mitbraten.
- Die Austernpilze putzen, grob hacken, mit Zitronensaft beträufeln zu den Speckzwiebeln geben und kurz mitschwitzen.
- Mit Weißwein ablöschen, mit Salz, Pfeffer, Muskat und Cayennepfeffer abschmecken und bei mäßiger Hitze 4-5 Minuten dünsten
- Eine feuerfeste Auflaufform ausfetten und schichtweise Kartoffelpüree und Pilze einfüllen.
- Die Crème fraîche mit den Eiern und dem geriebenen Käse verschlagen, mit Salz, Pfeffer und Muskat abschmecken und auf den Auflauf verteilen.
- Den Auflauf im auf 180-200 °C vorgeheizten Backofen in 20-25 Minuten garen, anrichten, ausgarnieren und servieren.

Pikanter Quarkauflauf

• 400 g Sahnequark • 1/8 l Sahne • 4 Eigelb • 25 g Speisestärke • 1 Msp. Backpulver • 200 g gekochtes Kasseler ohne Knochen • 400 g gemischtes Gemüse nach Wahl • 1 Zwiebel • Salz • Pfeffer • 1 Prise Muskat • 4 Eiweiß • Butter oder Margarine zum Ausfetten • 1-2 EL Semmelbrösel • Butterflöckchen

Den Sahnequark mit der Sahne, dem Eigelb, der Speisestärke und dem Backpulver in eine Schüssel geben und verrühren.
Das Kasseler in feine Würfel schneiden. Die Zwiebel schälen, ebenfalls fein würfeln, mit dem geputzten, klein geschnittenen Gemüse unter die Sahnequarkmasse ziehen.
Das Ganze mit Salz, Pfeffer und Muskat abschmecken und das steif geschlagene Eiweiß vorsichtig unterheben.
Eine Auflaufform mit Butter oder Margarine ausfetten, die Käsemasse einfüllen und das Ganze mit Semmelbröseln bestreuen.
Die Butter oder Margarine in Flöckchen darauf setzen. Im auf 180-200 °C vorgeheizten Backofen in 25-30 Minuten backen.
Den Quarkauflauf herausnehmen, anrichten, ausgarnieren und sofort servieren.

Blumenkohl-Schinken-Auflauf

• 1 großen Kopf Blumenkohl • 1 1/2 l Gemüsebrühe • Saft von 2 Zitronen • einige Wacholderbeeren • einige Pfefferkörner • 1 Prise Muskat • 1 Prise Cayennepfeffer • 50 g Butter oder Margarine • 1 Zwiebel • 40 g Mehl • 1/4 l Milch • 200 g gekochten, mageren Schinken • 1 Becher Crème fraîche • 100 g Schmelzkäse mit Kräutern • Salz • Pfeffer aus der Mühle • 1 Bund Schnittlauch

Den Blumenkohl verlesen und die Gemüsebrühe in einen Topf geben. Den Zitronensaft, die Wacholderbeeren und die Pfefferkörner dazugeben, mit Muskat und Cayennepfeffer würzen und den Blumenkohl im Sud bissfest garen.
Für die Sauce die Butter oder Margarine erhitzen und die gehackte Zwiebel glasig schwitzen. Das Mehl mit dem Schneebesen einrühren, mit der kalten Milch ablöschen und mit 1/4 l Blumenkohlsud auffüllen, zu einer sämigen Sauce verkochen und anschließend den in feine Würfel geschnittenen Schinken, die Crème fraîche und den Kräuterschmelzkäse einrühren.
Die Sauce so lange köcheln lassen, bis der Käse geschmolzen ist. Die Sauce mit Salz, Pfeffer, Cayennepfeffer und Muskat abrunden.
Den Blumenkohl in eine Form geben, mit der Käsesauce überziehen und unter dem Grill oder im Ofen kurz überbacken.
Den Blumenkohl anrichten, mit dem in Röllchen geschnittenen Schnittlauch bestreuen, ausgarnieren und servieren.

Auberginen-Reisauflauf mit Tofu

• 2 Auberginen • einige Tropfen Zitronensaft • 1-2 EL Butter oder Margarine • 1 Zwiebel • 200 g Tofu • 1 rote Paprikaschote • 1 grüne Paprikaschote • 100 g bissfest gegarten Naturreis • 1 TL Majoran • 1 TL Pfefferminze • Salz • Pfeffer aus der Mühle • 1 Prise Cayennepfeffer • 1 Becher Dickmilch • 125 g geriebenen Butterkäse

- Die Auberginen in Würfel oder Streifen schneiden, mit Zitronensaf beträufeln und 10 Minuten ziehen lassen.
- Die Butter oder Margarine erhitzen, die geschälte und fein gehack te Zwiebel darin glasig schwitzen, den Tofu in Streifen schneider dazugeben und unter ständigem Rühren mitbraten.
- Die Paprikaschoten halbieren, entkernen und in Streifen schneider mit den Auberginen zum Tofu geben und mitbraten.
- Den Reis unterheben, das Ganze mit Majoran, Pfefferminze, Sal Pfeffer und Cayennepfeffer abschmecken und erkalten lassen.
- Die Reismasse in eine ausgefettete Auflaufform füllen und glatt stre chen. Die Dickmilch mit dem geriebenen Butterkäse verrühren un gleichmäßig darauf verteilen.
- Den Auflauf im auf 180-200 °C vorgeheizten Backofen 15-20 M nuten backen, herausnehmen, anrichten und servieren

Fruchtreisauflauf mit Schweinefleisch

• 200 g Reis • Gemüsebrühe zum Garen • 2 EL gewürfelte Trockenaprikosen • 600 g Schweinefleisch • 2-3 EL Butterschmalz • 2 Zwiebeln • 1/8 l Tomatensaft • Salz • schwarzen Pfeffer • 1 Prise Ingwerpulver • 1 Prise Zimtpulver • 50 g Rosinen • 1 TL Piment • einige Tropfen Zitronensaft • 50 g Pinienkerne • Kräuterzweige zum Garnieren

- Den Reis im Gemüsebrühe 20 Minuten garen, abgießen und gut ab tropfen lassen. Die Trockenaprikosen eine Stunde einweichen un anschließend gut abtropfen lassen.
- Das Schweinefleisch waschen, trockentupfen, in Würfel schneide und im erhitzten Butterschmalz von allen Seiten anbraten.
- Die Zwiebeln schälen, hacken, zum Fleisch geben und mitbraten.
- Den Tomatensaft angießen, das Ganze mit Salz, Pfeffer, Ingwer ur Zimt kräftig abschmecken und anschließend im auf 180-200 °C vo geheizten Backofen 90 Minuten leicht schmoren lassen.
- Herausnehmen, den Reis, die Trockenaprikosen, die Rosinen, da Pimentpulver und dem Zitronensaft unterheben und erneut 30 M nuten backen.
- Den Auflauf herausnehmen, anrichten, mit den Pinienkernen b streuen, mit Kräuterzweigen ausgarnieren und servieren.

Reisauflauf mit Rosinen

• 75 g Rundkornreis • 1/4 l Milch • 1 Prise Salz • Saft von 1 Zitrone • 2-3 EL süße Sahne • 2-3 EL Honig • 2 Eigelb • 1 Prise Zimtpulver • 1 Tasse Rumrosinen • 1 Becher Sahnedickmilch • 2 Eiweiß • 1 Prise Salz • Butter oder Margarine und Semmelbrösel für die Form • 4 Portionen Rhabarberkompott

- Den Rundkornreis waschen und in der erhitzten Milch mit dem Salz, dem Zitronensaft und der Sahne 20-30 Minuten ausquellen lassen. Mit Honig süßen, das Eigelb einrühren, den Reis vom Feuer nehmen und erkalten lassen.
- Das Zimtpulver, die Rumrosinen und die Sahnedickmilch unterrühren und das mit etwas Salz steif geschlagene Eiweiß vorsichtig unterheben.
- Eine Auflaufform ausfetten, mit Semmelbröseln ausstreuen, die Reismasse einfüllen und im auf 180-200 °C vorgeheizten Backofen 30 Minuten backen.

Den Reisauflauf mit Rosinen herausnehmen, dekorativ anrichten und mit Rhabarberkompott servieren.

Schneller Birnen-Reisauflauf

• 4 Eigelb • 600 g fertig gegarten Milchreis • 4 Eiweiß • 1 Prise Salz • 4 Birnen • einige Tropfen Zitronensaft • 1 EL Birnendicksaft • Butter oder Margarine für die Form • 4 EL Preiselbeergelee • 1 Tasse Mandelsplitter • Butterflöckchen zum Belegen

Das Eigelb in einer Schüssel schaumig schlagen, den Milchreis dazugeben und das mit etwas Salz steif geschlagene Eiweiß vorsichtig unterheben.

Die Birnen schälen, halbieren, das Kerngehäuse herausschneiden und die Birnenhälften mit Zitronensaft beträufeln, mit dem Birnendicksaft süßen.

Eine feuerfeste Auflaufform mit Butter oder Margarine ausfetten, die Birnenhälften einsetzen und das Preiselbeergelee darauf verteilen.

Den Milchreis über die Birnen geben, die Mandelsplitter darüber streuen und die Butterflöckchen darauf setzen.

Den Auflauf im auf 180-200 °C vorgeheizten Backofen 40-45 Minuten backen, herausnehmen, anrichten, ausgarnieren und servieren.

Käsekartoffeln in Dillsauce

• 1,2 kg Kartoffeln • Salzwasser • 2-3 EL Butter oder Margarine • 50 g Weizenmehl • 3/8 l Milch • 1/8 l Sahne • Salz • Pfeffer aus der Mühle • 1 Prise Muskatpulver • 1 Prise Cayennepfeffer • einige Tropfen Zitronensaft • einige Tropfen Worcestersauce • 50 g geriebenen Parmesankäse • 1 Tasse gehackten Dill • 4 hart gekochte Eier • 200 g geriebenen Butterkäse

- Die Kartoffeln unter fließendem Wasser waschen, gut abtropfen las sen und schälen. Die Kartoffeln mit Salzwasser in einen Topf gebe und bissfest garen. In der Zwischenzeit die Butter oder Margarin erhitzen und das Mehl mit dem Schneebesen einrühren.
- Die Milch und die Sahne miteinander vermischen und kalt mit den Schneebesen unter die Mehlbutter rühren. Die Sauce unter ständi gem Rühren bei mäßiger Hitze 6-8 Minuten auskochen lassen.
- Anschließend die Sauce durch ein Sieb passieren, erhitzen, mit Salz Pfeffer, Muskat, Cayennepfeffer und Zitronensaft abschmecken.
- Den geriebenen Parmesan und den Dill untermischen, nochmals er hitzen und bereitstellen.
- Die Kartoffeln mit den gepellten und geviertelten Eiern in einer aus gefetteten Auflaufform anrichten, die Kräutersauce auf die Karto feln verteilen, mit dem Käse bestreuen und im auf 180-200 °C vor geheizten Ofen 10-15 Minuten backen. Nach Ende der Backzeit di Käsekartoffeln anrichten, ausgarnieren und servieren.

Auflauf mit Schafskäse

• 400 g gekochte Kartoffeln • 400 g gekochtes Mischgemüse • 4-5 EL Weißweinessig • 4-5 EL Fleischbrühe • 1 Zwiebel • 4 Knoblauchzehen • TL Salz • Pfeffer aus der Mühle • 1 Prise Zucker • 1 Prise Cayennepfeffer • Butter oder Margarine zum Ausfetten • 400 g Schafskäse • 50 g Sonnenblumenkerne • Kräuterzweige zum Garnieren

- Die Kartoffeln pellen und in Würfel schneiden, mit dem Misch gemüse in einer Schüssel vermischen. Den Essig mit der Brühe un der geschälten und geriebenen Zwiebel untermischen.
- Die Knoblauchzehe zu einer Paste zerreiben, unter das Gemüse he ben, mit Salz, Pfeffer, Zucker und Cayennepfeffer abschmecken.
- Eine Auflaufform ausfetten, das Gemüse einfüllen und mit dem i Scheiben geschnittenen Schafskäse belegen.
- Das Ganze im auf 180-200 °C vorgeheizten Backofen 10-15 Minu ten überbacken. Nach Ende der Backzeit den Auflauf mit Schafskä se anrichten, mit den Sonnenblumenkernen bestreuen, mit Krä terzweigen ausgarnieren und servieren.

Kartoffel-Würstel-Auflauf

• 500 g gekochte Kartoffeln • 2 Zwiebeln • 2 Stangen Lauch • 500 g Würstchen • 2 Becher saure Sahne • 1 Becher süße Sahne • 4 Eier • 1 Tasse gemischte, gehackte Kräuter • Salz • Pfeffer aus der Mühle • 1 Prise Muskat

- Die gekochten Kartoffeln pellen und in Würfel oder Scheiben schneiden. Die geschälten Zwiebeln in feine Würfel schneiden, den Lauch putzen, waschen und in Scheiben schneiden, mit den in Scheiben geschnittenen Würstchen vermischen und in eine ausgefettete Auflaufform schichten.
- Die saure Sahne mit der süßen Sahne, den Eiern und den gehackten Kräutern in einer Schüssel verrühren, mit Salz, Pfeffer und Muskat kräftig würzen und den Käse untermischen.
- Die Käsecreme gleichmäßig auf dem Auflauf verteilen und im auf 180-200 °C vorgeheizten Ofen 10-15 Minuten backen. Nach Ende der Backzeit den Auflauf anrichten und servieren.

Birnenauflauf mit Schinkenwurst

• 500 g Kartoffeln • Salzwasser • 4 säuerliche Birnen • Saft von 1 Zitrone • 1/4 l Dickmilch • 1 Becher Sahne • Salz • Pfeffer aus der Mühle • 1 Prise Muskat • 800 g Schinkenwurst • 1-2 EL Olivenöl • 1-2 EL Butter oder Margarine • 200 g geriebenen Butterkäse • 1 Tasse gehackte Kräuter

- Die Kartoffeln unter fließendem Wasser waschen, schälen und in einen Topf geben. Das Salzwasser angießen und die Kartoffeln darin bissfest garen.
- Die Birnen schälen, entkernen, in feine Würfel schneiden und sofort mit Zitronensaft beträufeln.
- Die Dickmilch mit der Sahne glatt rühren, mit Salz, Pfeffer, Cayennepfeffer und Muskat kräftig abschmecken. Die Kartoffeln aus dem Salzwasser nehmen, pellen und in Scheiben schneiden.
- Die Schinkenwurst in Scheiben schneiden, das Olivenöl in einer Pfanne erhitzen und die Wurstscheiben darin braten.
- Die Kartoffeln mit den Birnen und der Schinkenwurst in eine ausgefettete Auflaufform schichten, mit der Dickmilch überziehen, mit dem Käse bestreuen und im auf 180-200 °C vorgeheizten Ofen 10-15 Minuten backen. Nach Ende der Backzeit den Birnenauflauf mit Schinkenwurst herausnehmen, anrichten, ausgarnieren und servieren.

Schneller Champignonauflauf

• 400 g frische Champignons • Saft von 2 Zitronen • 400 g gekochte Kartoffeln • 1 Bund Frühlingszwiebeln • Fett für die Form • 1 Becher Sahne • 2 Becher Joghurt • 4 Eier • Salz • Pfeffer aus der Mühle • 1 Prise Muskat • 1 Prise Cayennepfeffer • 1 Bund Schnittlauch • 1 Bund Estragon • 1 Bund Zitronenmelisse • 200 g geriebenen Butterkäse

- Die Champignons verlesen, waschen, gut abtropfen lassen und klei schneiden, mit Zitronensaft sofort beträufeln.
- Die Kartoffeln pellen in Würfel oder Scheiben schneiden, die Früh lingszwiebeln putzen, waschen in Stücke schneiden und mit de restlichen Zutaten in eine ausgefettete Auflaufform schichten.
- Die Sahne mit dem Joghurt und den Eiern verschlagen, die Mass mit Salz, Pfeffer, Muskat und Cayennepfeffer abschmecken und di fein gehackten Kräuter unterrühren, zum Schluss den Käse unte ziehen.
- Die Käsecreme gleichmäßig auf dem Auflauf verteilen und im au 180-200 °C vorgeheizten Ofen 10-15 Minuten backen. Nach End der Backzeit den Champignonauflauf herausnehmen, anrichten ausgarnieren und servieren.

Gemüse-Kräuter-Auflauf

• 800 g gekochtes Mischgemüse • 1 Bund Frühlingszwiebeln • 200 g Schinken • Salz • Pfeffer aus der Mühle • 1 Prise Muskat • 1 Prise Cayennepfeffer • 2-3 EL Butter oder Margarine • 1 Becher Sahne • 2 Becher Sahnedickmilch • 4 Eier • 2 Tassen gehackte Kräuter • 200 g geriebenen Gouda

- Das gekochte Mischgemüse in mundgerechte Stücke schneiden ur in eine Schüssel reiben. Die Frühlingszwiebeln in feine Streife schneiden. Den Schinken in feine Würfel schneiden, mit den Früh lingszwiebeln unter das Gemüse heben, mit Salz, Pfeffer, Musk und Cayennepfeffer kräftig abschmecken.
- Das Gemüse in eine ausgefettete Auflaufform füllen, die Sahne m der Sahnedickmilch und den Eiern verschlagen, die gehackten Krä ter untermischen, abschmecken und zum Schluss den Käse unte ziehen.
- Die Käsecreme gleichmäßig auf dem Auflauf verteilen und im a 180-200 °C vorgeheizten Ofen 10-15 Minuten backen. Nach En der Backzeit den Gemüse-Kräuter-Auflauf herausnehmen, anric ten, ausgarnieren und servieren.

Kartoffel-Karotten-Auflauf

• 200 g gekochten Schinken • 400 g Kartoffeln • 400 g Karotten • 1-2 EL Butter oder Margarine • 1 Zwiebel • Salz • Pfeffer aus der Mühle • 1 Prise Zucker • 1 Tasse Gemüsebrühe • 1/2 Tasse Obstessig • 1/2 Tasse Weißwein • 1 Becher Sahne • 200 g geriebenen Butterkäse • 1 Bund Dill

Den Schinken in Würfel schneiden. Die Kartoffeln und die Karotten schälen und in Würfel schneiden.
Die Butter oder Margarine in einer Auflaufform erhitzen und die geschälte und fein gehackte Zwiebel darin anschwitzen. Das restliche Gemüse dazugeben und kurz mitschwitzen.
Mit der Gemüsebrühe, dem Obstessig und dem Weißwein auffüllen und das Ganze bei mäßiger Hitze 8-10 Minuten garen lassen, den Schinken unterziehen.
Das Gemüse mit Salz, Pfeffer und Zucker würzen, die Sahne mit dem Butterkäse und die Hälfte des zerpflückten Dills vermischen, den Auflauf damit überziehen und im auf 180-200 °C vorgeheizten Backofen 10-15 Minuten überbacken. Den Auflauf anrichten, mit dem restlichen gehackten Dill bestreuen und servieren.

Kartoffel-Spinat-Auflauf mit Krabben

• 600 g Krabben • Saft von 1 Zitrone • einige Tropfen Worcestersauce • Salz • Pfeffer aus der Mühle • 500 g Spinat • 100 g durchwachsenen, geräucherten Speck • 2-3 EL Butter oder Margarine • 1 Zwiebel • 1 Prise Cayennepfeffer • 1 Prise Muskat 500 g gekochte Kartoffeln • 2-3 EL Butter oder Margarine für die Form • 1 Schuss Weißwein • 1/8 l Fisch- oder Gemüsebrühe 1 Becher Sahne • 200 g geriebenen Butterkäse • 1 Bund Estragon

Den Krabben mit Zitronensaft und Worcestersauce marinieren. Mit Salz und Pfeffer würzen und im Kühlschrank 10-15 Minuten ziehen lassen.
Den Spinat putzen und in Streifen schneiden. Den Speck in Würfel schneiden und in einer Pfanne auslassen. Die Butter oder Margarine dazugeben und die gehackte Zwiebel darin glasig schwitzen.
Den Spinat zu den Speckzwiebeln geben und kurz mitschwitzen.
Mit Salz, Pfeffer, Cayennepfeffer und Muskat kräftig abschmecken und mit den gepellten und in Scheiben geschnittenen Kartoffeln in eine ausgefettete Auflaufform schichten,
Den Weißwein und die Brühe angießen, die Krabben darauf setzen, die Sahne mit dem Käse vermischen, abschmecken und über dem Auflauf verteilen, im auf 180-200 °C vorgeheizten Backofen 20-30 Minuten garen. Nach Ende der Garzeit den Kartoffel-Spinat-Auflauf anrichten und mit gehacktem Estragon bestreut servieren.

Petersilienkuchen

• 500 g Mehl • 250 g Butter oder Margarine • 1 EL Salz • 1 EL geriebene Zitronenschale • 2 Eier • knapp 1 Tasse Wasser • 500 g Speisequark • 1 Schuss Sahne • 4 Eier • Salz • Pfeffer aus der Mühle • 1 Prise Cayennepfeffer • 1 Prise Muskat • einige Tropfen Zitronensaft • einige Tropfen Worcestersauce • 2 Tassen fein gehackte Petersilie • 250 g geriebenen Butterkäse • Kräuterzweige zum Garnieren

- Das Mehl auf eine Arbeitsfläche sieben und eine Mulde eindrücke
- Die Butter oder Margarine in Flöckchen darauf setzen, das Ganz mit dem Salz und der geriebenen Zitronenschale bestreuen.
- Die Eier und das Wasser in die Mulde geben und das Ganze mit be mehlten Händen von außen nach innen schnell zu einem glatte kompakten Teig verkneten.
- Den Teig in ein feuchtes Küchentuch wickeln und im Kühlschrar mindestens eine Stunde ruhen lassen.
- Anschließend den Teig nochmals auf einer bemehlten Arbeitsfläch durchkneten, ausrollen und eine ausgefettete Springform damit au legen, einen 3-4 cm hohen Rand formen. Den Teig mehrmals mit e ner Gabel einstechen und bereitstellen.
- Den Speisequark mit der Sahne und den Eiern in eine Schüssel g ben und glatt rühren. Die Masse mit Salz, Pfeffer, Cayennepfeffe Muskat, Zitronensaft und Worcestersauce kräftig abschmecken ur die Petersilie untermischen.
- Die Hälfte des Butterkäses unter die Quarkmasse rühren, die Quar masse auf den Teig geben und glatt streichen. Zum Schluss d Ganze mit dem restlichen Butterkäse bestreuen und im a 180-200 °C vorgeheizten Backofen in 40-50 Minuten ausbacken
- Den Petersilienkuchen herausnehmen, anrichten, mit Kräuterzwe gen ausgarnieren und warm oder kalt servieren.

Brennnesselgemüse

• 2 EL Butter • 4 Schalotten • 200 g frische, junge Brennnesselblätter • 1 Schuss Weißwein • Salz • Pfeffer • Muskat • Cayennepfeffer • Zucker • 1/2 Bund Petersilie

- Die Butter erhitzen und die fein gehackten Schalotten darin glas schwitzen. Die Brennnesselblätter grob schneiden. Zu den Schalo ten geben und anschwitzen.
- Mit Weißwein ablöschen. Das Ganze mit Salz, Pfeffer, Musk Cayennepfeffer und Zucker kräftig würzen. Die fein gehackte P tersilie untermischen. Das Brennnesselgemüse anrichten und m Kartoffelkroketten servieren.

Kartoffelkuchen mit Tomaten

• 1 kg Kartoffeln • Salzwasser • 1 EL Kümmel • 2 Zwiebeln • 1 rote Paprikaschote • 1 gelbe Paprikaschote • 6 Tomaten • Olivenöl zum Ausfetten • 1 kleine Dose geschälte Tomaten • 1 EL Pizzagewürz • 1 kleines Glas gefüllte Oliven • 250 g gut schmelzenden Käse

Die Kartoffeln unter fließendem Wasser waschen und in einen Topf geben. Das Salzwasser angießen, den Kümmel dazugeben und die Kartoffeln in 20 Minuten garen. Die Kartoffeln abgießen, leicht erkalten lassen, pellen und in Scheiben schneiden.
Die Zwiebeln schälen, in Würfel oder Scheiben schneiden. Die Paprikaschoten putzen, halbieren, entkernen, waschen, gut abtropfen lassen und ebenfalls in Scheiben oder Streifen schneiden.
Die Tomaten enthäuten und in Scheiben schneiden. Eine Pizzaform mit Olivenöl ausfetten und mit den in Scheiben geschnittenen Kartoffeln auslegen.
Die Kartoffeln mit den geschälten Tomaten belegen. Die Zwiebeln, die Paprikaschoten und die in Scheiben geschnittenen Tomaten darauf verteilen. Mit Pizzagewürz bestreuen und mit den in Scheiben geschnittenen Oliven belegen.
Den Kartoffelkuchen mit dem gut schmelzenden Käse bedecken und im auf 180-200 °C vorgeheizten Backofen in 15-20 Minuten garen. Den Kartoffelkuchen aus dem Ofen nehmen, dekorativ anrichten, ausgarnieren und sofort servieren.

Bayerischer Kartoffelsalat

• 800 g Kartoffeln • Salzwasser • 1 EL Kümmel • 1 EL Wacholderbeeren • 1 EL Pfefferkörner • 1/2 Tasse Olivenöl • 200 g durchwachsenen, geräucherten Speck • 1 Bund Frühlingszwiebeln • 2 Tassen Fleisch- oder Gemüsebrühe • 1 Tasse Obstessig • Salz • Pfeffer aus der Mühle • 1 Prise Zucker • 1 Bund Schnittlauch

Die Kartoffeln und die Gewürze in einen Topf mit Salzwasser geben und in 20-25 Minuten garen. Die Kartoffeln abgießen, pellen, in Scheiben schneiden und in eine Schüssel geben.
Das Olivenöl erhitzen und den in feine Würfel geschnittenen Speck darin auslassen. Die in Scheiben geschnittenen Frühlingszwiebeln dazugeben und glasig schwitzen. Die Brühe und den Obstessig angießen und aufkochen lassen. Mit Salz, Pfeffer und Zucker abschmecken.
Das Dressing über den Kartoffelsalat verteilen und alles gut miteinander vermischen. Den Kartoffelsalat 10-15 Minuten ziehen lassen, erneut abschmecken, anrichten und mit Schnitlauchröllchen bestreut servieren.

Zwiebelkuchen mit Speck

• 250 g Sahnequark • 6 EL Olivenöl • 1 Ei • 1 Prise Salz • weißen Pfeffer aus der Mühle • 1 Prise Kümmelpulver • 300 g Mehl • 1 TL Backpulver • 1-2 EL Olivenöl • 150 g durchwachsenen, geräucherten Speck • 500 g Zwiebeln • 2 Stangen Lauch • 2 Becher Vollmilchjoghurt • 2 Becher Crème fraîche • 4 Eie • Salz • Pfeffer aus der Mühle • 125 g geriebenen, mittelalten Gouda • 2 EL Speisestärke • Fett für die Form

- Den Quark mit dem Öl und dem Ei in eine Schüssel geben und gla rühren, mit Salz, Pfeffer und Kümmel abschmecken. Das Mehl si ben, mit dem Backpulver vermischen, zum Quark geben und zu e nem glatten Teig verarbeiten.
- Den Teig auf einer bemehlten Arbeitsfläche nochmals kräftig durc arbeiten, in Frischhaltefolie wickeln und im Kühlschrank mindeste eine Stunde ruhen lassen.
- In der Zwischenzeit das Olivenöl in einer Pfanne erhitzen und de fein gewürfelten Speck darin auslassen. Die in Scheiben geschni tenen Zwiebeln und den in Ringe geschnittenen Lauch dazugebe und kurz anschwitzen, vom Feuer nehmen und kräftig a schmecken.
- Den Joghurt mit der Crème fraîche und den Eiern in eine Schüss geben und verschlagen, mit Salz und Pfeffer würzen und den Kä sowie die Speisestärke untermischen.
- Den Teig ausrollen, eine ausgefettete Springform damit auslege einen 2-3 cm hohen Rand formen und die Zwiebel-Lauch-Mischur einfüllen.
- Die Masse gleichmäßig verteilen, mit der Joghurt-Eicreme überz hen, die Creme glatt streichen und das Ganze im auf 180-200 ° vorgeheizten Backofen in 40-50 Minuten ausbacken.
- Den Zwiebelkuchen mit Speck in Stücke schneiden, ausgarnier und warm oder kalt servieren.

Speckkartoffeln

• 1 kg Kartoffeln • 1/2 TL Salz • 1/4-3/8 l Wasser • 50 g durchwachsenen, geräucherten Speck • 1 Zwiebel • 1 EL C

- Die Kartoffeln unter fließendem Wasser gründlich abbürste schälen, in einen Topf geben, salzen und das Wasser dazugebe mit den Kräutern verfeinern.
- Die Kartoffeln in 20-25 Minuten gar kochen, abgießen und kurz au dampfen lassen.
- Den Speck und die Zwiebel fein würfeln, im erhitzten Öl braun br ten und die Kartoffeln damit bestreuen.

Kartoffelkuchen mit Bratenfleisch

• 500 g Mehl • 250 g Butter oder Margarine • 1 EL Salz • 1 EL geriebene Zitronenschale • 2 Eier • knapp 1 Tasse Wasser 500 g Kartoffeln • 1 Schuss Sahne • 1-2 EL Butter oder Margarine • 2 Zwiebeln • 100 g gekochten Schinken • 1 Bund Petersilie • 1 Bund Schnittlauch • Salz • Pfeffer aus der Mühle • 1 Prise Muskat • 1 Prise Cayennepfeffer • 125 g geriebenen Butterkäse • 200 g fertig gegarten Schweinebraten

Das Mehl auf eine Arbeitsfläche sieben und eine Mulde eindrücken. Die Butter oder Margarine in Flöckchen darauf setzen, das Ganze mit dem Salz und der geriebenen Zitronenschale bestreuen.
Die Eier und das Wasser in die Mulde geben und das Ganze mit bemehlten Händen von außen nach innen schnell zu einem glatten, kompakten Teig verkneten.
Den Teig in ein feuchtes Küchentuch wickeln und im Kühlschrank mindestens eine Stunde ruhen lassen.
Anschließend den Teig nochmals auf einer bemehlten Arbeitsfläche durchkneten, ausrollen und eine ausgefettete Springform damit auslegen, einen Rand hochdrücken und im auf 180-200 °C vorgeheizten Backofen 10-15 Minuten vorbacken.
Die Kartoffeln in Salzwasser bissfest garen, herausnehmen, pellen, durch die Kartoffelpresse treiben und mit der Sahne glatt rühren.
Die Butter oder Margarine in einer Pfanne erhitzen und die fein gehackten Zwiebeln darin glasig schwitzen. Den in kleine Würfel geschnittenen Schinken dazugeben und kurz mitschwitzen und die fein gehackten Kräuter untermischen.
Das Gemüse mit dem Kartoffelpüree vermischen, mit Salz, Pfeffer, Muskat und Cayennepfeffer abschmecken. Die Hälfte des Butterkäses untermischen, die Hälfte der Masse auf dem Kuchen verteilen und das Ganze mit dem in Streifen geschnittenen Bratenfleisch bestreuen.
Den Kuchen mit dem restlichen Püree bestreichen, mit dem Käse bestreuen und im auf 180-200 °C vorgeheizten Backofen in 30-35 Minuten fertig backen, herausnehmen, anrichten und warm oder kalt servieren.

Gemüsekuchen für Geniesser

• 250 g Mehl • 1/2 Päckchen Trockenhefe • 1 Tasse lauwarme Milc • 2 EL Butter oder Margarine • 1 EL Zucker • 1 TL Salz • 1 Ei • Butter zum Ausfetten • 1-2 EL Butter oder Margarine • 5 Zwiebeln • 200 g gekochten Schinken • 400 g Mischgemüse • Salz • Pfeffer aus der Mühle • 1 Prise Muskat • 2 Becher saure Sahne • 2 Eier • 150 g geriebenen Gouda zum Untermischen • 50 g geriebenen Butterkäse zum Bestreuen

- Die Teigzutaten zu einem Hefeteig verarbeiten. Nochmals durcha beiten, auf einer bemehlten Arbeitsfläche ausrollen, in eine ausg fettete Springform legen und einen Rand formen.
- Die Butter oder Margarine erhitzen und die in Scheiben geschnitt nen Zwiebeln glasig schwitzen. Den in Würfel geschnittenen Schi ken dazugeben und mitschwitzen. Das Mischgemüse einrühre kurz mitschwitzen, mit Salz, Pfeffer und Muskat abschmecken.
- Die saure Sahne mit den Eiern und dem geriebenen Gouda verm schen und abschmecken. Die Füllung auf dem Teig verteilen und d Sahne-Ei-Mischung darüber verteilen. Den Butterkäse darüber stre en und den Kuchen im auf 180-200 °C vorgeheizten Backof 50-60 Minuten abbacken, anrichten und warm oder kalt serviere

Zucchinitorte

• 250 g Vollkornweizenmehl • 1 TL Backpulver • 1/2 TL Salz • 100 g Butterschmalz • 1 Ei • 500 g Zucchini • 2 Eier • 200 g saure Sahne • Salz • Pfeffer • 1 Prise Muskat • 50 g Semmelbrösel • Butter oder Margarine für die Form • 2 Eier • 125 g geriebenen Käse

- Das Mehl und das Backpulver auf eine Arbeitsfläche geben und ne Mulde eindrücken. Mit Salz bestreuen, das Butterschmalz Flöckchen darauf setzen, das Ei in die Mulde geben, mit bemehlt Händen zu einem glatten Teig verkneten, in ein feuchtes Küche tuch wickeln und eine Stunde ruhen lassen.
- Die Zucchini grob raspeln, mit den Eiern und der sauren Sahne v rühren, mit Salz, Pfeffer und Muskat abschmecken. Die Semm brösel goldgelb rösten und abkühlen lassen.
- Den Teig ausrollen, eine ausgefettete Springform damit ausleg und einen 3 cm hohen Rand formen. Die Zucchinimasse einfülle glatt streichen und im auf 180-200 °C vorgeheizten Backof 40-50 Minuten backen.
- 10 Minuten vor Garende die Eier verquirlen und die Oberfläche d Torte damit bestreichen, mit den Semmelbröseln und dem gerieb nen Käse bestreuen, fertig backen, herausnehmen und warm od kalt servieren.

Gemüsekuchen mit Speck

• 175 g Speisequark • 1 Schuss Milch • 5 EL Olivenöl • 1 Ei • 1 TL Salz • 300 g Mehl • 1 Päckchen Backpulver • 1-2 EL Butter oder Margarine • 500 g Zwiebeln • 1 Stange Lauch • 100 g durchwachsenen, geräucherten Speck • 125 g geriebenen Butterkäse • Salz • Pfeffer aus der Mühle • 1 Prise Muskat • 1 Prise Cayennepfeffer • 1 Prise Kümmelpulver • 1 Bund Schnittlauch • Fett für die Form

Den Speisequark mit der Milch und dem Olivenöl, dem Ei und dem Salz in einer Schüssel glatt rühren. Das Mehl mit dem Backpulver vermischen, sieben, zu den restlichen Zutaten geben und alles zu einem glatten, kompakten Teig verarbeiten. Den Teig im Kühlschrank eine Stunde ruhen lassen, anschließend auf einer bemehlten Arbeitsfläche nochmals kurz durchkneten.

Den Teig halbieren und je etwa 1/2 cm dick rund ausrollen.

Die Butter oder Margarine in einer Pfanne erhitzen und die in Scheiben geschnittenen Zwiebeln sowie den in Ringe geschnittenen Lauch darin unter ständigem Rühren kurz braten. Den in Würfel geschnittenen Speck dazugeben und kurz mitbraten.

Die Zwiebel-Speck-Masse vom Feuer nehmen, erkalten lassen, den geriebenen Käse untermischen, mit Salz, Pfeffer, Muskat, Cayennepfeffer und Kümmel kräftig würzen.

Den in Röllchen geschnittenen Schnittlauch untermischen, eine gefettete Springform mit einem Teigboden auslegen, einen Rand hochdrücken, die Masse gleichmäßig darauf verteilen und mit dem zweiten Teigboden abdecken. Den Teig mehrmals einstechen und das Ganze im auf 180-200 °C vorgeheizten Backofen in 40-50 Minuten ausbacken. Den Gemüsekuchen mit Speck herausnehmen und warm oder kalt servieren.

Gewürzkartoffeln

• 1 kg Kartoffeln • 1/2 TL Salz • 1/4-3/8 l Wasser • 2-3 EL Kräuter der Provence

Die Kartoffeln unter fließendem Wasser gründlich abbürsten, schälen, in einen Topf geben, salzen und das Wasser dazugeben, mit den Kräutern verfeinern.

Die Kartoffeln in 20-25 Minuten gar kochen, abgießen und kurz ausdampfen lassen.

Gemüsekuchen mit Tomaten und Auberginen

• 400 g Mehl • 1 Päckchen Trockenhefe • 1/4 l lauwarmes Wasser • 1 EL Zucker • 1 TL Salz • 2-3 EL Olivenöl • 1 Prise Muskat • 1 Prise Kümmelpulver • 500 g Eiertomaten • 2 Auberginen • 1 Zucchini • 2 Zwiebeln • 1 rote Paprikaschote • 1 Becher saure Sahne • Salz • Pfeffer aus der Mühle • 125 g geriebenen Käse

- Aus den Teigzutaten einen Hefeteig herstellen und zugedeckt an ei nem warmen Ort 30 Minuten gehen lassen. Anschließend nochmal kräftig durcharbeiten, dünn ausrollen und eine ausgefettete Spring form oder ein kleines Backblech damit auslegen.
- Die Tomaten enthäuten, entkernen, grob hacken und gleichmäßig auf dem Teigboden verteilen. Die Auberginen und die Zucchini put zen, waschen, in Scheiben schneiden, mit den in Scheiben ge schnittenen Zwiebeln auf den Teigboden legen. Die Paprikaschote halbieren, entkernen, waschen, in Streifen schneiden und auf dem Gemüse verteilen.
- Die saure Sahne glatt rühren, mit Salz und Pfeffer kräftig würzen, den geriebenen Käse untermischen und auf das Gemüse geben.
- Den Gemüsekuchen im auf 180-200 °C vorgeheizten Backofen in 40-50 Minuten abbacken, herausnehmen, dekorativ anrichten, aus garnieren und warm oder kalt servieren.

Chinakohlauflauf mit Kasseler

• 400 g gekochtes Kasseler • 1-2 EL Butter oder Margarine • 2 Zwiebeln • 600 g Chinakohl • 1/4 l Gemüsebrühe • Salz • Pfeffer • 2 Lorbeerblätter • einige Nelken • einige Pimentkörner • 1 Prise Muskat • 1 Prise Cayennepfeffer • 1 Becher Sahne • 1 Schuss Weißwein • 250 g geriebenen Butterkäse

- Das Kasseler in Würfel schneiden, die Butter oder Margarine in ei ner Auflaufform erhitzen und das Kasseler darin kurz anschwitzen.
- Die Zwiebeln schälen, fein hacken, zum Kasseler geben und kur mitschwitzen.
- Den geputzten und in mundgerechte Stücke geschnittenen China kohl dazugeben und ebenfalls kurz mitschwitzen.
- Die Gemüsebrühe angießen und mit Salz und Pfeffer würzen, di Lorbeerblätter, die Nelken, die Pimentkörner dazugeben, mit Mus kat und Cayennepfeffer abrunden.
- Die Sahne mit dem Weißwein und dem geriebenen Käse verrühren gleichmäßig auf dem Auflauf verteilen und im auf 180-200 °C vo geheizten Backofen 15-20 Minuten überbacken. Den Auflau herausnehmen, dekorativ anrichten, ausgarnieren und servieren.

Pilzauflauf mit Butterkäse

• 800 g Kartoffeln • 2 Lorbeerblätter • einige Wacholderbeeren • einige Nelken • 1 Becher Sahne • Salz • Pfeffer aus der Mühle • 1 Prise Muskat • 250 g geriebenen Butterkäse • 1-2 EL Butter oder Margarine • 150 g durchwachsenen Speck • 2 Zwiebeln • 1 Stange Lauch • 400 g Mischpilze • Saft von 1 Zitrone • 1/8 l Gemüse- oder Fleischbrühe • 2 Becher Sahne • 4 Eier

Die Kartoffeln garen, erkalten lassen, pellen und durch die Kartoffelpresse treiben. Das Kartoffelpüree mit der Sahne abschlagen, mit Salz, Pfeffer und Muskat würzen und die Hälfte des Käses unterziehen. Die Butter oder Margarine erhitzen und den in feine Würfel geschnittenen Speck auslassen.

Die Zwiebeln schälen, fein hacken, den Lauch putzen, waschen, in Ringe schneiden, beides zum Speck geben und mitbraten.

Die Mischpilze putzen, klein schneiden, mit Zitronensaft beträufeln, zu den Gemüsezwiebeln geben und kurz mitschwitzen.

Die Pilze mit der Brühe ablöschen, mit Salz, Pfeffer und Muskat abschmecken und bei mäßiger Hitze fünf Minuten garen. Eine Auflaufform ausfetten und Kartoffelpüree und Pilzgemüse einfüllen. Die Sahne mit den Eiern und dem restlichen Käse verrühren, mit Salz, Pfeffer und Muskat abschmecken und auf dem Auflauf verteilen. Den Auflauf im auf 180-200 °C vorgeheizten Backofen in 25 Minuten garen, anrichten, ausgarnieren und servieren.

Deftiger Gemüseauflauf

200 g Broccoliröschen • 200 g Blumenkohlröschen • 200 g Sellerie 200 g Karotten • 200 g Kartoffeln • 2-3 EL Butter oder Margarine • 100 g durchwachsenen, geräucherten Speck • 2 Zwiebeln • 1/4 l Gemüsebrühe • 1 Lorbeerblatt • 1 TL Kümmel • 1 EL Majoran • Salz • Pfeffer aus der Mühle • 1 Becher Crème fraîche • 2 Eier • 200 g geriebenen Butterkäse • 1 Bund Schnittlauch

Das Gemüse putzen, in Stücke schneiden und bereitstellen. Die Butter oder Margarine erhitzen und den in Würfel geschnittenen Speck darin auslassen. Die Zwiebeln schälen, fein hacken, zum Speck geben und kurz mitschwitzen. Das Gemüse dazugeben und ebenfalls kurz mitschwitzen. Die Gemüsebrühe angießen, das Lorbeerblatt, den Kümmel und den Majoran dazugeben, das Ganze mit Salz und Pfeffer abschmecken. Bei mäßiger Hitze 8-10 Minuten dünsten.

Die Crème fraîche mit den Eiern und dem Käse verrühren, mit Salz und Pfeffer würzen, auf das Gemüse verteilen und in dem auf 180-200 °C vorgeheizten Backofen 20-25 Minuten garen, anrichten, ausgarnieren und mit Schnittlauchröllchen bestreut servieren.

Schollenröllchen mit grüner Füllung

• 8 Schollenfilets • Saft von 1 Zitrone • einige Tropfen Sojasauce • Salz • Pfeffer aus der Mühle • Alufolie • Butter zum Ausfetten • 1 Tasse gemischte, gehackte Kräuter (Löwenzahn, Brunnenkresse, Brennessel) • 75 g Blattspinat (TK-Produkt) • 1 Schuss Weißwein • 1 Prise Cayennepfeffer • 1 Prise Muskat • 1/2 Tasse fein geriebenen Emmentaler • 3-4 EL Butter oder Margarine • 1 Zwiebel • 1 rote Paprikaschote • 1 gelbe Paprikaschote • 2 Karotten • 1 Bund Frühlingszwiebeln • 1 Tasse Gemüsebrühe • 1 Prise Zucke • Kräuterzweige zum Garnieren

- Die Schollenfilets waschen, trockentupfen, mit Zitronensaft und So jasauce beträufeln, mit Salz und Pfeffer würzen, im Kühlschrank 10 15 Minuten ziehen lassen.
- Acht entsprechend große Stücke Alufolie auf eine Arbeitsfläche le gen und mit Butter ausfetten. Die Schollenfilets darauf legen.
- Die fein gehackten Kräuter mit dem gehackten Blattspinat verm schen, mit Zitronensaft, Weißwein, Salz, Pfeffer, Cayennepfeffer un Muskat kräftig würzen.
- Den Emmentaler unter die Kräutermischung rühren, gleichmäßi auf den Schollenröllchen verteilen, zusammenrollen, in die Alufoli einwickeln, auf ein Backblech setzen und im auf 180-200 °C vo geheizten Backofen in 15-20 Minuten garen.
- Die Butter oder Margarine in einem Topf erhitzen und die fein ge hackte Zwiebel darin glasig schwitzen. Die Paprikaschoten in mund gerechte Würfel schneiden, zur Zwiebel geben und mitschwitzen
- Die Karotten fein würfeln, zum Gemüse geben und kurz mitdün sten. Die Frühlingszwiebeln in feine Scheiben schneiden, zu Gemüse geben, die Gemüsebrühe angießen, das Ganze bei mäß ger Hitze 8-10 Minuten köcheln lassen, mit Salz, Pfeffer, Zitrone saft, Weißwein und Zucker kräftig abschmecken.
- Das Gemüse dekorativ anrichten, die Schollenröllchen aus der Fol nehmen und auf das Gemüse setzen. Das Ganze mit Kräuterzwe gen ausgarnieren und sofort servieren.

Pellkartoffeln

• 1 kg festkochende, mehlige Kartoffeln • Salzwasser • 1 EL Kümmel

- Die Kartoffeln unter fließendem Wasser abbürsten, gut abtropfe lassen und in einen Topf geben.
- Das Salzwasser angießen, den Kümmel dazugeben, den Topf ve schließen und die Kartoffeln je nach Größe in 20-30 Minuten bis

Fischerschmaus

• 600 g Hechtfilets • Saft von 1 Zitrone • einige Tropfen Worcestersauce • Salz • Pfeffer aus der Mühle • 2-3 EL Butter oder Margarine • 2 Zwiebeln • 200 g Langkornreis • 2 Karotten • 1 Glas Weißwein • 3/4 l Fischbrühe • 1 Lorbeerblatt • einige Nelken • 2 einige Tropfen Zitronensaft • einige Tropfen Worcestersauce • 1 Prise Muskat • 1 Prise Cayennepfeffer • 1 Prise Zucker • 100g Waldpilze • 1 Hand voll frische Kräuter (Melisse, Minze, Dill)

Die Hechtfilets waschen, trockentupfen, in mundgerechte Würfel schneiden, mit Zitronensaft und Worcestersauce beträufeln, mit Salz und Pfeffer würzen und im Kühlschrank 10-15 Minuten ziehen lassen.
Die Butter oder Margarine erhitzen und die geschälten, fein gehackten Zwiebeln darin glasig schwitzen. Den Reis dazugeben und kurz mitschwitzen.
Die Karotten schälen, in Würfel schneiden, zum Reis geben und kurz mitschwitzen.
Den Wein und die Brühe angießen, Lorbeerblatt und Nelken dazugeben und zum Kochen bringen.
Das Ganze mit Salz, Pfeffer, Zitronensaft, Worcestersauce, Muskat, Cayennepfeffer und Zucker kräftig abschmecken und bei mäßiger Hitze 10-12 Minuten garen.
Die geputzten, gewaschenen und klein geschnittenen Waldpilze mit den Fischwürfeln zum Reis geben und weitere 10 Minuten garen.
Den Fischerschmaus nochmals kräftig abschmecken, mit den verlesenen, gewaschenen und fein gehackten Kräutern verfeinern, dekorativ anrichten, ausgarnieren und sofort servieren.

Bratkartoffeln

•600 g gegarte Pellkartoffeln • 1 EL Schweineschmalz • 1 Zwiebel • Salz • Pfeffer aus der Mühle • 1 EL Schnittlauchröllchen

Die Kartoffeln pellen und in dünne Scheiben schneiden.
Das Schweineschmalz in einer Pfanne erhitzen, die fein gehackte Zwiebel darin anschwitzen und die Kartoffeln dazugeben.
Die Kartoffeln kräftig anbraten, wenden und so lange braten, bis sie braun und knusprig sind, dann salzen, pfeffern, mit Schnittlauchröllchen bestreuen und sofort servieren.

Überbackener Goldbarsch

• 1 kg Goldbarschfilets • Saft von 1 Zitrone • einige Tropfen Obstessig • einige Tropfen Worcestersauce • Salz • Pfeffer aus der Mühle • 2 EL Butter oder Margarine • 2 Zwiebeln • 400 g gemischtes Gemüse (Sellerie, Lauch, Karotten) • 1/2 l gebundene Helle Sauce • 1 Glas Weißwein • 1 Becher Sahne • 1 Handvoll Kräuter (Oregano, Basilikum, Dill, Estragon) • 200 g fein geriebenen Gouda • 50 g fein geriebenen Emmentaler • 2-3 Lorbeerblätter

- Die Goldbarschfilets unter fließendem Wasser waschen, trocken tupfen, in mundgerechte Stücke schneiden, mit Zitronensaft, Obstessig und Worcestersauce beträufeln, mit Salz und Pfeffer würzen und im Kühlschrank 10-15 Minuten ziehen lassen.
- In der Zwischenzeit die Butter oder Margarine in einer Auflaufform erhitzen und die geschälten, fein gehackten Zwiebeln darin glasig schwitzen.
- Das Gemüse putzen, waschen, in feine Würfel oder Streifen schneiden, zu den Zwiebeln geben und kurz mitschwitzen, bei mäßiger Hitze bissfest dünsten.
- Die Fischwürfel unterheben, die gebundene Helle Sauce und den Weißwein sowie die Sahne untermischen, die verlesenen, gewaschenen und fein gehackten Kräuter darüber verteilen.
- Das Ganze nochmals mit Salz, Pfeffer, Zitronensaft und Obstessig abschmecken. Den Gouda mit dem Emmentaler vermischen, den Fisch damit bestreuen, die Lorbeerblätter in den Auflauf stecken und im auf 180-200 °C vorgeheizten Ofen 15-20 Minuten garen.
- Den überbackenen Goldbarsch herausnehmen, dekorativ anrichten, ausgarnieren und sofort servieren.

Kartoffeln mit Käsesauce

• 1-2 EL Olivenöl • 1 Zwiebel • 1 Tasse Brühe • 1 Becher Sahne • 200 g Raclettekäse • Salz • Pfeffer • 1 Prise Muskat • 1 Prise Cayennepfeffer • 1 Prise Zucker • 600 g gekochte Kartoffeln • 1 Tasse gemischte, gehackte Kräuter

- Das Olivenöl erhitzen und die geschälte und fein gehackte Zwiebel darin glasig schwitzen. Mit der Fleischbrühe auffüllen und die Sahne angießen, das Ganze einige Minuten köcheln lassen.
- Den Raclettekäse unter die Sauce ziehen, umrühren, schmelzen lassen und nochmals kurz aufkochen lassen.
- Das Ganze mit Salz, Pfeffer, Muskat, Cayennepfeffer und Zucker abschmecken.
- Die gekochten Kartoffeln unterheben, erhitzen, nochmals abschmecken, dekorativ anrichten, ausgarnieren und servieren.

Karottenfisch

• 800 g Kabeljaufilets • Saft von 1 Zitrone • einige Tropfen Worcestersauce • einige Tropfen Weißwein • Salz • Pfeffer aus der Mühle • 600 g Karotten • 1/4 l Gemüsebrühe • 2-3 EL Butter oder Margarine • 2 Zwiebeln • 2 Knoblauchzehen • 1/2 l Béchamelsauce • 250 g geriebenen Butterkäse

Die Kabeljaufilets waschen, trockentupfen, in Würfel schneiden, mit Zitronensaft, Worcestersauce und Weißwein beträufeln, mit Salz und Pfeffer würzen und im Kühlschrank 10-15 Minuten ziehen lassen.

Die Karotten schälen, waschen, in feine Streifen schneiden und in der erhitzten Gemüsebrühe garen.

Die Butter oder Margarine in einer Auflaufform erhitzen und die geschälten, fein gehackten Zwiebeln sowie die geschälten und gehackten Knoblauchzehen darin anschwitzen.

Die gut abgetropften Karotten und die Fischwürfel zu den Zwiebeln geben, die Béchamelsauce angießen, mit Salz, Pfeffer, Zitronensaft, Weißwein und Worcestersauce abschmecken und den geriebenen Butterkäse gleichmäßig darauf verteilen.

Die Auflaufform in den auf 180-200 °C vorgeheizten Backofen schieben und 18-20 Minuten garen.

Nach Ende der Garzeit den Karottenfisch herausnehmen, dekorativ anrichten, ausgarnieren und sofort servieren.

Kartoffeln mit Kräutersauce

• 1 Tomate • 1 Stange Sellerie • 2 Tassen gehackte Kräuter • 3 Knoblauchzehen • 1 TL Salz • 2 EL Pinienkerne • Salz • Pfeffer • 1/2 Glas Olivenöl • 800 g gekochte Kartoffeln

Die Tomate enthäuten, entkernen, in Würfel schneiden und in eine Schüssel geben.

Den Sellerie putzen, ebenfalls würfeln und in die Schüssel geben.

Die Kräuter mit den mit Salz zerriebenen Knoblauchzehen zum Gemüse geben.

Die Pinienkerne ebenfalls dazugeben und alles im Mixer oder mit dem Pürierstab pürieren.

Das Ganze mit Salz und Pfeffer würzen und langsam das Olivenöl einrühren.

Die gekochten Kartoffeln in Scheiben schneiden, dekorativ anrichten, mit der Kräutersauce überziehen, ausgarnieren und servieren.

Leberkäseauflauf mit Bandnudeln

• 30 g Butter • 400 g Leberkäse • 3 Zwiebeln • 1 Dose Mexikanisches Gemüse • 1 kleine Dose gemischte Pilze • 1 rote Paprikaschote • 1 EL Tomatenmark • Salz • Pfeffer aus de Mühle • 1 Prise Cayennepfeffer • 600 g bissfest gegarte Bandnude • 150 g geriebenen Gouda

- Die Butter in einer Pfanne erhitzen und den in Würfel geschnitt nen Leberkäse darin anbraten, herausnehmen und warm stellen.
- Die Zwiebeln schälen, fein hacken, ins verbliebene Bratfett gebe und glasig schwitzen.
- Das Mexikanische Gemüse und die Pilze gut abtropfen lassen, z den Zwiebeln geben, die Paprikaschote putzen, entkernen, in kle ne Würfel geben und ebenfalls dazugeben. Das Tomatenmark ei rühren.
- Das Ganze mit Salz, Pfeffer und Cayennepfeffer kräftig würzen.
- Den Leberkäse und die bissfest gegarten Bandnudeln dazugebe und bei mäßiger Hitze 4-5 Minuten erwärmen.
- Eine Auflaufform mit Butter oder Margarine ausfetten, die Nude und den Leberkäse schichtweise einfüllen, den Käse darüber stre en und im auf 180-200 °C vorgeheizten Backofen 10-15 Minute überbacken.
- Den Leberkäse-Auflauf mit Bandnudeln herausnehmen, dekorat anrichten, ausgarnieren und servieren.

Kartoffelwürfel in Cognacsauce

• 2-3 EL Butter oder Margarine • 80 g durchwachsenen, geräuche ten Speck • 1 Zwiebel • 1 Knoblauchzehe • 400 g geschälte Toma ten • 1 Glas Weißwein • 1/2 Becher Sahne • 4-5 EL Cognac • Sal • Pfeffer aus der Mühle • Speisestärke zum Binden • 800 g gekochte Kartoffeln

- Die Butter oder Margarine in einer Pfanne erhitzen und den Spe darin auslassen.
- Die Zwiebel und die Knoblauchzehe schälen und fein hacken u mit dem Speck glasig schwitzen.
- Die Tomaten, den Weißwein, die Sahne und den Cognac einrühr und bei mäßiger Hitze 6-8 Minuten köcheln lassen.
- Das Ganze mit Salz und Pfeffer kräftig würzen und mit der Speis stärke binden.
- Die gekochten Kartoffeln in Würfel schneiden, dekorativ anrichte mit der Cognacsauce überziehen, ausgarnieren und servieren.

Gefüllte Zucchini mit Langkornreis

• 2 Salatgurken • 300 g Leberkäsbrät • Salz • Pfeffer aus der Mühle • 1 Prise Muskat • 1 Schuss Sahne • 2 Eier • 1 Prise Cayennepfeffer • 1-2 EL Butter oder Margarine • 4 rote Zwiebeln • 1/4 l Gemüse- oder Fleischbrühe • 1 Becher Sahne • 2 EL Tomatenmark • Speisestärke zum Binden • Kräuterzweige zum Garnieren • 4 Portionen bißfest gegarten Langkornreis

- Die Zucchini halbieren, aushöhlen und das Fruchtfleisch würfeln. Das Leberkäsbrät mit dem Zucchinifruchtfleisch in eine Schüssel geben und je nach Geschmack mit Salz, Pfeffer und Muskat würzen.
- Die Sahne und die Eier dazugeben und das Ganze kräftig miteinander verschlagen. Die Masse nochmals abschmecken, mit Cayennepfeffer abrunden und anschließend in die ausgehöhlten Zucchini füllen.
- Die Butter oder Margarine in einer Form erhitzen, die in Stücke geschnittenen Zwiebeln dazugeben und glasig schwitzen.
- Die gefüllten Zucchini einsetzen, mit der Gemüsebrühe und der Sahne auffüllen und das Ganze im auf 180-200 °C vorgeheizten Backofen 25-30 Minuten garen.
- Nach Ende der Garzeit die Zucchini herausnehmen, das Tomatenmark in die Sauce einrühren und mit etwas angerührter Speisestärke binden. Die Zucchini auf heiße Teller geben,mit der Tomtaensauce überziehen, mit Kräuterzweigen ausgarnieren, den Langkornreis dazugeben und servieren.

Bauernsalat

• 400 g gekochte Kartoffeln • 250 g gekochte Ochsenbrust • 1 Zwiebel • 1 kleine Dose Mais • 1 kleine Dose Erbsen • 1 kleine Dose Kidneybohnen • 1 Tasse Mayonnaise • 1 Becher Joghurt • 1/2 Tasse Tomatenketchup • 2 EL Johannisbeergelee • etwas Obstessig • Salz • Pfeffer • 1 EL Paprikapulver • 1 EL Curry • 1 Prise Zucker • 1 Bund Schnittlauch

- Die Kartoffeln schälen, in Würfel schneiden und in eine Schüssel geben. Die Ochsenbrust würfeln. Die Zwiebel fein hacken.
- Den Mais, die Erbsen sowie die Kidneybohnen gut abtropfen lassen, zu den Kartoffeln geben und vorsichtig vermischen.
- Für das Dressing die Mayonnaise mit dem Joghurt, dem Tomatenketchup und dem Johannisbeergelee glatt rühren.
- Mit Obstessig, Salz, Pfeffer, Paprikapulver, Curry und Zucker kräftig abschmecken und den Salat damit anmachen.
- Den Salat dekorativ anrichten. Mit fein geschnittenem Schnittlauch bestreuen, ausgarnieren und servieren.

Fischfilet im Paprikabett

• 800 g Fischfilet • Saft von 1 Zitrone • einige Tropfen Obstessig • einige Tropfen Worcestersauce • Salz • Pfeffer aus der Mühle • 2 EL Olivenöl • 2 Zwiebeln • 2 Knoblauchzehen • 1 TL Salz • 2 rote Paprikaschoten • 2 grüne Paprikaschoten • 100 g Kasseler ohne Knochen • 1 kleines Glas grüne Oliven • 1 Glas Weißwein • 1/2 l Gemüse- oder Fischbrühe • 1 Prise Muskat • 1 Prise Cayennepfeffer • 1 Handvoll Kräuter (Estragon, Melisse, Minze, Dill)

- Die Filets mit Zitronensaft, Obstessig und Worcestersauce beträufeln, mit Salz und Pfeffer würzen und 10-15 Minuten ziehen lassen.
- Das Olivenöl erhitzen und die in Streifen geschnittenen Zwiebeln glasig schwitzen. Die Knoblauchzehen schälen, hacken, mit Salz zu einer Paste zerreiben, zu den Zwiebeln geben und kurz mitschwitzen.
- Die Paprikaschoten putzen, halbieren, entkernen, in Streifen schneiden, zu den Zwiebeln geben und ebenfalls kurz mitschwitzen.
- Das Kasseler in Streifen schneiden, die Oliven in Scheiben schneiden, beides zum Gemüse geben, mit Weißwein ablöschen und mit der Gemüse- oder Fischbrühe auffüllen.
- Das Ganze zum Kochen bringen, mit Salz, Pfeffer, Muskat und Cayennepfeffer kräftig abschmecken, die Fischfilets einsetzen, bei mäßiger Hitze 15-20 Minuten garen.
- Die Fischfilets anrichten, ausgarnieren, mit den verlesenen, gewaschenen und fein gehackten Kräutern bestreuen und servieren.

Kräuter-Kartoffel-Pudding

• 3/8 l Wasser • 1 Prise Salz • 1/8 l kalte Milch • 1 Päckchen Kartoffelpüreepulver • 1-2 EL Butter oder Margarine • 1 Schale Kräuterschmelzkäse • 4 Eier • Salz • Pfeffer aus der Mühle • 1 Prise Muskat • 1 Prise Paprikapulver • 1 Tasse gehackte Kräuter • Semmelbrösel für die Auflaufform

- Das Wasser mit der Prise Salz zum Kochen bringen, vom Feuer nehmen und die kalte Milch dazugeben. Die Püreeflocken einstreuen, die Butter oder Margarine und den Schmelzkäse unterrühren.
- Die Eier trennen, das Eigelb unter die Kartoffelmasse heben, mit Salz, Pfeffer, Muskat und Paprikapulver abschmecken und die gehackten Kräuter untermischen.
- Das Eiweiß mit etwas Wasser steif schlagen und unter die Masse heben. Die Kartoffelmasse in eine gebutterte und ausgebröselte Auflaufform geben und im 180-200 °C vorgeheizten Backofen 30-35 Minuten goldgelb backen. Den Kräuter-Kartoffel-Pudding herausnehmen, anrichten, ausgarnieren und servieren.

Schnelle Kartoffelpfanne

• 1-2 EL Butter oder Margarine • 75 g durchwachsenen, geräucherten Speck • 1 Zwiebel • 150 g gegartes Putenfleisch • 150 g gekochten Schinken • 150 g fertig gegarten Schweinebraten • 1 große Dose Erbsen und Karotten • 1 Dose Gemüsemais • Salz • Pfeffer aus der Mühle • 1 TL Majoran • 1 TL Thymian • 4 Portionen Salzkartoffeln • 1 Becher Sahne • 2 Eier • 125 g geriebenen Gouda • 1 Bund Schnittlauch

- Die Butter oder Margarine in einer Pfanne erhitzen und den in feine Würfel geschnittenen Speck darin auslassen.
- Die Zwiebel schälen, fein hacken, zum Speck geben und kurz mitschwitzen.
- Das Putenfleisch, den Schinken und den Schweinebraten in feine Streifen schneiden, zur Zwiebel geben und ebenfalls mitschwitzen.
- Das Gemüse abtropfen lassen, unter das Fleisch heben und erhitzen. Mit Salz, Pfeffer, Majoran und Thymian abschmecken.
- Die Kartoffeln in Würfel schneiden und unterheben. Die Sahne mit den Eiern verschlagen, den Gouda untermischen, auf den Zutaten verteilen und im auf 200 °C vorgeheizten Backofen 10-15 Minuten überbacken. Die Kartoffelpfanne anrichten, mit geschnittenem Schnittlauch bestreuen, ausgarnieren und servieren.

Hackfleischgratin

• 1 kg Kartoffeln • 2 Zwiebeln • 2-3 EL Butter oder Margarine • 2 Knoblauchzehen • 400 g gemischtes Hackfleisch • 1 Bund Frühlingszwiebeln • Salz • Pfeffer • 1 Prise Cayennepfeffer • 1 TL Rosmarin • 2 Becher Sahne • 250 g geriebenen Emmentaler • Butterflöckchen

- Die Kartoffeln schälen und in Scheiben schneiden. Die Zwiebeln fein hacken, mit der Butter oder Margarine glasig schwitzen.
- Die Knoblauchzehen hacken, zur Zwiebel geben und anschwitzen. Das Hackfleisch dazugeben und unter ständigem Rühren braten.
- Die in Scheiben geschnittenen Frühlingszwiebeln zum Fleisch geben und mitbraten, mit Salz, Pfeffer, Cayennepfeffer und etwas Rosmarin würzen. Eine ausgefettete Auflaufform mit einer Schicht Kartoffelscheiben auslegen. Mit Rosmarin, Salz und Pfeffer bestreuen und die Hackfleischmasse darauf verteilen.
- Die Sahne angießen, etwas Käse darüber streuen und mit den restlichen Kartoffelscheiben abdecken. Das Gratin mit dem Käse bestreuen, mit Butterflöckchen belegen und im auf 180-200 °C vorgeheizten Backofen 40-50 Minuten mit Alufolie bedeckt garen, anrichten, ausgarnieren und servieren.

Wirsing-Kartoffeltopf

• 1 Kopf Wirsing • 4 Karotten • 1 Zwiebel • 2 Knoblauchzehen • 3-4 EL Weizenkeimöl • 800 g Kartoffeln • 1 1/2 l Gemüse- oder Fleischbrühe • 150 g durchwachsenen, geräucherten Speck • Salz • Pfeffer aus der Mühle • 1 Prise Muskat • 1 Prise Cayennepfeffer • 1/2 Tasse Erdnusskerne • 1 Handvoll Kräuter (Petersilie, Schnittlauch, Melisse, Basilikum)

- Den Wirsing putzen, den Strunk herausschneiden, den Wirsing in Streifen schneiden. Die Karotten schälen, in feine Scheiben oder Würfel schneiden, die Zwiebel und die Knoblauchzehen schälen und fein hacken.
- Das Öl in einem Topf erhitzen, die Zwiebel und die Knoblauchzehen darin glasig schwitzen, das Gemüse sowie die geschälten und in Würfel geschnittenen Kartoffeln dazugeben und unter ständigem Rühren fünf Minuten braten.
- Die Gemüse- oder Fleischbrühe angießen, den Eintopf zum Kochen bringen und bei mäßiger Hitze 20-25 Minuten garen. Den Speck in feine Würfel schneiden und in einer trockenen Pfanne auslassen.
- Den Eintopf mit Salz, Pfeffer, Muskat und Cayennepfeffer kräftig abschmecken, dekorativ anrichten, mit den gehackten Erdnusskernen, den Speckwürfeln und den verlesenen, gewaschenen und fein gehackten Kräutern bestreut servieren.

Kartoffelschmaus

• 800 g Kartoffeln • Salzwasser • 1 EL Kümmel • 1 Lorbeerblatt • 2-3 EL Butterschmalz • 2 Zwiebeln • 1 rote Paprikaschote • 1 grüne Paprikaschote • 350 g Bratenreste • 4 Eier • Salz • Pfeffer aus der Mühle • 1 Prise Muskat • 1 Prise Kümmelpulver • 1 Tasse gemischte, gehackte Kräuter

- Die Kartoffeln im Salzwasser mit dem Kümmel und dem Lorbeerblatt in 20-25 Minuten garen.
- Das Butterschmalz in einer Pfanne erhitzen und die geschälten und fein gehackten Zwiebeln darin anbraten.
- Die gepellten Kartoffeln in Würfel schneiden, mit den geputzten und klein geschnittenen Paprikaschoten dazugeben und kurz mitbraten.
- Die Bratenreste in feine Würfel oder Streifen schneiden, unter das Gemüse heben und kurz mitrösten.
- Die Eier verschlagen, mit Salz, Pfeffer, Muskat und Kümmel würzen und die gehackten Kräuter untermischen.
- Die Eier auf den Kartoffeln verteilen und unter Rühren stocken lassen. Den Kartoffelschmaus anrichten, mit gehackten Kräutern bestreuen, ausgarnieren und sofort servieren.

Kartoffelnudeln mit Apfelstückchen

• 1 kg mehligkochende Kartoffeln • 125 g Mehl • 1 Prise Salz • 1 Prise Muskat • 2 Eier • Butterschmalz zum Ausbacken • 1 kg süße Äpfel • Zuckerwasser • 1 Zimtstange • einige Nelken • Saft von 1 Zitrone • 1 Hand voll Rosinen

- Für die Kartoffelnudeln die Kartoffeln in Salzwasser 20 Minuten garen, abgießen, leicht erkalten lassen, pellen und durch die Kartoffelpresse treiben. Das Mehl, das Salz, das Muskat und die Eier zu den Kartoffeln geben und zu einem glatten Teig verarbeiten.
- Den Teig auf einer bemehlten Arbeitsfläche verkneten und portionsweise fingerdicke Nudeln abrollen. Das Butterschmalz erhitzen und die Nudeln darin goldgelb ausbacken.
- Die Äpfel schälen, entkernen und in Spalten schneiden. Sofort mit Zitronensaft beträufeln und im Zuckerwasser mit der Zimtstange und den Nelken sowie den Rosinen 10-15 Minuten garen. Die Apfelstücke nochmals abschmecken.
- Die Kartoffelnudeln dekorativ anrichten, ausgarnieren und mit den warmen oder kalten Apfelstücken servieren.

Kartoffelschmaus mit Knoblauchkäse

• 1 kg Kartoffeln • Salzwasser • 400 g gegartes Hähnchenfleisch • 3-4 EL Butterschmalz • 1 kleine rote Paprikaschote • 1 gelbe Paprikaschote • 1 grüne Paprikaschote • 1 Bund Frühlingszwiebeln • 1 Dose Mischgemüse • 1/4 l Brühe • 200 g Knoblauchkäse • Speisestärke zum Binden • Salz • Pfeffer • 1 Prise Cayennepfeffer • 1 Prise Paprikapulver edelsüß • 1 Bund Schnittlauch

- Die Kartoffeln im Salzwasser in 20-25 Minuten garen. Das Hähnchenfleisch in Streifen schneiden. Das Butterschmalz erhitzen und die in Scheiben geschnittenen Kartoffeln darin kräftig anbraten.
- Anschließend nacheinander die Hähnchenfleisch, die geputzten und in Streifen geschnittenen Paprikaschoten und die geputzten und in feine Ringe geschnittenen Frühlingszwiebeln unter ständigem Rühren in der Pfanne braten, herausnehmen und bereitstellen.
- Das Mischgemüse abtropfen lassen, zum restlichen Gemüse geben, die Gemüsebrühe angießen und den in feine Würfel geschnittenen Knoblauchkäse darin unter ständigem Rühren schmelzen lassen.
- Die Sauce mit angerührter Speisestärke binden, mit Salz, Pfeffer, Cayennepfeffer und Paprikapulver edelsüß würzen.
- Das Gemüse mit dem Hähnchenfleisch in die Sauce geben, nochmals aufkochen lassen, fünf Minuten schmoren und kräftig abschmecken.
- Den Kartoffelschmaus anrichten, mit dem frisch geschnittenen Schnittlauch bestreuen, ausgarnieren und servieren.

Käsekartoffeln mit Speck

• 1 kg Kartoffeln • 2-3 EL Butter oder Margarine • 100 g durchwachsenen, geräucherten Speck • 2 Zwiebeln • 2 Tassen Gemüsebrühe • 1 Lorbeerblatt • 1 TL Kümmel • 1 EL Majoran • Salz • schwarzen Pfeffer aus der Mühle • 250 ml Sahne • 2 Eier • 200 g geriebenen, gut schmelzenden Käse • 3-4 EL Schnittlauchröllchen

- Die Kartoffeln schälen und in feine Scheiben hobeln. Die Butter oder Margarine in einer Pfanne erhitzen und den gewürfelten Speck darin auslassen.
- Die Zwiebeln schälen und in Scheiben schneiden, mit den Kartoffelscheiben zum Speck geben und kurz anbraten. Die Gemüsebrühe angießen, das Lorbeerblatt, den Kümmel und den Majoran unterrühren, mit Salz und Pfeffer kräftig würzen und 15-20 Minuten köcheln lassen.
- In eine gefettete Auflaufform füllen. Die Sahne mit den Eiern und dem geriebenen Käse vermischen und über die Kartoffeln gießen. Im auf 180-200 °C vorgeheizten Backofen 25-30 Minuten backen, anrichten, mit den Schnittlauchröllchen bestreuen und servieren.

Kalbsleber mit Frühlingszwiebeln

• 600 g Kalbsleber • 3-4 EL Sesamöl • 2 Bund Frühlingszwiebeln • 6 EL Sesamöl • Salz • Pfeffer aus der Mühle • 1 EL Zucker • 2 EL Sojasauce • einige Tropfen Worcestersauce • 1 Tasse Brühe • 1 Becher Sahne • 2 EL Speisestärke • 1 Tasse gemischte, gehackte Kräuter

- Die Leber unter fließendem Wasser kurz abwaschen und trockentupfen. Mit einem scharfen Messer häuten und in ca. 3 cm große Stücke schneiden. Die Frühlingszwiebeln waschen und in 5 cm lange Stücke teilen.
- Das Öl in einer Pfanne erhitzen, die Leber dazugeben und braten, herausnehmen und bereitstellen. Die Frühlingszwiebeln ins verbliebene Bratfett geben und unter Rühren zwei Minuten anbraten, mit Salz, Pfeffer, Zucker, Soja- und Worcestersauce abschmecken.
- Die Brühe und die Sahne mit der Speisestärke dazugeben und aufkochen lassen, die Kräuter und die Leber zugeben, erhitzen, aber nicht mehr kochen lassen. Mit Salz und frisch gemahlenem Pfeffer abschmecken, anrichten, ausgarnieren und sofort servieren.

Fleischwurstsalat mit Emmentaler

• 500 g sehr fein geschnittene Fleischwurst • 150 g Emmentaler • 2 -3 Zwiebeln • 1 Tasse Essig • 1 Tasse Öl • Salz • Pfeffer aus der Mühle • 1 Bund Schnittlauch

- Die Fleischwurst und den Emmentaler in Streifen, die Zwiebeln in feine Ringe schneiden und lagenweise in einer Schüssel anrichten. Aus dem Essig, dem Öl, dem Salz und dem Pfeffer eine Marinade rühren und diese über die Wurst und die Zwiebeln gießen.
- Den Fleischwurstsalat mit Emmentaler anrichten, mit den Schnittlauchröllchen bestreuen, ausgarnieren und servieren.

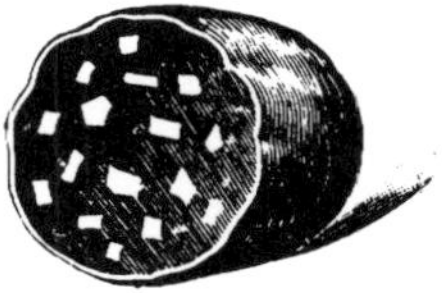

Schinkensalat

• 2 Zwiebeln • 1 rote Paprikaschote • 1 gelbe Paprikaschote • 150 g Schinken • 150 g Senfgurken • 400 g Rauchkäse • 2 Knoblauchzehen • 1 TL Salz • 2-3 EL milden Senf • 1/2 Tasse Obstessig • 1 Tasse Olivenöl • Salz • Pfeffer aus der Mühle • 1 Prise Zucker • 1 Prise Cayennepfeffer • 1 Bund Schnittlauch

- Die Zwiebeln schälen und in feine Scheiben schneiden. Die Paprikaschoten putzen, halbieren, entkernen, waschen, gut abtropfen lassen und in Streifen schneiden.
- Den Schinken in Streifen schneiden, die Senfgurken in Scheiben oder ebenfalls in Streifen schneiden.
- Den Rauchkäse in Würfel schneiden, mit den restlichen Salatzutaten in eine Schüssel geben und alles vorsichtig miteinander vermischen.
- Für das Dressing die Knoblauchzehen schälen, mit Salz zu einer Paste zerreiben, mit dem Senf und dem Obstessig verrühren.
- Das Olivenöl gleichmäßig unterziehen, das Ganze mit Salz, Pfeffer, Zucker und Cayennepfeffer kräftig abschmecken und den Salat damit anmachen.

Den Schinkensalat durchziehen lassen, nochmals abschmecken, dekorativ anrichten, mit dem verlesenen, gewaschenen und in Röllchen geschnittenen Schnittlauch bestreuen, ausgarnieren und servieren.

Salat mit Camembert

• 2 rote und 2 grüne Paprikaschoten • 5 Tomaten • 300 g frische Champignons • Saft von 2 Zitronen • 1 Zwiebel • 300 g Zuckermais • 1 Salatgurke • 4 EL Distelöl • 5 EL Essig • Salz • Pfeffer aus der Mühle • 200 g Camembert • 4 Fladenbrote

- Die Paprikaschoten halbieren, entkernen, waschen und in mundgerechte Stücke schneiden.
- Die Tomaten enthäuten, entkernen und in Würfel schneiden.
- Die Champignons verlesen, waschen, in Scheiben schneiden und mit Zitronensaft beträufeln.
- Die Zwiebel schälen und in Scheiben schneiden.
- Den Mais mit den restlichen Zutaten in eine Schüssel geben.
- Die Gurke waschen, in Scheiben oder Würfel schneiden, zu den restlichen Zutaten geben und alles gut miteinander vermischen.
- Den Salat mit Distelöl und Essig beträufeln, mit Salz und Pfeffer würzen.
- Den Salat dekorativ anrichten und den in Würfel geschnittenen Camembert darüber streuen, ausgarnieren und mit dem Fladenbrot servieren.

Balkansalat mit bunten Nudeln

• 600 g Balkangemüse (TK-Produkt) • 300 g Zuckermais • 250 ml Gemüsebrühe • 200 g gekochte Nudeln • 100 g Blattspinat • 100 g Eisbergsalat • 200 g Edamer • 250 ml Kefir • 5 EL Obstessig • Saft von 1 Zitrone • Salz • Pfeffer aus der Mühle • Cayennepfeffer • 1 Tasse gemischte, gehackte Kräuter (Basilikum, Kerbel, Petersilie, Schnittlauch) • 4 Brötchen mit Sonnenblumenkernen

- Das Balkangemüse mit dem Zuckermais und der Gemüsebrühe in eine Pfanne geben und kurz schmoren. Vom Feuer nehmen und bereitstellen. Die Nudeln dazugeben und erhitzen.
- Den Spinat und den Eisbergsalat verlesen, waschen, gut abtropfen lassen, einige Blätter zurücklegen; die restlichen Blätter in feine Streifen schneiden.
- Den Blattsalat mit dem Gemüse vermischen, die Blätter dekorativ auf Tellern anrichten und den Salat darauf verteilen.
- Den Edamer in Würfel schneiden und den Salat damit bestreuen.
- Den Kefir glatt rühren, mit Obstessig, Zitronensaft, Salz, Pfeffer und Cayennepfeffer würzen und die verlesenen, gewaschenen und fein gehackten Kräuter untermischen.
- Den Salat mit dem Dressing beträufeln, ausgarnieren, verzieren und mit den Brötchen servieren.

Radieschensalat mit Emmentaler

• 300 g Emmentaler • 1 Stange Lauch • 2 Bund Radieschen • 1 rote Paprikaschote • 1 gelbe Paprikaschote • 12 gefüllte Oliven • 1/2 Kopf Eisbergsalat • 1/2 Salatgurke • 1/2 Becher süße Sahne • 1/2 Becher saure Sahne • 2 EL mittelscharfen Senf • 1 Prise Zucker • Salz • weißen Pfeffer aus der Mühle • 1 Bund Schnittlauch

- Den Emmentaler in feine Streifen schneiden, in eine Schüssel geben.
- Den Lauch waschen und in Ringe schneiden.
- Die Radieschen waschen und in Scheiben schneiden, die Paprikaschoten halbieren, entkernen, waschen und in Streifen schneiden.
- Die Oliven halbieren oder in Scheiben schneiden, den Eisbergsalat putzen und in Streifen oder Rauten schneiden.
- Die Salatgurke waschen und mit der Schale fein hobeln.
- Das Gemüse zum Emmentaler geben und miteinander vermischen.
- Für das Dressing die süße Sahne mit der sauren Sahne und dem Senf verrühren, mit Zucker, Salz und Pfeffer kräftig abschmecken.
- Den Radieschensalat mit Emmentaler dekorativ anrichten, mit dem verlesenen, gewaschenen und in Röllchen geschnittenen Schnittlauch bestreuen, ausgarnieren und servieren.

Bunter Brotzeitsalat

• 400 g roten und weißen Presssack • 200 g Emmentaler • 1-2 Zwiebeln • 2 Bund Radieschen • 1 Tomate • 1 Salatgurke • 1 Bund Schnittlauch • 1/8 l Bier • 1/2 Tasse Weinessig • 1/2 Tasse Gemüsebrühe • Salz • Pfeffer aus der Mühle • 1 Prise Zucker • 1 Prise Kümmelpulver • einige Tropfen Olivenöl • 1 Tasse gemischte, gehackte Kräuter.

- Den Presssack und den Emmentaler in Streifen schneiden.
- Die Zwiebeln schälen und grob hacken, die Radieschen putzen, waschen und in Scheiben schneiden.
- Die Tomate waschen, den Strunk herausschneiden und das Fruchtfleisch würfeln.
- Die Salatgurke schälen, halbieren und mit einem Teelöffel das Kerngehäuse herausschaben. Das Fruchtfleisch in Scheiben schneiden.
- Alle Salatzutaten in einer Schüssel vorsichtig vermischen.
- Für das Dressing das Bier mit dem Weinessig und der Gemüsebrühe vermischen, mit Salz, Pfeffer, Zucker und Kümmelpulver kräftig würzen und einige Tropfen Olivenöl einrühren.
- Den Salat mit dem Dressing anmachen und im Kühlschrank mindestens eine halbe Stunde ziehen lassen, anschließend nochmals abschmecken, dekorativ anrichten und, mit frisch geschnittenem Schnittlauch bestreut, servieren.

Reisauflauf mit Käse

• 1/2 l Wasser • Salz • 2 EL Butter • 100 g Rundkornreis • 4 Eigelb • 4cl Sherry • 100 g geriebenen Gouda • Salz • Pfeffer aus der Mühle • 1 Prise Curry • 4 Eiweiß • 300 g kalten Braten • 3-4 Gewürzgurken • 2 EL Tomatenketchup • Margarine für die Form • Butterflöckchen

- Das Wasser mit dem Salz und der Butter erhitzen. Den Reis waschen, ins Wasser geben und aufkochen lassen, bei geringer Hitze 60 Minuten ausquellen lassen, vom Herd nehmen und erkalten lassen.
- Das Eigelb einzeln unter den Reis ziehen, mit Sherry aromatisieren, den Käse darunter mischen und mit Salz, Pfeffer und Curry abschmecken. Das Eiweiß steif schlagen und unter die Masse heben.
- Den Kalten Braten und die Gewürzgurken fein würfeln und mit dem Tomatenketchup vermischen.
- Eine Auflaufform mit Margarine ausfetten, die Halbe Menge Reis einfüllen, die Fleischmischung darauf verteilen und mit dem restlichen Reis abdecken. Die Butterflöckchen darauf setzen und den Reisauflauf im auf 200 °C vorgeheizten Backofen 45-50 Minuten backen. Den Auflauf anrichten, ausgarnieren und servieren.

Gemüseauflauf

• 2-3 EL Butter oder Margarine • 2 Frühlingszwiebeln • 1 rote und 1 gelbe Paprikaschote • 2 Karotten • 100 g Blumenkohlröschen• 1/4 l Gemüsebrühe • 1 kleine Zucchini • 1/4 l Milch • 4 Eier • 125 g geriebenem Butterkäse • 1-2 EL Margarine für die Form• 1 Bund Petersilie • 2 EL Kürbiskerne • 2 EL geschälte Sonnenblumenkerne

- Die Butter oder Margarine erhitzen, die Frühlingszwiebeln würfeln und glasig schwitzen, die Paprikaschoten in Würfel schneiden, zu den Zwiebeln geben und mitschwitzen.
- Die Karotten in Würfel schneiden, die Blumenkohlröschen waschen und abtropfen lassen. Karotten und Blumenkohlröschen in der erhitzten Brühe bissfest garen, herausnehmen und zum Paprikagemüse geben. Die Zucchini in Würfel schneiden und unter das restliche Gemüse heben.
- Die Milch mit den Eiern und dem Käse verrühren, mit Salz und Pfeffer würzen. Das Gemüse in eine ausgefettete Auflaufform geben und mit der Käse-Eiermilch überziehen.
- Im auf 180-200 °C vorgeheizten Backofen 20-25 Minuten garen herausnehmen, anrichten, mit den gehackten Kräutern, den Kürbis- und den Sonnenblumenkernen bestreuen und servieren.

Regensburger-Würstchen-Auflauf

• 600 g fest kochende Kartoffeln • 500 g Karotten • 1/4 l Gemüsebrühe • Butter für die Form • 2 Paar Regensburger Würstchen • 1/8 l Sahne • Salz • Pfeffer aus der Mühle • 1 Prise Muskat • 1 Prise Cayennepfeffer • 150-200 g Butterkäse • 1 Bund Petersilie

- Die Kartoffeln abbürsten, in einen Kartoffeldämpfer geben und bissfest garen, herausnehmen, pellen und in Scheiben schneiden.
- Die Karotten schälen, in Scheiben schneiden und in der erhitzten Gemüsebrühe bissfest garen, herausnehmen und gut abtropfen lassen. Eine Auflaufform mit Butter oder Margarine ausfetten.
- Die Kartoffeln, die Karotten und die enthäuteten, in Scheiben geschnittenen Regensburger Würstchen in die Auflaufform schichten.
- Vom Gemüsesud knapp 1/8 l abmessen, mit der Sahne verrühren, mit Salz, Pfeffer, Muskat und Cayennepfeffer kräftig abschmecken und den Auflauf damit beträufeln.
- Den Butterkäse in Streifen schneiden, gitterartig darauf legen und im auf 200-220 °C vorgeheizten Backofen goldgelb überbacken.
- Den Auflauf anrichten, mit der gehackten Petersilie bestreuen, ausgarnieren und servieren.

Fruchtiger Kartoffelauflauf mit Camembert

• 500 g gekochte Kartoffeln • 2 mittelgroße Äpfel • 2 mittelgroße Birnen • Saft von 1 Zitrone • 100 g Weintrauben • 1 Dose Champignons • Kräutersalz • Pfeffer • 1 Prise Muskat • 1 Prise Cayennepfeffer • 1 Becher Joghurt • 1 Becher Sahne • 2-3 Eier • 250 g Camembert • 1 Tasse gehackte Kräuter • Paprikapulver zum Bestreuen

- Die gekochten Kartoffeln pellen und grob raspeln. Die Äpfel und die Birnen schälen, entkernen, ebenfalls grob raspeln und mit Zitronensaft beträufeln.
- Die Weintrauben verlesen, halbieren, je nach Bedarf entkernen. Die Champignons gut abtropfen lassen.
- Die Kartoffeln, die Äpfel, die Birnen, die Weintrauben und die Champignons vermischen und in eine ausgefettete Auflaufform geben.
- Mit Kräutersalz, Pfeffer, Muskat und Cayennepfeffer würzen.
- Den Joghurt mit der Sahne und den Eiern verrühren und gleichmäßig auf dem Auflauf verteilen.
- Den Camembert in Scheiben schneiden, darauf legen und das Ganze im auf 180-200 °C vorgeheizten Backofen 20-25 Minuten garen.
- Nach Ende der Garzeit den Auflauf herausnehmen, mit den verlesenen, gewaschenen und fein gehackten Kräutern und dem Paprikapulver bestreuen, ausgarnieren und sofort servieren.

Blumenkohl-Broccoli-Auflauf

500 g Blumenkohl • 400 g Broccoli • 1/4 l Gemüsebrühe • 1-2 EL Butter oder Margarine • 1 Zwiebel • 2 Tomaten • 1 Schuss Weißwein • 2 Packungen Gewürzmischung für Broccoli-Gratin • 1/2 l Wasser • 100 g geriebenen Butterkäse

- Den Blumenkohl und den Broccoli verlesen, waschen, gut abtropfen lassen und in Röschen zerteilen.
- Die Gemüsebrühe erhitzen, das Gemüse hineingeben, bissfest garen, herausnehmen, abtropfen lassen und bereitstellen.
- Die Butter oder Margarine in einer Pfanne erhitzen und die geschälte und fein gehackte Zwiebel darin glasig schwitzen.
- Die Tomaten enthäuten, entkernen, in Würfel schneiden, zur Zwiebel geben und kurz mitschwitzen.
- Mit dem Weißwein ablöschen und das Ganze einmal aufkochen lassen. Die Gewürzmischung mit kaltem Wasser anrühren, in einem Topf geben und unter Rühren eine Minute kochen lassen.
- Den Blumenkohl und den Broccoli miteinander vermischen, in eine ausgefettete Auflaufform geben und mit der Sauce überziehen.
- Die Tomaten-Zwiebel-Mischung gleichmäßig darauf verteilen und das Ganze mit dem geriebenen Butterkäse bestreuen.
- Den Blumenkohl-Broccoli-Auflauf im auf 180-200 °C vorgeheizten Backofen 15-20 Minuten backen, herausnehmen, dekorativ anrichten, ausgarnieren und servieren.

Zwiebelauflauf

• 2 Gemüsezwiebeln • 4 Stangen Chicorée • 1/2 l Gemüsebrühe • 1-2 EL Butter oder Margarine • 1 Becher Sahne • 3 Eier • 125 g geriebenen Käse • Salz • Pfeffer • 1 Prise Muskat • 1 Prise Cayennepfeffer • 2 Tassen gemischte, gehackte Kräuter

- Die Gemüsezwiebeln putzen und vierteln. Den Chicorée ebenfalls putzen, halbieren und den Strunk herausschneiden.
- Die Gemüsebrühe erhitzen und die Gemüsezwiebeln darin bissfest garen.
- Die Gemüsezwiebeln herausnehmen, gut abtropfen lassen und mit dem Chicorée in eine ausgefettete Auflaufform legen.
- Die Sahne mit den Eiern und dem geriebenen Käse verrühren, mit Salz, Pfeffer, Muskat und Cayennepfeffer kräftig abschmecken.
- Das Ganze gleichmäßig auf dem Gemüse verteilen und anschließend im auf 180-200 °C vorgeheizten Backofen 20-25 Minuten garen.
- Nach Ende der Garzeit den Zwiebelauflauf herausnehmen, mit den gehackten Kräutern bestreuen, ausgarnieren und servieren.

Quark-Gemüse-Auflauf

• 100 g Karotten • 1 Stange Sellerie • 100 g grüne Bohnen • 2 rote Paprikaschoten • 1/4 l Milch • Salz • 600 g Sahnequark • 3 Eigelb • 1 EL Stärkemehl • Salz • Pfeffer • 1 Prise Cayennepfeffer • 1 Prise Muskat • Saft von 1 Zitrone • 3 Eiweiß • 150 g ger. Emmentaler

- Das Gemüse putzen und in mundgerechte Stücke schneiden. Die Milch erhitzen, salzen und das Gemüse darin blanchieren. Das Gemüse herausnehmen, abtropfen lassen und die Milch auffangen.
- Den Sahnequark und das Eigelb unter die Milch rühren, das Stärkemehl dazugeben und das Ganze mit Salz, Pfeffer, Cayennepfeffer, Muskat und Zitronensaft kräftig abschmecken.
- Das Eiweiß steif schlagen und vorsichtig unter die Quarkmasse heben, zum Schluss das Gemüse unterheben und das Ganze in eine ausgefettete Auflaufform füllen, mit dem geriebenen Emmentaler bestreuen und im auf 180-200 °C vorgeheizten Backofen 20-25 Minuten backen.
- Den Quark-Gemüse-Auflauf herausnehmen, dekorativ anrichten, ausgarnieren und servieren.

Gemüseauflauf mit Käse und Kräutern

• 1-2 EL Butter oder Margarine • 1 Zwiebel • 300 g Mischgemüse • Salz • Pfeffer aus der Mühle • 1 Prise Muskat • Saft von 1 Zitrone • einige Tropfen Worcestersauce • 1 Tasse Gemüsebrühe • 2 EL Kartoffelpüreepulver zum Binden • 1 Becher saure Sahne • 1 EL mittelscharfen Senf • 100 g geriebenen Gouda • 2 Tassen gemischte, gehackte Kräuter

- Die Butter oder Margarine in einer Pfanne erhitzen und geschälte und fein gehackte Zwiebel darin glasig schwitzen.
- Das Gemüse putzen, in feine Streifen oder Scheiben schneiden, zur Zwiebel geben und kurz mitschwitzen.
- Das Gemüse mit Salz, Pfeffer, Muskat, Zitronensaft und Worcestersauce kräftig abschmecken, mit der Gemüsebrühe auffüllen, das Kartoffelpüreepulver einrühren und das Ganze bei mäßiger Hitze 8-10 Minuten köcheln lassen.
- Das Gemüse in eine ausgefettete Auflaufform geben. Die saure Sahne mit dem Senf, dem geriebenen Gouda und den fein gehackten Kräutern verrühren und auf dem Auflauf verteilen.
- Das Gemüse im auf 180-200 °C vorgeheizten Backofen 15-20 Minuten backen.
- Nach Ende der Garzeit das Gemüse herausnehmen, dekorativ anrichten, ausgarnieren und servieren.

Kartoffel-Karotten-Spinat-Küchle

• 1 kg Kartoffeln • 400 g Karotten • 1 Zwiebel • 160 g Kernige Haferflocken • Salz • 1 Eiweiß • 2 Eier • 2-3 EL Sesamöl • 2-3 Knoblauchzehen • 600 g Blattspinat • 200 g Kräuterschmelzkäse • Salz • Pfeffer aus der Mühle • 1 Prise Muskat • 1 Prise Cayennepfeffer • 150 g Lachsschinken

- Die Kartoffeln und die Karotten schälen, waschen und grob raspeln. Die Zwiebeln schälen und fein hacken und in eine Schüssel geben.
- Die Haferflocken einrühren, das Ganze mit Salz würzen und das Eiweiß sowie die Eier kräftig darunter schlagen.
- Das Sesamöl in einer Pfanne erhitzen und die Küchle goldbraun ausbacken, herausnehmen und warm stellen.
- Die Knoblauchzehen fein hacken, ins verbliebene Bratfett geben und glasig schwitzen.
- Den Blattspinat verlesen, waschen, klein schneiden, zum Knoblauch geben und unter ständigem Rühren dünsten.
- Den Kräuterschmelzkäse dazugeben und so lange rühren, bis er geschmolzen ist.
- Das Ganze mit Salz, Pfeffer, Muskat und Cayennepfeffer kräftig würzen.
- Die Hälfte der Kartoffel-Karotten-Küchle mit der Spinatfüllung bestreichen, die restlichen Küchle darauf setzen und mit dem Lachsschinken dekorativ anrichten, ausgarnieren und servieren.

Kartoffelauflauf mit Bratwurstbrät

• 800 g Kartoffeln • 2 Zwiebeln • 1 Stück Stangensellerie • 800 g Bratwurstbrät • Salz • Pfeffer aus der Mühle • 1 EL Majoran • 3-4 Knoblauchzehen • 2-3 EL Butter oder Margarine • 1/4 l Gemüsebrühe • 1 Bund Schnittlauch

- Die Kartoffeln waschen, schälen und in Scheiben schneiden. Die Zwiebeln schälen und in feine Würfel schneiden. Den Stangensellerie putzen und in feine Scheiben schneiden.
- Das Bratwurstbrät in eine Schüssel geben, verrühren, mit Salz, Pfeffer, Majoran sowie den geschälten und mit Salz zerriebenen Knoblauchzehen würzen. Den Stangensellerie unter das Brät mischen.
- Mit der Butter oder Margarine eine Auflaufform ausfetten, die Kartoffeln einschichten. Die Zwiebeln und das Brät darauf verteilen und mit den restlichen Kartoffeln abdecken, die Gemüsebrühe angießen.
- Das Ganze nochmals abschmecken und im auf 180-200 °C vorgeheizten Backofen 40-50 Minuten garen.
- Nach Ende der Garzeit den Kartoffelauflauf herausnehmen, anrichten und mit frisch geschnittenem Schnittlauch bestreut servieren.

Kartoffel-Kräuter-Torte mit Käse

• 1 kg fest kochende Kartoffeln • 250 g Blattspinat • 1/4 l Gemüsebrühe • 2 Tassen gemischte, gehackte Kräuter • 150-200 g geriebenen Emmentaler • 4 Eier • 2 Becher saure Sahne • Salz • Pfeffer aus der Mühle • 1 Prise Cayennepfeffer • Butter zum Ausfetten • 1 Glas Mixed Pickles • 2 Frühlingszwiebeln • 1 Tasse Curryketchup • 1/2 Tasse Sahne • 1 EL Paprikapulver •Salz •Pfeffer aus der Mühle • • einige Tropfen Tabasco • 1/2 Bund Schnittlauch

- Die Kartoffeln unter fließendem Wasser waschen, abbürsten, gut abtropfen lassen, in einem Kartoffeldämpfer bissfest garen.
- Die Kartoffeln herausnehmen, erkalten lassen, pellen und in Scheiben schneiden.
- Den Blattspinat verlesen, waschen, gut abtropfen lassen, je nach Bedarf klein schneiden. In der erhitzten Gemüsebrühe kurz blanchieren, herausnehmen und grob hacken. In eine Schüssel geben.
- Die verlesenen, gewaschenen und fein gehackten Kräuter unter den Spinat ziehen.
- Den geriebenen Käse mit den Eiern und der sauren Sahne vermischen. Mit Salz, Pfeffer und Cayennepfeffer abschmecken. Das Gemüse ebenfalls würzen.
- Eine ausgefettete Kastenform mit Kartoffelscheiben auslegen, schichtweise Gemüse und Käsecreme einfüllen. Die oberste Schicht soll Käse sein.
- Ein Wasserbad vorbereiten und im auf 180-200 °C vorgeheizten Backofen erhitzen.

Die Kastenform in das Wasserbad stellen und bei 180 °C den Kartoffeltorte etwa 90 Minuten garen.

In der Zwischenzeit für die Tomatensauce die Mixed Pickles klein schneiden. Die Frühlingszwiebeln putzen, fein hacken, mit dem Curryketchup und der Sahne in einer Schüssel verrühren.

Die Sauce mit Paprikapulver, Salz, Pfeffer, Cayennepfeffer und Tabasco würzen und den verlesenen, gewaschenen und fein geschnittenen Schnittlauch untermischen.

Den Kartoffel-Kräuter-Torte mit Käse aus der Form stürzen, in Stücke schneiden, dekorativ anrichten. Die Tomatensauce dazugeben, ausgarnieren und je nach Geschmack warm oder kalt servieren.

Broccolitorte

• 250 g Mehl • 1 Prise Salz • 2-3 EL kaltes Wasser • 125 g Butter • Mehl zum Ausrollen • Butter zum Ausfetten • 800 g Broccoliröschen • Salzwasser • 150 g gekochten Schinken • 200 g geriebenen Emmentaler • 1 Becher Sahne • 4 Eier • Salz • weißen Pfeffer aus der Mühle • 1 Prise Muskat • 1 Prise Cayennepfeffer

- Das Mehl auf eine Arbeitsfläche sieben, eine Mulde eindrücken. Das Salz darüber streuen und das kalte Wasser darüber träufeln.
- Die Butter in Flöckchen darauf setzen und das Ganze mit bemehlten Händen von außen nach innen schnell zu einem glatten, kompakten Teig verkneten. Den Teig in ein feuchtes Küchentuch wickeln und im Kühlschrank mindestens eine Stunde ruhen lassen.
- In der Zwischenzeit die Broccoliröschen verlesen und je nach Bedarf klein schneiden. Im Salzwasser kurz blanchieren, herausnehmen, in Eiswasser abschrecken, gut abtropfen lassen und bereitstellen.
- Den Schinken in Würfel schneiden und unter die Broccoliröschen heben. Den Teig auf einer Arbeitsfläche ausrollen, in die ausgefettete Form legen und einen Rand hochdrücken. Den Teig mit einer Gabel einstechen und im auf 180-200 °C vorgeheizten Backofen 10-15 Minuten vorbacken.
- Die Form aus dem Ofen nehmen, die Broccoliröschen darauf verteilen. Den Käse mit der Sahne und den Eiern verschlagen. Mit Salz, Pfeffer, Muskat und Cayennepfeffer würzen.
- Die Käsecreme gleichmäßig auf dem Gemüse verteilen, glatt streichen und im auf 200 °C vorgeheizten Backofen weitere 30-35 Minuten backen. Die Broccolitorte herausnehmen, dekorativ anrichten, ausgarnieren und warm oder kalt servieren.

Restetopf

• 500 g gekochte Kartoffeln • 2-3 EL Butterschmalz • 2 Zwiebeln • 250 g Bratenreste • 1 Schuss Weißwein • 1 Becher Sahne • 4 Eier • Salz • Pfeffer • je 1 Prise Muskat, Kümmel und Cayennepfeffer • 50 g geriebenen Parmesan • 1 Bund Schnittlauch

- Die Kartoffeln pellen und in Würfel schneiden. Das Butterschmalz erhitzen und die gehackten Zwiebeln glasig schwitzen. Die Kartoffeln dazugeben und braten. Die Bratenreste würfeln, zu den Kartoffeln geben und mitbraten.
- Den Weißwein mit der Sahne und den Eiern verschlagen. Mit Salz, Pfeffer, Muskat, Kümmel und Cayennepfeffer abschmecken, zu den Kartoffeln geben und unter Rühren stocken lassen. Herausnehmen, mit Parmesan und Schnittlauch bestreut servieren.

Olivers Käsetorte

• 500 g feines Leberkäsbrät • 2 Knoblauchzehen • 1 TL Majoran • 1 TL Thymian • 1 TL Rosmarin • 2 Eier • 2-3 EL Semmelbrösel • Salz • Pfeffer aus der Mühle • 1 Prise Cayennepfeffer • Fett für die Form • 1-2 EL Butter oder Margarine • 100 g durchwachsenen, geräucherten Speck • 2 Zwiebeln • 2 Stangen Lauch • 1 Schuss Weißwein • 2-3 EL scharfen Senf • 1 Becher saure Sahne • 2 Eier • 200 g geriebenen Gouda • 1 Tasse gemischte, gehackte Kräuter

Das Leberkäsbrät in eine Schüssel geben. Die Knoblauchzehen schälen und fein hacken. Mit dem Majoran, dem Thymian, dem Rosmarin, den Eiern und den Semmelbröseln zur Brätmasse geben und alles gut miteinander verrühren.
Die Brätmasse mit Salz, Pfeffer und Cayennepfeffer kräftig abschmecken, eine Auflaufform ausfetten und die Masse in die Form streichen. Die Butter oder Margarine in einer Pfanne erhitzen und den in feine Würfel geschnittenen Speck darin auslassen.
Die Zwiebeln schälen, in Scheiben oder Würfel schneiden, zum Speck geben und kurz mitbraten.
Den Lauch putzen, waschen, in Ringe schneiden, zu den Speckzwiebeln geben und kurz dünsten.
Mit Weißwein ablöschen, mit dem Senf, Salz, Pfeffer und Cayennepfeffer abschmecken.
Das Gemüse gleichmäßig auf dem Leberkäsbrät verteilen. Die saure Sahne mit den Eiern und dem geriebenen Gouda vermischen unnd darüber gießen.
Die Eimasse verstreichen und das Ganze im auf 180-200 °C vorgeheizten Backofen 30-35 Minuten garen. Nach Ende der Garzeit Olivers Torte herausnehmen, dekorativ anrichten, mit den gehackten Kräutern bestreuen, ausgarnieren und warm oder kalt servieren.

Kartoffelbohnen

• 500 g gekochte Kartoffeln • 2 Dosen grüne Bohnen • 200 g gekochten Schinken • 1/2 l Gemüsebrühe • Saft von 1 Zitrone • Salz • Pfeffer • Cayennepfeffer • Muskat • 1 EL Bohnenkraut • 3-4 EL Obstessig • 1 EL Zucker • 1 Bund Schnittlauch

Die Kartoffeln pellen, in Würfel schneiden, mit den Bohnen erhitzen.
Den Schinken in Würfel schneiden und unterheben, mit der Gemüsebrühe auffüllen und 4-5 Minuten köcheln lassen, abschmecken.
Die Kartoffelbohnen anrichten, ausgarnieren und mit frisch geschnittenem Schnittlauch bestreut servieren.

Kartoffelgratin

• 1 kg fest kochende Kartoffeln • 1-2 EL Butterschmalz • 100 g durchwachsenen, geräucherten Speck • 2 Zwiebeln • 200 g geriebenen Kümmelkäse • Salz • Pfeffer aus der Mühle • 1 Prise Muskat • 1 Prise Cayennepfeffer • 1 Bund Schnittlauch • 1 Bund Petersilie

- Die Kartoffeln unter fließendem Wasser gründlich abbürsten, wa schen und in einen Topf geben.
- Im Kartoffeldämpfer in etwa 20 Minuten garen.
- Die Kartoffeln herausnehmen, leicht erkalten lassen, pellen und ra peln oder in Würfel schneiden.
- Das Butterschmalz in einer großen Pfanne erhitzen und den in fe ne Würfel geschnittenen Speck darin auslassen.
- Die Zwiebeln schälen, fein hacken, zum Speck geben und kurz ar schwitzen.
- Die Kartoffeln unterheben und den geriebenen Käse darüber stre en. Mit Salz, Pfeffer, Muskat und Cayennepfeffer kräftig würzen, i eine gefettete Auflaufform geben und im auf 200-220 °C vorg heizten Backofen goldgelb überbacken.
- Das Kartoffelgratin mit Käse herausnehmen, dekorativ anrichte und mit den verlesenen, gewaschenen und fein gehackten Kräuter bestreuen, ausgarnieren und sofort servieren.

Kartoffelauflauf mit Räucherfisch

• 2-3 EL Butter oder Margarine • 250 g Frühlingszwiebeln • 750 g gekochte Kartoffeln • 400 g Räucherfisch • 1 Glas Rote Bete • 1 Becher Crème fraîche • 1 Becher Joghurt • Salz • Pfeffer aus der Mühle • 2-3 El Butter oder Margarine • 2-3 EL Semmelbrösel • 1 Bund Dill

- Die Butter oder Margarine in einer Pfanne erhitzen und die geput ten und klein geschnittenen Frühlingszwiebeln darin anschwitzer
- Die geschälten Kartoffeln in Würfel schneiden, mit den Zwiebe vermischen und in eine ausgefettete Auflaufform geben.
- Den Räucherfisch in Scheiben schneiden und mit den klein g schnittenen Roten Beten unter den Auflauf geben. Die Crème fraîc mit dem Joghurt verschlagen, mit Salz und Pfeffer kräftig würze und gleichmäßig auf dem Auflauf verteilen.
- Einige Butter- oder Margarineflöckchen auf den Auflauf setzen u das Ganze mit Semmelbröseln bestreuen.
- Den Auflauf im auf 180-200 °C vorgeheizten Backofen 10-15 M nuten backen. Herausnehmen, anrichten und mit frisch geschnitt nem Dill bestreut servieren.

GEMÜSESTRUDEL

• 250 g feines Weizenmehl • 1 Prise Salz • 2 EL Olivenöl • 1 Ei • 1 Tasse lauwarme Milch • 1-2 EL Olivenöl • 1 Knoblauchzehe • 2-3 Schalotten • 2 Karotten • 1 rote Paprikaschote • 1 EL Majoran • 1 TL Thymian • 200 g feines Bratwurstbrät • 150 g geriebenen Gouda • 2 Eier • Salz • Pfeffer aus der Mühle • 1 Prise Cayennepfeffer • 3/8 l gebundene Helle Sauce • 1 Becher Sahne • 75 g geriebenen Leerdamer • einige Tropfen Zitronensaft • einige Tropfen Worcestersauce • Kräuterzweige zum Garnieren

Für den Strudelteig das Weizenmehl auf eine Arbeitsfläche sieben. Das Salz, das Olivenöl, das Ei und die lauwarme Milch dazugeben und alles schnell zu einem glatten Teig verarbeiten.
Den Teig zugedeckt eine halbe Stunde ruhen lassen und anschließend auf einer bemehlten Arbeitsfläche hauchdünn ausrollen.
Den Teig auf ein sauberes Küchentuch legen und bereitstellen.
Für die Füllung das Olivenöl in einer Pfanne erhitzen und die geschälte und fein gehackte Knoblauchzehe darin anschwitzen.
Die Schalotten, die Karotten und die Paprikaschote putzen, in feine Würfel schneiden, ins Knoblauchfett geben und unter ständigem Rühren braten.
Das Gemüse mit Majoran, Thymian würzen, vom Feuer nehmen, in eine Schüssel geben und erkalten lassen.
Das Bratwurstbrät mit dem geriebenen Gouda und den Eiern dazugeben, zu einer glatten Masse verarbeiten. Mit Salz, Pfeffer und Cayennepfeffer kräftig abschmecken.
Die Masse gleichmäßig auf dem Teig verteilen und mit Hilfe des Küchentuchs zu einem Strudel aufrollen.
Den Gemüsestrudel auf ein ausgefettetes Backblech setzen und im auf 180-200 °C vorgeheizten Backofen in 30-35 Minuten backen.
Für die Sauce die gebundene Helle Sauce mit der Sahne in einem Topf erhitzen, den geriebenen Leerdamer einrühren. Mit Zitronensaft, Worcestersauce, Salz und Pfeffer abschmecken.
Den Gemüsestrudel in Scheiben schneiden, dekorativ anrichten, mit der Käsesauce überziehen, mit Kräuterzweigen ausgarnieren und sofort servieren.

Reisauflauf mit Kabeljau

• 1-2 EL Butter oder Margarine • 1 Zwiebel • je 100 g Karotten, Lauch und grüne Erbsen (TK-Produkt) • 1 Lorbeerblatt • 1 TL Paprikapulver • 1 TL Kräuter der Provence • 1 Glas trockener Weißwein • 175 g Langkornreis • 1/2 l Gemüsebrühe • 600 g Kabeljau • einige Tropfen Zitronensaft • Salz • Pfeffer aus der Mühle • 1 Becher Crème fraîche • 75 g geriebenen Parmesankäse • 150 g geriebenen Gouda • Kräuterzweige zum Garnieren

- Die Butter oder Margarine in einer feuerfesten Form erhitzen un die fein gehackte Zwiebel darin glasig schwitzen. Die Karotten, de Lauch und die Erbsen dazugeben, 2-3 Minuten mitschwitzen un anschließend das Lorbeerblatt, das Paprikapulver und die Kräute der Provence untermischen, den Weißwein angießen und das Ganz 2-3 Minuten köcheln lassen.
- Den Reis waschen, gut abtropfen lassen, zum Gemüse geben, ein mal aufkochen und anschließend im auf 180-200 °C vorgeheizte Backofen 18-20 Minuten ausquellen lassen, dabei mehrmals um rühren.
- Den Kabeljau waschen, gut abtropfen lassen, in Würfel schneide mit Zitronensaft beträufeln, mit Salz und Pfeffer würzen und nac Ende der Garzeit mit der Crème fraîche und dem geriebenen Pa mesankäse unter den Reis heben. Den geriebenen Gouda darau verteilen und den Reisauflauf im auf 220 °C vorgeheizten Backofe 10-15 Minuten überbacken. Den Reisauflauf mit Muscheln un Krabben herausnehmen, dekorativ anrichten, mit Kräuterzweige ausgarnieren und sofort servieren.

Reisauflauf mit Speck

- Zubereitung wie Reisauflauf mit Kabeljau. 100 g durchwachsene geräucherten Speck in Würfel schneiden und in der Butter oder Ma garine auslassen, erst dann die gehackte Zwiebel dazugeben. A statt des Kabeljau verwendet man 400 g Braten- und/ oder Wu streste. Weiterarbeiten, wie oben beschrieben.

Auflauf mit Nudeln und Bananen

• 1/2 l Gemüsebrühe • 200 g Nudeln • 400 g Fischfilet 100 g Krabben • 100 g gekochte Tintenfischringe • einige Tropfen Zitronensaft • einige Tropfen Worcestersauce • einige Tropfen Weinessig • Salz • Pfeffer aus der Mühle • 2-3 EL Butter oder Margarine • 2 Bananen • 1/4 l gebundene, Helle Sauce • 1/2 Becher Sahne • 125 g geriebenen Käse • 2 Eier • 1 TL Curry • 1 Bund Petersilie

Die Gemüsebrühe zum Kochen bringen, die Nudeln einrühren und bissfest garen. Das Fischfilet, die Krabben und die Tintenfischringe in Stücke schneiden, mit Zitronensaft, Worcestersauce und Weinessig beträufeln, mit Salz und Pfeffer würzen und fünf Minuten ziehen lassen.
Die Butter oder Margarine erhitzen und die Meeresfrüchte sowie die in Scheiben geschnittenen Bananen darin schwenken. Zu den Nudeln geben, vermischen und in eine Auflaufform geben.
Die Sauce mit der Sahne, dem Käse und den Eiern verschlagen, mit Curry, Salz und Pfeffer würzen, auf der Nudelmasse verteilen und im auf 180-200 °C vorgeheizten Backofen 15-20 Minuten backen, anrichten, mit der gehackten Petersilie bestreuen und servieren.

Hackklösschen auf Kartoffeln

• 600 g gekochte Kartoffeln • 3-4 EL Sesamöl • 600 g Rinderhack • 1 Zwiebel • 2 Eier • 2 EL mittelscharfen Senf • 2 EL geriebenen Meerrettich • Salz • Pfeffer • 1 Tasse gehackte Kräuter • Semmelbrösel zum Binden • 4-5 EL Sesamöl • 2-3 Karotten • 1 Stange Lauch • 3-4 EL Mangochutney • 3-4 EL Curryketchup • 1 Tasse Weißwein • 1/4 l Gemüsebrühe • 1 Becher Sahne

Die Kartoffeln pellen und in Scheiben schneiden. Das Sesamöl erhitzen und die Kartoffeln braten und würzen.
Das Rinderhack mit der gehackten Zwiebel, den Eiern, dem Senf und dem Meerrettich in einer Schüssel zu einer Masse verarbeiten. Mit Salz und Pfeffer würzen, die Kräuter untermischen und mit Semmelbröseln binden.
Mit feuchten Händen Fleischklößchen abdrehen. Das Sesamöl erhitzen und die Fleischklößchen braten und bereitstellen.
Die Karotten in Scheiben schneiden, den Lauch in Streifen schneiden und beides ins Bratfett geben. Das Gemüse braten, den Mangochutney, den Curryketchup, den Weißwein, die Gemüsebrühe und die Sahne dazugeben und 8-10 Minuten köcheln lassen.
Die Fleischklößchen in die Sauce geben, erhitzen, abschmecken, auf den Bratkartoffeln anrichten, ausgarnieren und servieren.

Käsesalat

• 2 Zwiebeln • 1 rote Paprikaschote • 1 gelbe Paprikaschote • 4 Tomaten • 1 Glas Oliven • 1 kleinen Kopfsalat • 400 g Provolonekäse • 4 EL Rotweinessig • Saft von 1 Zitrone • 4 EL Rotwein • Salz • Pfeffer aus der Mühle • 1 Prise Zucker • je 1 TL Basilikum und Oregano • 6 EL Olivenöl • 1 Hand voll gemischte, gehackte Kräuter

- Die Zwiebeln und die Paprikaschoten in feine Würfel schneiden, d Tomaten enthäuten, entkernen und in Würfel schneiden. Die Olive gut abtropfen lassen und entkernen.
- Den Kopfsalat putzen, waschen, gut abtropfen lassen und in munc gerechte Stücke zerpflücken. Den Provolonekäse in Würfel schne den, mit den übrigen Zutaten in eine Schüssel geben und alles mi einander vermischen.
- Den Rotweinessig, den Zitronensaft und den Rotwein verrühren, m Salz, Pfeffer, Zucker, Basilikum und Oregano würzen und anschli ßend das Öl unterheben.
- Den Salat mit dem Dressing anmachen und im Kühlschrank minde tens 15-20 Minuten ziehen lassen.
- Die gemischten, gehackten Kräuter unter den Salat heben, nochma kräftig abschmecken, anrichten und sofort servieren.

Käsesalat mit Trauben

• 400 g Butterkäse • 4 Tomaten • 200 g weiße und blaue Weintrauben • 200 g gemischte, entsteinte Oliven • 1 Tasse Aceto balsamico • 1 Tasse Olivenöl • Salz • Pfeffer aus der Mühle • einige Tropfen Zitronensaft • 1 Prise Zucker

- Den Butterkäse würfeln und in eine Schüssel geben. Die Tomat enthäuten, entkernen, würfeln, mit den halbierten, entkernt Weintrauben und den Oliven unter den Butterkäse heben.
- Das Ganze mit Aceto balsamico und Olivenöl beträufeln, mit Sa Pfeffer und Zitronensaft abschmecken.
- Den Käsesalat kurz ziehen lassen, nochmals nachschmecken, a richten, ausgarnieren und servieren.

Paprikasalat mit Mozzarella

• 1 rote Paprikaschote • 1 grüne Paprikaschote • 1 gelbe Paprikaschote • 1 Gemüsezwiebel • 2-3 EL Olivenöl • 2 Knoblauchzehen • 1 TL Salz • Saft von einer Zitrone • 1 Tasse Gemüsebrühe • 1/2 Tasse Obstessig 100 g gemischte Oliven • einige Salatblätter • 1 Bund Schnittlauch • 400 g Mozzarellakäse

Die Paprikaschoten halbieren, entkernen, waschen, gut abtropfen lassen und in dünne Streifen schneiden.
Die Gemüsezwiebel schälen und ebenfalls in Streifen schneiden.
Das Olivenöl in einem Topf erhitzen, die geschälten und mit Salz zerriebenen Knoblauchzehen ins Öl geben und glasig schwitzen. Die Paprikaschoten und die Zwiebelstreifen ins Knoblauchöl geben, kurz mitschwitzen, mit dem Zitronensaft beträufeln, mit der Gemüsebrühe und dem Obstessig auffüllen und aufkochen lassen.
Den Paprikasalat vom Feuer nehmen, mit Salz, Pfeffer und Zucker kräftig abschmecken und die gut abgetropften Oliven untermischen.
Die Salatblätter dekorativ auf den Teller anrichten, den Paprikasalat darauf geben, mit frisch geschnittenem Schnittlauch und fein gewürfeltem Mozzarellakäse bestreuen, ausgarnieren und servieren.

Rohkost mit Ziegenkäse

• 2 rote Zwiebeln • 1 grüne Paprikaschote • 1 rote Paprikaschote • 1/2 Salatgurke • 1 kleine Zucchini • 1/2 Tasse Obstessig • 1/2 Tasse Olivenöl • Saft von 1 Zitrone • Salz • weißen Pfeffer • 1 Bund Oregano • 200 g Ziegenkäse • 50 g Pistazienkerne • Kräuterzweige zum Garnieren.

Die Zwiebeln schälen und in grobe Würfel schneiden, die Paprikaschoten halbieren, entkernen, waschen, gut abtropfen lassen und in Würfel schneiden.
Die Salatgurke und die Zucchini putzen, waschen und ebenfalls würfeln. Die Salatzutaten vorsichtig miteinander vermischen.
Für das Dressing den Obstessig, das Olivenöl und den Zitronensaft miteinander verrühren. Mit Salz und Pfeffer würzen. Den Oregano verlesen, waschen, fein hacken und untermischen.
Die Rohkost dekorativ anrichten, mit dem Dressing überziehen und im Kühlschrank 10-15 Minuten ziehen lassen.
Den in Würfel geschnittenen Ziegenkäse auf der Rohkost verteilen. Mit Pistazienkernen bestreuen, mit Kräuterzweigen ausgarnieren und servieren.

Bunter Bergkäsesalat

• 4 Tomaten • 1 gelbe Paprikaschote • 1 Zwiebel • 1 Salatgurke • 200 g Bergkäse • 1 Glas gefüllte Oliven • 2 Knoblauchzehen • 1 TL Salz • 1 Tasse Fleischbrühe • 3-4 EL Sherryessig • 1 Becher Joghurt • Saft von 1 Zitrone • 1 Zwiebel • 1 Tasse gemischte, gehackte Kräuter • Salz • Pfeffer • 1 Prise Zucker • 1 Bund Zitronenmelisse

- Die Tomaten waschen und in Würfel schneiden. Die Paprikaschot halbieren, entkernen und ebenfalls würfeln. Die Zwiebel schälen un fein hacken.
- Die Salatgurke halbieren, mit einem Teelöffel das Kerngehäuse he ausschaben und das Fruchtfleisch in Stifte schneiden.
- Den Bergkäse würfeln, die abgetropften Oliven halbieren, mit de Salatzutaten in eine Schüssel geben und vorsichtig miteinander ve mischen.
- Für das Dressing die Knoblauchzehen mit Salz zu einer Paste zerre ben.
- Die Knoblauchpaste mit der Fleischbrühe, dem Sherryessig, dem Jo ghurt und dem Zitronensaft glatt rühren und die geschälte, fein ge hackte Zwiebel untermischen.
- Das Dressing mit Salz, Pfeffer und Zucker abrunden und die ge hackten Kräuter unterrühren.
- Den Salat damit anmachen und im Kühlschrank mindestens eir halbe Stunde ziehen lassen.
- Den Salat dekorativ anrichten, mit Zitronenmelisseblättchen au garnieren und sofort servieren.

Möhrensalat mit Mozzarella

• 6-8 mittelgroße Möhren • 2 große Äpfel • 100 g Sojasprossen • 1 Tasse Aceto balsamico • 2 EL Honig • 2 EL Sahnemeerrettich • 1 Tasse Traubenkernöl • Salz • schwarzen Pfeffer aus der Mühle • 1 Prise geriebene Muskatnuss • 250 g Mozzarellakäse

- Die Möhren und die Äpfel schälen, beides grob raspeln und dek rativ anrichten. Die Sprossen abtropfen lassen und über die Möhre und Äpfel geben.
- Den Aceto balsamico mit dem Honig, dem Sahnemeerrettich ur dem Traubenkernöl verrühren, mit Salz, Pfeffer und Muskatnu kräftig abschmecken und über den Salat gießen.
- Den Mozzarellakäse in kleine Würfel schneiden, über den Salat stre en, den Salat dekorativ anrichten, ausgarnieren und servieren.

Grüner Salat mit Provolone und Knoblauchcroutons

• 1/2 Kopf Eisbergsalat • 1/2 Staude Chinakohl • 3-4 Sardellenfilets • 1 Eigelb • Saft von 1 Zitrone • 1/2 TL Senfpulver • 1 EL Worcestersauce • 1 Spritzer Tabasco • schwarzen Pfeffer aus der Mühle • 4 EL Olivenöl • 400 g Provolonekäse • 2 hartgekochte Eier • 1-2 Tassen Knoblauchcroutons

- Den Eisbergsalat und den Chinakohl putzen, waschen und in Streifen schneiden. Die Sardellenfilets mit einer Gabel zerdrücken, mit dem Eigelb verrühren und mit dem Salat in eine Schüssel geben.
- Den Zitronensaft mit dem Senfpulver, der Worcestersauce und dem Tabasco glatt rühren, mit Pfeffer kräftig würzen und das Olivenöl unterschlagen.
- Den Provolonekäse in kleine Würfel schneiden, die Eier schälen und grob hacken, beides über den Salat streuen und mit dem Dressing übergießen.
- Den grünen Salat mit Provolonekäse und Knoblauchcroutons dekorativ anrichten, ausgarnieren und servieren.

Paprika-Feldsalat mit Edelpilzkäse

• 2 rote Zwiebeln • 1 rote Paprikaschote • 1 grüne Paprikaschote • 1 gelbe Paprikaschote • 4 Tomaten • 100 g schwarze Oliven • 1 Tasse Obstessig • 1 Tasse Olivenöl • Salz • Pfeffer aus der Mühle • 1 Prise Zucker • 300 g Feldsalat • 400 g Edelpilzkäse

- Die Zwiebeln schälen und fein hacken. Die Paprikaschoten putzen, halbieren, entkernen, waschen und in Würfel schneiden.
- Die Tomaten enthäuten, entkernen, würfeln und mit den Oliven, den Zwiebeln und den Paprikaschoten in einer Schüssel vorsichtig vermischen.
- Den Obstessig und das Olivenöl dazugeben und das Ganze mit Salz, Pfeffer und Zucker würzen, anschließend im Kühlschrank 10-15 Minuten ziehen lassen.
- In der Zwischenzeit den Feldsalat putzen, waschen, gut abtropfen lassen und in mundgerechte Stücke pflücken. Den Edelpilzkäse würfeln.
- Die Salatzutaten in eine Schüssel geben und alles vorsichtig miteinander vermischen. Den Salat mit Edelpilzkäse dekorativ anrichten, mit Kräuterzweigen ausgarnieren und sofort servieren.

Paprikasalat mit Schafskäse

• 1 grüne Paprikaschote • 1 gelbe Paprikaschote • 250 g Tomaten • 2 Zwiebeln • 200 g Schafskäse • 1 Becher saure Sahne • Saft von 1/2 Zitrone • 1-2 Knoblauchzehen • 1 TL Salz • Salz • 1 Prise Zucker • grob geschroteten, schwarzen Pfeffer

- Die Paprikaschoten halbieren, entkernen, waschen und in feine Streifen schneiden. Die Tomaten waschen, den Strunk herausschneiden und die Tomaten achteln. Die Zwiebeln schälen und in Ringe schneiden, den Schafskäse fein würfeln.
- Die Paprikastreifen, die Tomatenachtel, die Zwiebelringe und die Ziegenkäsewürfel in eine Schüssel geben, miteinander vermischen.
- Für das Dressing die saure Sahne mit dem Zitronensaft glatt rühren, die geschälte und mit Salz zerriebenen Knoblauchzehen untermischen und das Dressing mit Salz und Zucker kräftig abschmecken.
- Den Paprikasalat dekorativ anrichten, mit geschrotetem Pfeffer bestreuen, ausgarnieren und servieren.

Fitnesssalat

• 1 Zwiebel • 1 Bund Radieschen • 2 Tomaten • 100 g frische Champignons • Saft von einer Zitrone • 300 g Blattsalat • 200 g Krabben oder Crevetten • 200 g gekochten Schinken • 1 Tasse Orangensaft • Saft von 2 Zitronen • 1 Zwiebel • Salz • Pfeffer aus der Mühle • 1-2 EL Honig • einige Tropfen Worcestersauce • 1 Tasse Sonnenblumenöl • 1 Tasse gemischte, gehackte Kräuter • 4 hartgekochte Eier • 1 Glas gemischte Oliven

- Die Zwiebel schälen und fein hacken, die Radieschen putzen und in Scheiben schneiden.
- Die Tomaten enthäuten, entkernen und würfeln. Die Champignons putzen, waschen, schneiden und mit Zitronensaft beträufeln.
- Die Blattsalate verlesen, waschen, gut abtropfen lassen und in mundgerechte Stücke zerteilen.
- Die Salatzutaten mit den Krabben oder Crevetten und dem in Würfel geschnittenen Schinken in einer Schüssel vorsichtig vermischen.
- Für das Dressing den Orangensaft, den Zitronensaft und die geriebene Zwiebel in eine Schüssel geben und verrühren, mit Salz, Pfeffer, Honig und Worcestersauce abschmecken und das Sonnenblumenöl tropfenweise einrühren.
- Die gehackten Kräuter unter die Marinade mischen und den Salat damit anmachen.
- Den Salat dekorativ anrichten, mit Eiachteln, Oliven und Kräuterzweigen ausgarnieren und sofort servieren.

Salat mit Edelpilzkäse

• 2 EL Olivenöl • 2 Knoblauchzehen • 1 TL Salz
• 4 Scheiben Toastbrot • 1 Kopf Eisbergsalat • 250 g Tomaten
• 1 Zwiebel • 250 g Edelpilzkäse • 1/2 Tasse Weißweinessig
• 1/2 Tasse Olivenöl • Salz • Pfeffer aus der Mühle • 1 Prise Zucker
• 1 Tasse gehackte Petersilie • 1-2 Tassen Knoblauchcroutons

- Das Olivenöl in einer Pfanne erhitzen und die mit Salz zerriebenen Knoblauchzehen darin glasig schwitzen. Das Toastbrot in Würfel schneiden, ins Knoblauchfett geben und goldbraun rösten. Herausnehmen und erkalten lassen.
- Den Eisbergsalat putzen, waschen und in Streifen schneiden. Die Tomaten achteln, die Zwiebel in Ringe schneiden und den Edelpilzkäse würfeln. Alles vorsichtig miteinander vermischen.
- Den Essig mit dem Öl verrühren, mit Salz, Pfeffer und Zucker abschmecken, über die Salatmischung geben und kurz ziehen lassen.
- Den Bunten Salat mit Edelpilzkäse dekorativ anrichten, mit den Knoblauchcroûtons und der Petersilie bestreuen, ausgarnieren und servieren.

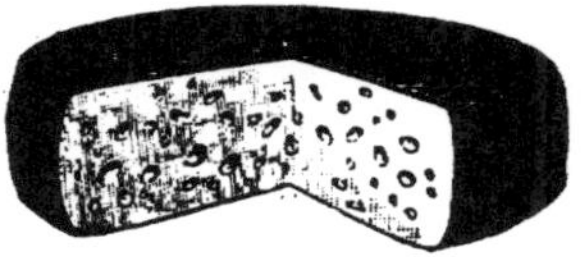

Kopfsalat mit Käsestiften

• 1 Kopf grünen Salat • 4 Tomaten • 400 g Butterkäse
• 1 Bund Frühlingszwiebeln • 1 Becher Sahne • 1/2 Tasse Obstessig
• einige Tropfen Zitronensaft • Salz • Pfeffer aus der Mühle
• 1 Prise Cayennepfeffer • 1 Prise Zucker • 2 Bund Schnittlauch

- Den Salat waschen, gut abtropfen lassen, in mundgerechte Stücke zerpflücken und in eine Schüssel geben. Die Tomaten putzen, in Würfel schneiden und dazugeben.
- Den Butterkäse in Stifte schneiden, mit den geputzten und in Scheiben geschnittenen Frühlingszwiebeln unter den Salat heben. Die Sahne mit dem Obstessig verrühren, mit Zitronensaft, Salz, Pfeffer, Cayennepfeffer und Zucker kräftig abschmecken.
- Den Salat mit dem Dressing anmachen. Den Schnittlauch verlesen, waschen, fein schneiden und ebenfalls unter den Salat heben. Den Salat mit Käsestiften durchziehen lassen, nochmals abschmecken, anrichten, ausgarnieren und servieren.

Nudelsalat mit Gorgonzoladressing

• 300 g bissfest gegarte Eiernudeln • 400 g Lauch • 2 Tomaten • 1/4 l Gemüsebrühe • 2 Schalotten • 1 Becher Joghurt • 1 Tasse Mayonnaise • 100 g Gorgonzola • 2-3 EL Dillessig • Salz • Pfeffer aus der Mühle • 1 Prise Cayennepfeffer • 1 Prise Zucker • 1 Bund Dill

- Die Eiernudeln in eine Schüssel geben. Den Lauch putzen, in Ringe schneiden, in der Gemüsebrühe bissfest garen.
- Die Tomaten in Spalten schneiden, mit dem Lauch unter die Nudeln heben und dekorativ anrichten.
- Für das Dressing die Zwiebel schälen, fein hacken, mit dem Joghurt, der Mayonnaise, dem Gorgonzola und dem Dillessig in einer Schüssel verrühren.
- Das Dressing mit Salz, Pfeffer, Cayennepfeffer und Zucker kräftig abschmecken. Den verlesenen, gewaschenen und fein gehackten Dill unterziehen.
- Das Dressing gleichmäßig auf dem Salat verteilen, den Salat ausgarnieren und sofort servieren.

Eiernudelsalat mit Butterkäse

• 300 g bissfest gegarte Eiernudeln • 200 g Butterkäse • 200 g Krabben oder Crevetten • 1 Zwiebel • 1 Becher Sahne • 1 Tasse Mayonnaise • 1/2 Tasse Obstessig • 2-3 EL mittelscharfen Senf • Salz • Pfeffer aus der Mühle • 1 Prise Cayennepfeffer • 1 Prise Zucker • 1 Hand voll Kräuter

- Die Eiernudeln mit dem in Würfel geschnittenen Butterkäse und den Krabben oder Crevetten sowie der geschälten und fein gehackten Zwiebel in einer Schüssel vermischen.
- Die Sahne mit der Mayonnaise, dem Obstessig und dem Senf in eine Schüssel geben und glatt rühren, mit Salz, Pfeffer, Cayennepfeffer und Zucker kräftig abschmecken und die gehackten Kräuter unterziehen.
- Den Salat mit dem Dressing anmachen, kurz durchziehen lassen nochmals abschmecken, dekorativ anrichten, ausgarnieren und servieren.

Eiersalat

• 4 hartgekochte Eier • 100 g durchwachsenen, geräucherten Speck • 1 Zwiebel • 1 Dose Erbsen und Karotten • 1 Dose Champignonköpfe • 1 Tasse Mayonnaise • 1 Becher Joghurt • einige Tropfen Zitronensaft • einige Tropfen Worcestersauce • Salz • Pfeffer aus der Mühle • 1 Prise Cayennepfeffer • 1 Prise Zucker • 1 Bund Schnittlauch

Die hartgekochten Eier pellen, fein hacken, in eine Schüssel geben. Den Speck in Würfel schneiden, in einer trockenen Pfanne auslassen und beiseite stellen. Die Zwiebel schälen und fein hacken, die Erbsen und Karotten sowie die Champignonköpfe gut abtropfen lassen und vorsichtig mit den Eiern vermischen.
Den Salat anrichten und mit den Speckwürfeln bestreuen.
Für das Dressing die Mayonnaise mit dem Joghurt und der Sahne glatt rühren, mit Zitronensaft, Worcestersauce, Salz, Pfeffer, Cayennepfeffer und Zucker kräftig abschmecken und das Dressing gleichmäßig auf dem Salat verteilen.
Den verlesenen, gewaschenen und geschnittenen Schnittlauch darüber streuen, ausgarnieren und sofort servieren.

Spinatsalat mit Lachsschinken

• 100 g jungen Blattspinat • 100 g Eisbergsalat • 1 rote Zwiebel • 2 Tomaten • 100 g frische Champignons • Saft von einer Zitrone • 250 g Lachsschinken • 1 Knoblauchzehe • 1 TL Salz • 1 Tasse Weißwein • Saft von 1 Zitrone • 4 EL Aceto balsamico • Salz • weißen Pfeffer aus der Mühle • 1 Prise Zucker • 1/2 Tasse Olivenöl • 1 Bund Zitronenmelisse

Den Blattspinat und den Eisbergsalat verlesen, waschen und in mundgerechte Stücke zerpflücken.
Die rote Zwiebel schälen und in dünne Ringe schneiden, die Tomaten enthäuten, entkernen und würfeln.
Die Champignons verlesen, waschen, gut abtropfen lassen, in Scheiben schneiden und mit Zitronensaft beträufeln.
Den Lachsschinken in Streifen schneiden, mit den restlichen Zutaten vorsichtig vermischen und anrichten.
Für das Dressing die geschälte und mit Salz zerriebene Knoblauchzehe mit dem Weißwein, dem Zitronensaft und dem Aceto balsamico verrühren. Mit Salz, Pfeffer und Zucker würzen und das Olivenöl einrühren.
Den Salat damit anmachen, mit der verlesenen, gewaschenen und fein geschnittenen Zitronenmelisse bestreuen, anrichten, ausgarnieren und servieren.

Zucchinisalat mit saurer Sahne

• 4 Kiwis • 1 mittelgroße Zucchini • 2 Tomaten • 200 g gebratenes Hähnchenfleisch • 75 g rohen Schinken • 1 kleines Glas gefüllte Oliven • einige Tropfen Aceto balsamico • einige Tropfen Olivenöl • 50 g gehackte Mandeln • 2 Becher saure Sahne • einige Tropfen Zitronensaft • Salz • Pfeffer • 1 Prise Zucker • 1 Tasse gemischte, gehackte Kräuter

- Die Kiwifrüchte schälen, die Zucchini putzen, die Tomaten wasche und den Strunk herausschneiden. Alles in hauchdünne Scheibe schneiden.
- Das Hähnchenfleisch und den rohen Schinken in mundgerecht Stücke schneiden und auf 4 Tellern anrichten.
- Die Oliven gut abtropfen lassen, in Scheiben schneiden und übe das Fleisch und den Schinken streuen. Mit Aceto balsamico und Oli venöl beträufeln und die gehackten Mandeln darüber geben.
- Die saure Sahne glatt rühren, mit Salz, Pfeffer und Zucker würze und die Kräuter untermischen. Den Zucchinisalat dekorativ anrich ten, mit der Sahne überziehen und sofort servieren.

Käsesalat mit Champignons

• 2 Stauden Chicorée • 100 g frische Champignons • Saft von 1 Zitrone • 2 Tomaten • 1 Zwiebel • 1 grüne Paprikaschot • 200 g Butterkäse • 200 g Tilsiter • 1/2 Tasse Aceto balsamico • Saft von 1 Zitrone • Saft von 1 Orange • 1-2 EL geriebenen Meerrettich • Salz • Pfeffer aus der Mühle • 1 Prise Zucker • 1/2 Tasse Olivenöl • 1 Bund Zitronenmelisse

- Den Chicorée putzen, den Strunk ausschneiden, waschen, gut ab tropfen lassen und in Streifen schneiden.
- Die Champignons putzen, waschen, in Scheiben schneiden und m Zitronensaft beträufeln.
- Die Tomaten in Scheiben schneiden, die Zwiebel schälen und in fe ne Streifen schneiden, die Paprikaschote halbieren, entkernen un in dünne Streifen schneiden. Den Butterkäse und den Tilsiter in Wü fel schneiden.
- Für das Dressing den Aceto balsamico mit dem Zitronensaft, der Orangensaft und dem Meerrettich verrühren, mit Salz, Pfeffer un Zucker kräftig würzen und anschließend das Olivenöl tropfenweis einrühren.
- Die Salatzutaten dekorativ auf vier Tellern anrichten, mit dem Dres sing gleichmäßig überziehen, mit Zitronenmelisseblättchen ausga nieren und sofort servieren.

Salamisalat

• 2 Zwiebeln • 1 rote Paprikaschote • 1 gelbe Paprikaschote • 150 g Salami • 150 g Essiggurken • 400 g Butterkäse • 2 Knoblauchzehen • 1 TL Salz • 2-3 EL milden Senf • 1/2 Tasse Obstessig • 1 Tasse Olivenöl • Salz • Pfeffer aus der Mühle • 1 Prise Zucker • 1 Prise Cayennepfeffer • 1 Bund Schnittlauch

- Die Zwiebeln schälen und in feine Scheiben schneiden. Die Paprikaschoten putzen, halbieren, entkernen, waschen, gut abtropfen lassen und in Streifen schneiden.
- Die Salami in Streifen schneiden, die Essiggurken in Scheiben oder ebenfalls in Streifen schneiden.
- Den Käse in Würfel schneiden, mit den restlichen Salatzutaten in eine Schüssel geben und alles vorsichtig miteinander vermischen. Für das Dressing die Knoblauchzehen schälen, mit Salz zu einer Paste zerreiben, mit dem Senf und dem Obstessig verrühren.
- Das Olivenöl gleichmäßig unterziehen, das Ganze mit Salz, Pfeffer, Zucker und Cayennepfeffer kräftig abschmecken und den Salat damit anmachen. Den Salat kurz durchziehen lassen, nochmals abschmecken, dekorativ anrichten, mit dem verlesenen, gewaschenen und in Röllchen geschnittenen Schnittlauch bestreuen, ausgarnieren und sofort servieren.

Salat mit kaltem Braten

• 400 g kalten Braten • 400 g Emmentaler • 2 rote Zwiebeln • 1 Becher Sahne • 2 Becher Joghurt • 2 EL Sahnemeerrettich • 2-3 EL mittelscharfen Senf • einige Tropfen Obstessig • einige Tropfen Zitronensaft • Salz • Pfeffer aus der Mühle • 1 Prise Cayennepfeffer • 1 Prise Zucker • 2 Bund Schnittlauch

Den kalten Braten und den Emmentaler in Streifen oder Würfel schneiden und in eine Schüssel geben. Die Zwiebeln schälen und in Scheiben schneiden oder würfeln und unter die Salatzutaten heben. Die Sahne mit dem Joghurt, dem Meerrettich, dem Senf und dem Obstessig in eine Schüssel geben und glatt rühren.
Mit Zitronensaft, Salz, Pfeffer, Cayennepfeffer und Zucker kräftig abschmecken und den fein geschnittenen Schnittlauch unterziehen. Den Salat mit dem Dressing anmachen, kurz ziehen lassen, nochmals nachschmecken, dekorativ anrichten, ausgarnieren und servieren.

Schwarzwälder Salat

• 1 kleinen Kopf Eisbergsalat • 100 g Feldsalat • 100 g frische Champignons • Saft von 1 Zitrone • 8 Cocktailtomaten • 400 g Schwarzwälder Schinken • 200 g Tilsiter • 100 g weiße und blaue Weintrauben • 1 Tasse Apfelessig • 1 Tasse Olivenöl • Salz • Pfeffer aus der Mühle • 1-2 EL geschrotete, bunte Pfefferkörner • 1 Bund Schnittlauch

- Den Eisbergsalat und den Feldsalat verlesen, waschen, gut abtropfen lassen, in mundgerechte Stücke zerpflücken und in eine Schüssel geben.
- Die Champignons putzen, waschen, in Scheiben schneiden, mit Zitronensaft beträufeln. Die Cocktailtomaten waschen und halbieren.
- Den Schwarzwälder Schinken und den Tilsiter in Streifen schneiden.
- Die Weintrauben verlesen, waschen, halbieren und entkernen.
- Die Salatzutaten vorsichtig miteinander vermischen und dekorativ anrichten.
- Den Salat mit Apfelessig und Olivenöl beträufeln. Mit Salz, Pfeffer und geschroteten bunten Pfefferkörnern bestreuen.
- Den Schnittlauch verlesen, waschen, in Röllchen schneiden, über den Salat streuen, ausgarnieren und sofort servieren.

Brotzeitsalat mit Lyoner

• 500 g Lyoner • 1 Zwiebel • 1 rote Paprikaschote • 1 gelbe Paprikaschote • 4 Tomaten • 1 1/2 Tassen Gemüsebrühe • 2-3 EL mittelscharfen Senf • 2-3 EL Sahnemeerrettich • 3-4 EL Obstessig • 2-3 EL Olivenöl • Salz • weißen Pfeffer aus der Mühle • einige Tropfen flüssigen Süßstoff • 1 Bund Schnittlauch

- Die Lyoner in Streifen schneiden und in einer Schüssel vermischen.
- Die Zwiebel schälen und in Ringe schneiden, die Paprikaschoten putzen, halbieren, entkernen und in Streifen schneiden.
- Die Tomaten enthäuten, entkernen, in Streifen schneiden, mit den restlichen Zutaten zum Käse geben und alles vorsichtig miteinander vermischen.
- Die Gemüsebrühe mit dem Senf, dem Sahnemeerrettich, dem Obstessig und dem Olivenöl glatt rühren, mit Salz, Pfeffer und flüssigem Süßstoff abschmecken.
- Den Salat mit dem Dressing anmachen, im Kühlschrank 10 Minuten ziehen lassen, nochmals nachschmecken, mit verlesenem, gewaschenen und in Röllchen geschnittenen Schnittlauch bestreuen, ausgarnieren und sofort servieren.

Feinkostsalat

• 2 Tomaten • 200 g gemischten Schnittkäse (Emmentaler, Gouda, Edamer) • 100 g Camembert • 1 Dose Fruchtcocktail • 400 g bissfest gegarte Nudeln • 4 Eigelb • 2 EL mittelscharfen Senf • Saft von 1 Zitrone • 1/2 Tasse Obstessig • 1/2 Tasse Olivenöl • Salz • Pfeffer aus der Mühle • 1 Prise Cayennepfeffer • 1 Prise Zucker • 1 Bund Schnittlauch

- Die Tomaten enthäuten, entkernen und in Würfel schneiden. Den Schnittkäse in Streifen und den Camembert in Würfel schneiden, den Fruchtcocktail gut abtropfen lassen.
- Die Nudeln, die Tomaten, die Käsestreifen, die Camembertwürfel und den Fruchtcocktail in eine Schüssel geben und gut miteinander vermischen.
- Für das Dressing das Eigelb mit dem Senf, dem Zitronensaft, dem Obstessig und dem Olivenöl kräftig verschlagen, mit Salz, Pfeffer, Cayennepfeffer und Zucker abschmecken.
- Den Feinen Käsesalat dekorativ anrichten, mit dem Dressing überziehen, mit dem verlesenen, gewaschenen und in Röllchen geschnittenen Schnittlauch bestreuen, ausgarnieren und servieren.

Salat mit Hörnchennudeln

• 300 g Hörnchennudeln • 1 l Gemüsebrühe • 2 rote Bete • 1-2 EL Sonnenblumenöl • 100 g Eisbergsalat • 200 g Camembert • 1 Tasse geröstete Mandelblättchen • 1 Becher Crème fraîche • 2 EL frisch geriebenen Meerrettich • 1 Tasse gemischte, gehackte Kräuter • Salz • Pfeffer aus der Mühle • 1 Prise Zucker

- Die Hörnchennudeln in die kochende Gemüsebrühe einrühren.
- Die geputzten und in Würfel geschnittenen Rote Bete sowie das Sonnenblumenöl dazugeben und die Hörnchennudeln darin bissfest garen.
- Die Hörnchennudeln und die Rote Bete aus dem Sud nehmen, gut abtropfen lassen und in eine Schüssel geben.
- Den Eisbergsalat verlesen, waschen, gut abtropfen lassen, in Streifen oder Rauten schneiden und dekorativ auf vier Tellern anrichten.
- Den Camembert in Würfel schneiden, die Nudeln auf dem Eisbergsalat verteilen, mit den Camembertwürfeln bestreuen und die gerösteten Mandelblättchen darüber verteilen.
- Die Crème fraîche mit dem Meerrettich glatt rühren und die gehackten Kräuter untermischen.
- Die Sauce mit Salz, Pfeffer und Zucker kräftig abschmecken, gleichmäßig auf dem Salat verteilen, ausgarnieren und sofort servieren.

Weisskrautsalat mit Käsedressing

• 800 g Weißkohl • 2 säuerliche Äpfel • 1 Becher Sahneschmelzkäse • 1 EL mittelscharfen Senf • 1 Becher saure Sahne • 4 EL Kaffeesahne • einige Tropfen Weinessig • Salz • weißen Pfeffer aus der Mühle • Eiachtel und Paprikastreifen zum Garnieren

- Den Weißkohl putzen und in feine Streifen hobeln.
- Die Äpfel schälen, halbieren, entkernen, grob raspeln und mit dem Kohl vermischen.
- Den Sahneschmelzkäse mit dem Senf, der sauren Sahne, der Kaffeesahne und dem Weinessig glatt rühren, mit Salz und Pfeffer kräftig würzen.
- Den Kohl mit dem Dressing anmachen und zugedeckt 30 Minuten ziehen lassen.
- Den Bunten Kohlsalat dekorativ anrichten, mit Eiachteln und Paprikastreifen ausgarnieren und servieren.

Feldsalat mit geschrotetem Pfeffer

• 400 g Feldsalat • 1 Stück Knollensellerie • 2 Tomaten • 100 g blaue und weiße Weintrauben • 200 g Camembert • 200 g Emmentaler • 1 Becher Joghurt • 1/2 Tasse Sahne • Saft von einer Zitrone • 2-3 EL Zitronenessig • 1 Prise Zucker • Salz • Pfeffer aus der Mühle • 1 EL bunte, geschrotete Pfefferkörner • Kräuterzweige zum Garnieren

- Den Feldsalat verlesen, waschen, gut abtropfen lassen, zerpflücken und in eine Schüssel geben.
- Den Knollensellerie schälen und in Stifte schneiden. Die Tomaten enthäuten, entkernen und in Würfel schneiden.
- Die Weintrauben waschen, halbieren und entkernen.
- Den Camembert und den Emmentaler in mundgerechte Stücke schneiden, zu den restlichen Zutaten geben und alles miteinander vermischen.
- Für das Dressing den Joghurt, die Sahne, den Zitronensaft und den Zitronenessig glatt rühren. Mit Zucker, Salz und Pfeffer würzen.
- Das Dressing gleichmäßig auf dem Salat verteilen, mit geschroteten Pfefferkörnern bestreuen, mit Kräuterzweigen ausgarnieren und sofort servieren.

Blattsalat mit Edelpilzdressing

• 1 Kopf Radicchiosalat • 1 kleinen Kopf Bataviasalat • 1 kleinen Kopf Eisbergsalat • 1 Tasse Orangensaft • 100 g Edelpilzkäse • 1 Tasse Sahne • Saft von einer Zitrone • 4 EL Obstessig • 4 EL Olivenöl • 1 Tasse gemischte, gehackte Kräuter • Salz • Pfeffer aus der Mühle • 1 Prise Zucker • 1 Prise Cayennepfeffer • 4 hartgekochte Eier • 4 Tomaten • Kräuterzweige zum Garnieren

- Die Blattsalate verlesen, waschen, gut abtropfen lassen, in mundgerechte Stücke zerpflücken und dekorativ auf vier Tellern anrichten.
- Für das Dressing den Orangensaft, den zerbröckelten Edelpilzkäse , die Sahne, den Zitronensaft und den Obstessig in eine Schüssel geben und glatt rühren.
- Das Olivenöl tropfenweise einrühren und die verlesenen, gewaschenen und fein gehackten Kräuter untermischen.
- Das Dressing mit Salz, Pfeffer, Zucker und Cayennepfeffer abschmecken und auf den Blattsalaten verteilen.
- Die Eier schälen und achteln. Die Tomaten waschen, schälen und ebenfalls achteln.
- Tomaten und Eiachtel dekorativ auf den Salat legen und mit Kräuterzweigen garniert sofort servieren.

Camembert mit Erdbeeren

• 300 g Erdbeeren • 300 g Camembert • grob geschroteten, schwarzen Pfeffer • 1 Glas Portwein

- Die Erdbeeren verlesen, waschen, gut abtropfen lassen und je nach Größe, halbieren oder vierteln.
- Den Camembert in zentimetergroße Würfel schneiden und vorsichtig unter die Erdbeeren heben.
- Das Ganze mit grob geschrotetem Pfeffer kräftig bestreuen, mit Portwein beträufeln, 5-10 Minuten ziehen lassen, dekorativ anrichten, ausgarnieren und sofort servieren.

Käse mit Pflaumen

• 500 g frische Pflaumen • 1-2 EL Butter oder Margarine • 1-2 EL Zucker • 1 Tasse Rotwein • 4 EL Orangenmarmelade • 2-3 EL grüne Pfefferkörner • 300 g Butterkäse • Kräuterzweige zum Garnieren

- Die Pflaumen verlesen, waschen, halbieren und entkernen.
- Die Butter oder Margarine in einer Pfanne erhitzen und den Zucker darin karamelisieren lassen.
- Den Rotwein angießen und den Zuckerkaramel loskochen.
- Die Pflaumenhälften mit der Orangenmarmelade und den Pfefferkörnern untermischen und einmal aufkochen lassen.
- Die Pflaumen vom Feuer nehmen und erkalten lassen.
- Den Butterkäse in Würfel schneiden, dekorativ anrichten, die Pflaumen dazugeben, mit Kräuterzweigen ausgarnieren und sofort servieren.

Sahnequark mit Paprika und Ananas

• 2 Knoblauchzehen • 1 TL Salz • 1 kleine Zwiebel • 1/2 rote Paprikaschote • 1/2 gelbe Paprikaschote • 1 Stück Salatgurke • 250 g Sahnequark • 1 Scheibe Ananas • 2 EL Curryketchup • 1 TL Currypulver • 1-2 EL Sojasauce • Salz • Pfeffer aus der Mühle • 1 Prise Zucker

- Die Knoblauchzehen schälen, fein hacken, mit Salz zu einer Paste zerreiben und in eine Schüssel geben.
- Die Zwiebel in feine Würfel schneiden, die Paprikaschoten putzen und ebenfalls würfeln.
- Die Salatgurke waschen, halbieren, mit einem Teelöffel das Kerngehäuse herausschaben und das Fruchtfleisch fein würfeln.
- Das Gemüse mit dem Sahnequark und der in feine Würfel geschnittenen Ananas vermischen, mit Curryketchup, Curry, Sojasauce, Salz, Pfeffer und Zucker kräftig abschmecken.
- Den Sahnequark mit Paprika und Ananas in dekorative Schälchen füllen, ausgarnieren und servieren.

Griessauflauf mit Pflaumen

• 1/8 l Milch • 1 Prise Salz • 20 g Zucker • 50 g Hartweizengrieß • 1-2 EL Butter oder Margarine • 4 Eigelb • 4 Eiweiß • 1 Prise Salz • 80 g fein geriebenen Butterkäse • 400 g frische Pflaumen • 1 Glas Rotwein • einige Tropfen Zitronensaft • 1 Zimtstange • einige Nelken • Zucker nach Geschmack

- Die Milch mit dem Salz und dem Zucker in einen Topf geben und langsam zum Kochen bringen.
- Den Grieß unter ständigem Rühren einstreuen und einmal aufkochen lassen.
- Das Ganze vom Herd nehmen, das Eigelb und die Butter einrühren und vollständig auskühlen lassen.
- Das Eiweiß mit dem Salz zu steifem Schnee schlagen und mit dem geriebenen Butterkäse vorsichtig unter die Grießmasse heben.
- Soufflėförmchen ausfetten, mit etwas Zucker bestreuen und die Masse einfüllen.
- Ein Wasserbad vorbereiten und in dem auf 180-200 °C vorgeheizten Backofen erhitzen.
- Das Grießsoufflé in das Wasserbad stellen und bei 180 °C in 20 Minuten garen.
- In der Zwischenzeit die Pflaumen waschen, halbieren, entkernen, mit dem Rotwein, dem Zitronensaft, der Zimtstange und den Nelken in einen Topf geben und einmal aufkochen lassen.
- Die Pflaumen vom Feuer nehmen, vollständig erkalten lassen und mit Zucker nach Geschmack süßen.
- Den Grießauflauf mit Pflaumen dekorativ anrichten, die Pflaumen dazugeben, ausgarnieren und sofort servieren.

Beeriger Quark

• 500 g Sahnequark • 1 Tasse Sahne • 4-5 EL Honig • Saft von 1 Zitrone • 1 Päckchen Vanillezucker • 4 cl Orangenlikör • 2-3 EL Sesamsamen • 500 g frische Waldbeeren

- Den Sahnequark in einer Schüssel kurz durchrühren. Die Sahne mit dem Honig in einen Topf geben und leicht erhitzen. So lange rühren, bis sich der Honig vollständig aufgelöst hat.
- Die Honigsahne unter den Sahnequark geben, mit dem Zitronensaft, dem Vanillezucker und dem Orangenlikör abrunden.
- Die Sesamsamen in einer trockenen Pfanne kurz rösten. Die Waldbeeren verlesen, waschen, gut abtropfen lassen und in eine Schüssel geben.
- Den Sahnequark gleichmäßig darüber verteilen, mit den Sesamsamen bestreuen, ausgarnieren und servieren.

Biskuits mit Mascarpone

• 3 Eigelb • 75 g Zucker • Saft von 1/2 Zitrone • 1 TL geriebene Zitronenschale • 1 Päckchen Vanillezucker • 250 g Mascarpone • 1/2 Glas Brombeergelee • 1/2 Becher Sahne • 1/2 Päckchen Sahnesteif • 1 kleine Packung Löffelbiskuits • 400 g Brombeeren • 4-6 cl Brombeerlikör • frische Brombeeren und Zitronenmelisseblättchen zum Garnieren

- Das Eigelb mit dem Zucker in eine Schüssel geben und schaumig schlagen. Den Zitronensaft tropfenweise darunter rühren. Die Zitronenschale und den Vanillezucker dazugeben und so lange rühren, bis sich der Vanillezucker vollständig aufgelöst hat.
- Den Mascarpone mit dem Brombeergelee in einer Schüssel glatt rühren. Die Sahne mit dem Sahnesteif steif schlagen.
- Eigelbmasse, Mascarpone und Sahne vorsichtig miteinander vermischen. Die Löffelbiskuits in einer Form auslegen.
- Die Brombeeren mit dem Brombeerlikör beträufeln, mit Zucker nach Geschmack süßen und im Kühlschrank 10 Minuten ziehen lassen. Danach gleichmäßig auf den Biskuits verteilen und die Creme darüber geben.
- Das Ganze nochmals im Kühlschrank mindestens eine Stunde ziehen lassen. Anschließend anrichten, mit frischen Brombeeren und Zitronenmelisseblättchen ausgarnieren und servieren.

Weintraubenjoghurt

• 500 g Sahnejoghurt • 1 Schuss Sahne • 500 g blaue und grüne Weintrauben • einige Tropfen Zitronensaft • einige Tropfen flüssigen Süßstoff • 2 EL Haselnusskrokant • Zitronenmelissezweige zum Garnieren

- Den Sahnejoghurt mit der Sahne in eine Schüssel geben und glatt rühren.
- Die Weintrauben waschen, halbieren oder vierteln, entkernen und mit dem Zitronensaft unter den Quark ziehen.
- Den Weintraubenjoghurt mit flüssigem Süßstoff abschmecken, dekorativ anrichten, mit dem Haselnusskrokant bestreuen, mit den Zitronenmelisseblättchen ausgarnieren und sofort servieren.

Vollkornbrot mit Früchtequark

• 1 kleine Staude Bleichsellerie • 1 kleine Dose Fruchtcocktail • 1 kleinen Bund Frühlingszwiebeln • 500 g Sahnequark • 1 Schuss Mineralwasser • Salz • Pfeffer aus der Mühle • 1 Prise Cayennepfeffer • 1 Prise Zucker • 8 Scheiben Vollkornbrot • 1 Bund Schnittlauch

- Den Bleichsellerie putzen, waschen, gut abtropfen lassen und in sehr feine Streifen schneiden.
- Den Fruchtcocktail gut abtropfen lassen, die Frühlingszwiebeln putzen und in feine Ringe schneiden.
- Den Sahnequark mit Mineralwasser glatt rühren, mit Salz, Pfeffer, Cayennepfeffer und Zucker kräftig abschmecken und die Frühlingszwiebeln sowie den Fruchtcocktail unterrühren. Nochmals kräftig abschmecken.
- Die Vollkornbrotscheiben mit dem Quark belegen, mit frisch geschnittenem Schnittlauch bestreuen, ausgarnieren und sofort servieren.

Früchte mit Mascarpone

• 1 kleine Ananas • 2-3 Kiwis • 2 Bananen • 200 g Brombeeren • 2-3 EL Zucker • Fruchtlikör zum Aromatisieren • 500 g Mascarpone • 1 Schuss Sahne • 1 TL Vanillezucker • 2-3 EL Birnendicksaft

- Die Ananas schälen und in kleine Stücke schneiden, die Kiwis und die Bananen schälen, halbieren und in Scheiben schneiden.
- Die Brombeeren vorsichtig waschen und die Stiele abzupfen.
- Die Früchte in eine Schüssel geben, vorsichtig miteinander vermischen, mit dem Zucker bestreuen und mit einigen Tropfen Fruchtlikör aromatisieren.
- Den Mascarpone mit der Sahne aufschlagen, mit Vanillezucker und Birnensaft abschmecken.
- Die Früchte auf vier Glasschälchen verteilen, mit dem Mascarpone überziehen, ausgarnieren und sofort servieren.

Milchschnittenkuchen

• 8-12 Milchschnitten • 1 kg rote Johannisbeeren • 150 g Zucker • 2 EL Vanillezucker • 4-6 cl Rum • 2 Tassen roten Johannisbeersaft • 12 Blatt rote Gelatine • 400 g Doppelrahmfrischkäse • 1 Schuss Sahne • 2 Päckchen Vanillezucker • 1/4 l Sahne • 2 Päckchen Sahnesteif • Zucker nach Geschmack • Johannisbeeren zum Garnieren • Haselnusskrokant für den Rand

- Eine Kastenform mit den Milchschnitten auslegen und bereitstellen. Die Johannisbeeren waschen, abtropfen lassen, mit dem Zucker und dem Vanillezucker bestreuen und mit dem Rum aromatisieren.
- Den Johannisbeersaft erhitzen, die gut ausgedrückte Gelatine darin auflösen, vor dem Festwerden die Johannisbeeren einrühren.
- Die Johannisbeermasse gleichmäßig auf dem Teigboden verteilen, den Doppelrahmfrischkäse mit der Sahne und dem Vanillezucker glatt rühren.
- Die Sahne mit dem Sahnesteif steif schlagen und unter die Frischkäsecreme ziehen.
- Die Creme mit Zucker nach Geschmack süßen, 2/3 der Creme auf den Johannisbeeren glatt streichen, den Rest für den Rand verwenden, Rosetten aufspritzen, jede Rosette mit Johannisbeeren belegen, den Rand mit dem Haselnusskrokant bestreuen, anrichten und servieren.

Schwäbischer Käsekuchen

• 80 g Butter oder Margarine • 80 g Zucker • 2 Eier • 1 Prise Salz • 1 EL geriebene Zitronenschale • 1 Päckchen Vanillezucker • 2-3 EL Milch • 200 g Mehl • 1 1/2 TL Backpulver • 1 kg Magerquark • 75 g Butter • 125 g Zucker • 4 Eier • 1-2 EL geriebene Zitronenschale • 3-4 EL Speisestärke

- Die Teigzutaten zu einem Rührteig verarbeiten. Den Teig in einer gefetteten und leicht bemehlten Backform auswellen und Ränder hochdrücken.
- Den Teigboden mit etwas zerlassener, lauwarmer Butter bestreichen und die Quarkmasse darauf streichen.
- Für die Quarkmasse den Quark gut ausdrücken, aus Butter, Zucker und dem Eigelb eine Schaummasse herstellen. Die geriebene Zitronenschale und die Speisesträrke einrühren, zum Schluss den sehr steif geschlagenen Eischnee mit dem Quark unterziehen.
- Die Quarkmasse gleichmäßig auf dem Teigboden verstreichen und das Ganze im auf 200-220 °C vorgeheizten Backofen 30-45 Minuten backen. Den Käsekuchen herausnehmen, vollständig erkalten lassen, anrichten, ausgarnieren und servieren.

Erdbeertorte mit Biskuits

• 1 große Packung Löffelbiskuits • 500 g Mascarpone • 500 g Doppelrahmfrischkäse • 2 EL Vanillezucker • 500 g frische Erdbeeren • 2 cl Himbeergeist • 2 cl Rum • 1 Tasse Himbeersirup • Zucker nach Geschmack • 12 Blatt weiße Gelatine • 1 Becher Sahne • 2 Päckchen Vanillezucker • einige frische Erdbeeren • Pistazienkerne zum Bestreuen

- Die Löffelbiskuits halbieren und den Rand einer Springform damit auslegen.
- Den Mascarpone mit dem Frischkäse und dem Vanillezucker in eine Schüssel geben und kräftig vermischen.
- Die Erdbeeren waschen, pürieren, unter die Creme ziehen.
- Die Creme mit Himbeergeist und Rum aromatisieren, den Himbeersirup erhitzen, die gewässerte Gelatine darin auflösen lassen, kräftig unter die Creme schlagen und nach Geschmack mit Zucker süßen.
- Die Sahne steif schlagen, mit Vanillezucker und Zucker süßen und bereitstellen.
- Die Erdbeercreme in die Springform füllen, glatt streichen und im Kühlschrank vollständig fest werden lassen. Mit der geschlagenen Sahne, einigen frischen Erdbeeren und den Pistazienkernen verzieren, ausgarnieren und servieren.

Käse-Knabber-Gebäck

• 200 g Mehl • 1 Prise Salz • 1 TL Paprikapulver • 200 g geriebenen Hartkäse (Emmentaler oder Parmesankäse) • 200 g Butter oder Margarine • Eigelb zum Bestreichen • geriebenen Käse, etwas Paprika oder Kümmel zum Bestreuen

- Das Mehl mit dem Salz, dem Paprikapulver und dem geriebenen Käse auf eine Arbeitsfläche geben. Die Butter oder Margarine in Flöckchen darauf setzen und das Ganze rasch zu einem glatten, kompakten Teig verkneten.
- Den Teig in ein feuchtes Küchentuch wickeln und im Kühlschrank mindestens 1 Stunde ruhen lassen. Anschließend den Teig 1-2 cm dick ausrollen und in 1 1/2-2 cm breite und etwa 10-12 cm lange Stangen schneiden.
- Nach dem Formen nochmals kalt stellen und mit Eigelb bestreichen. Mit Käse, Paprika oder Kümmel und Salz bestreuen und im auf 180-200 °C vorgeheizten Backofen lichtgelb backen. Die Käsestangen herausnehmen, dekorativ anrichten, ausgarnieren und servieren.

Register